TRAITÉ

DU

DOMAINE CONGÉABLE

TRAITÉ

DU

DOMAINE CONGÉABLE

Par A. AULANIER

AVOCAT A SAINT-BRIEUC

—⌘—

TROISIÈME ÉDITION

Corrigée et augmentée.

—◦◦◦—

SAINT-BRIEUC

IMPRIMERIE DE GUYON FRANCISQUE, LIBRAIRE-ÉDITEUR

—◦◦ 4, Rue Saint-Gilles, 4. ◦◦—

1874

AVERTISSEMENT

DE LA DEUXIÈME ÉDITION (1).

Le succès du Traité du Domaine Congéable a dépassé l'attente de son Auteur. Il était cependant facile à prévoir, car s'il est des ouvrages qui se recommandent par leur mérite, il en est d'autres qui se recommandent par leur utilité : un livre qui répond à un besoin ne peut manquer de réussir plus ou moins.

L'Auteur, qui s'était promis de donner plus tard un supplément, a tiré parti de sa position pour se

---

(1) L'Edition de 1847 était depuis longtemps épuisée. On en demandait une autre ; et, en donnant satisfaction à ce désir, les enfants de l'auteur se sont fait un devoir de ne rien changer au texte de la deuxième édition, qui avait été pour lui l'objet d'un travail considérable, comme révision et refonte de la première.

procurer, autant qu'il a dépendu de lui, toutes les décisions qui sont intervenues sur la matière, et il est parvenu à en réunir un très-grand nombre. Il a notamment recueilli, et les arrêts que la Cour de Rennes a rendus en matière de domaine congéable, pendant les vingt-trois ans qui se sont écoulés depuis la publication de son livre, et beaucoup d'autres arrêts antérieurs qui n'avaient pas été publiés.

Mais lorsqu'il s'est agi de mettre la main à l'œuvre, il s'est aperçu qu'un supplément ne serait guère moins volumineux que l'ouvrage même, parce qu'il aurait des retranchements, des additions, des corrections à faire à la majeure partie des articles. La première édition se trouvant d'ailleurs épuisée, il a jugé plus simple d'en faire une nouvelle. Il s'en faut beaucoup que ce soit de sa part une spéculation pécuniaire.

TABLE DES CHAPITRES

TROISIÈME PARTIE

CHAPITRE PREMIER.

CHAPITRE II.

CHAPITRE III.

CHAPITRE IV.

QUATRIÈME PARTIE

CHAPITRE PREMIER.

CHAPITRE II.

CINQUIÈME PARTIE

CHAPITRE PREMIER.

CHAPITRE II.

FIN DE LA TABLE DES CHAPITRES.

ABRÉVIATIONS

B.   Institutions convenancières de Baudouin.
C.   Commentaire de Carré.
J.   Journal des Arrêts de la Cour d'appel de Rennes.
Le G.   Commentaire de Le Guével sur l'usement de Rohan.

TRAITÉ

DU

DOMAINE CONGÉABLE

PREMIÈRE PARTIE

NOTIONS GÉNÉRALES SUR LE DOMAINE CONGÉABLE

CHAPITRE PREMIER

Précis historique sur le Bail à convenant.

1. — On ne sait pas d'une manière certaine à quelle époque la tenure à domaine congéable s'est établie dans la partie de la Bretagne dont on a depuis formé les trois départements des Côtes-du-Nord, du Morbihan et du Finistère. Dufail avance sans preuves qu'elle existait dès le temps de la conquête par César. Lobineau et dom Morice ont cru en trouver des vestiges dans des actes du IXe siècle. Duparc-Poullain en fait remonter l'établissement au IVe siècle, à l'époque de la transmigration des Bretons dans l'Armorique. M. Baudouin, qui adopte cette opinion en la modifiant, croit que le domaine congéable a pris naissance lors des dernières émigrations des Bretons chassés de leur

île par les Saxons. Il motive ce sentiment de manière à lui donner un grand degré de vraisemblance.

Une augmentation de population rendit nécessaire le défrichement d'une partie des forêts et des terrains incultes dont l'Armorique était couverte. Les nouveaux habitants entreprirent ces défrichements d'après des conventions faites avec les propriétaires : on suppose que c'est de ces conventions que les biens tenus à domaine congéable ont tiré leur nom de *convenants*.

2.— Les propriétaires qui ne faisaient que des concessions révocables, ne manquaient pas de stipuler une redevance annuelle, et se réservaient toujours le droit de reprendre leur fonds, en remboursant les dépenses faites pour le mettre en valeur. A ces stipulations, communes à tous les baux à convenant, les parties ajoutèrent d'autres conditions qui varièrent suivant les lieux, et qui, perpétuées par l'usage, finirent par être sous-entendues dans tous les baux. C'est là l'origine des *usements* ou usages locaux, qui modifiaient anciennement la tenure à domaine congéable.

On en comptait cinq et chacun d'eux avait son territoire d'où il tirait son nom. C'étaient les usements de Tréguier et Goëlo, de Cornouailles, de Brouërec, de Poher et de Rohan.

Ces usements avaient beaucoup de rapports entre eux ; cependant, celui de Rohan différait des autres sur plusieurs points, principalement en ceci : d'abord, il établissait, au profit du propriétaire foncier, le droit d'hériter des édifices et superfices de la tenue, lorsque le domanier mourait sans héritiers directs, et sans frères et sœurs mineurs, non mariés et demeurant avec lui dans la tenue. Ensuite, il affectait les droits superficiels du colon décédé au plus jeune des enfants mâles, et, à défaut de mâles, à la plus jeune des filles. Lorsque le colon laissait plusieurs tenues, le plus jeune choisissait, et après lui ses frères et sœurs, en commençant par le plus jeune des fils, et en continuant par la plus jeune des filles. Quand il y avait plus de tenues que d'enfants, le plus jeune, qu'on appelait *juveigneur*, choisissait de nouveau une tenue sur celles qui restaient, et ainsi de suite.

Les usements existaient et faisaient loi depuis des siècles, lorsqu'à diverses époques, des jurisconsultes prirent soin de recueillir et de rédiger par écrit ceux de leur ressort. Ces collections, ouvrages de particuliers, ne firent autorité qu'en ce qu'on les considéra comme l'expression exacte des usages préexistants, et de la jurisprudence qui les avait confirmés et appliqués.

Lors de la première et de la deuxième réformation de la Coutume de Bretagne, en 1539 et 1580, les usements des pays de domaine congéable furent confirmés. Ils ont depuis continué de servir de base à la jurisprudence du Parlement de Bretagne jusqu'à la révolution.

3. — A cette dernière époque, la suppression de la féodalité attira l'attention du législateur sur la tenue à domaine congéable, que l'on voulait faire considérer comme participant de la nature des fiefs. Il fut question de la supprimer, ou au moins de la modifier. L'Assemblée constituante s'arrêta à ce dernier parti. Après une longue discussion dans cinq de ses comités, qui consultèrent la Société d'Agriculture, elle rendit, le 7 juin 1791, une loi sanctionnée le 6 août qui, en maintenant le domaine congéable, le purgea de tout

ce qui tenait à la féodalité, supprima presque entièrement les usements, autorisa le colon à demander le remboursement de ses édifices et superfices, et fit subir beaucoup d'autres modifications aux principes qui régissaient le bail à convenant.

Les propriétaires, qui avaient craint de se voir entièrement dépouiller de leurs droits fonciers, se soumirent à ces changements avec résignation ; mais, le 27 août 1792, il intervint une nouvelle loi qui abolit la tenure à domaine congéable, comme participant de la féodalité, et déclara les colons propriétaires du fonds de leurs tenues, à la charge de continuer jusqu'au remboursement le paiement de la redevance convenancière, qui se trouvait changée en une rente purement foncière. La Convention alla plus loin, et le 29 floréal an II, elle déclara supprimées toutes les rentes convenancières qui n'avaient pas été créées sans mélange et signe de féodalité.

Les choses demeurèrent dans cet état jusqu'à la fin de la Terreur. La voix de la justice se fit alors entendre et, le 9 brumaire an VI, une quatrième loi abrogea les décrets du 27 août 1792 et du 29 floréal an II, rétablit celui du 6 août 1791, et réintégra les fonciers dans la propriété du fonds de leurs tenues.

De nouvelles tentatives furent faites en l'an VII, pour remettre en vigueur la loi du 27 août 1792, mais elles furent heureusement infructueuses.

Nous donnons, dans la cinquième partie, le texte des diverses lois dont nous venons de parler.

CHAPITRE II

Idée générale du Domaine congéable.

4. — Quelque opinion que l'on puisse avoir sur l'origine du domaine congéable, il est naturel de penser que les premiers terrains donnés à convenant ont été des terrains incultes ou couverts de bois. Le propriétaire, qui ne pouvait les mettre en valeur, en cédait la jouissance, moyennant une redevance, à un cultivateur qu'il autorisait à y faire les travaux nécessaires pour les rendre productifs ; mais qu'il se réservait de déposséder, après un temps convenu, en lui remboursant la valeur de ses améliorations. C'est de cette faculté de renvoyer, de *congédier* le colon, que vient l'expression de *domaine congéable*

On a ensuite, par imitation, donné à convenant des terres déjà défrichées, même des bâtiments. Dans ce cas, le preneur a payé ou est censé avoir payé, à son entrée en jouissance, la valeur des améliorations déjà faites ; il s'est ainsi trouvé propriétaire de ces améliorations, comme s'il les avait faites lui-même sur un fonds qui lui aurait été donné vague et inculte.

5. — On voit par là que le bail à convenant, qu'on nomme aussi *acconvenancement* et *bail en premier détachement*, est un contrat par lequel le propriétaire d'un immeuble réel concède précairement la jouissance du fonds moyennant une redevance et, de plus, aliène au profit du preneur les constructions, plantations et autres travaux qui l'ont amélioré ; mais avec réserve expresse ou tacite du droit de déposséder ce preneur après un temps convenu, en lui remboursant la valeur des améliorations primitivement concédées ou faites depuis la concession.

6. — On nomme *foncier*, *propriétaire foncier* ou simplement *propriétaire*, celui qui a donné à convenant ou son représentant ;

Convenancier, *domanier*, *tenancier*, *superficiaire*, *colon*, celui qui a pris à convenant ou celui qui lui a succédé dans la propriété des droits réparatoires ;

Convenant, tenue convenancière, ou simplement *tenue*, l'immeuble donné à convenant ;

Tenue à héritage, celle qui n'est pas convenancière, et dont le fonds et les superfices appartiennent au même propriétaire ;

La tenue convenancière est dite *étagère* ou à *étage*, lorsqu'il y a dessus des bâtiments ;

Fonds, foncialité ou *droits fonciers*, le fonds de l'immeuble réservé par le bailleur, et les droits qui y sont attachés ;

Édifices et superfices, droits réparatoires, superficiels ou *convenanciers*, les améliorations faites sur le fonds ;

Congément, l'acte par lequel le propriétaire foncier ou son cessionnaire exerce la faculté de congédier.

7. — Le bail à convenant a donc l'effet de séparer du fonds les améliorations, que le propriétaire reste toujours le maître de racheter.

Il participe de la nature du contrat de vente, puisqu'il transporte au preneur la propriété des édifices et superfices ; il participe de la nature du bail à ferme, parce qu'il transmet au preneur la jouissance précaire du fonds.

8. — Comme les terrains donnés primitivement à convenant étaient en grande partie couverts de forêts, on n'a pas dû considérer comme une amélioration du colon, les bois de haute futaie, autres que les arbres fruitiers qui se trouvent sur la tenue. En conséquence, ces bois ont toujours été présumés appartenir au foncier.

9. — Le preneur a dû être autorisé à faire les travaux nécessaires pour défricher le terrain concédé : mais il aurait pu rendre presque impossible la rentrée du propriétaire dans son héritage, s'il avait eu le droit indéfini de se faire rembourser toutes les dépenses qu'il aurait jugé à propos de faire sur la tenue. C'est pour cela qu'il ne peut réclamer que la valeur des améliorations qui existaient, ou qui sont censées avoir existé à l'époque du bail, et celles qu'il a été autorisé à faire depuis, soit par le bail même, soit par l'usage reçu en matière de domaine congéable.

10. — L'acconvenancement d'un héritage n'en change pas la nature et ne l'empêche pas de rester immeuble ; mais comme les améliorations du colon sont faites sur le fonds d'autrui, et n'appartiennent pas au même propriétaire que le fonds, on a dû les considérer comme des objets mobiliers relativement au propriétaire seulement. Par rapport à toute autre personne, les droits réparatoires sont immobiliers et sont assujettis aux mêmes règles que les autres immeubles en ce qui concerne les partages, les communautés, les prescriptions, les poursuites, les hypothèques des créanciers, etc.

11. — Ces principes, développés et combinés avec les règles du droit commun, fournissent la solution

de presque toutes les questions auxquelles le bail à convenant peut donner lieu.

CHAPITRE III

De l'Essence et de la Forme du Bail à convenant.

12. — Il suit de ce que nous avons vu au chapitre précédent, qu'il est de l'essence du domaine congéable, 1° que la foncialité et les droits réparatoires soient séparés et possédés par deux personnes différentes ; 2° que le foncier ait le droit de congédier le colon, en lui remboursant les édifices et superfices.

13. — On ne considérait pas autrefois comme un bail à convenant valable, l'acte par lequel un propriétaire, en vendant la foncialité d'une tenue, se réservait les édifices et superfices, avec le droit de jouir du tout, moyennant une redevance et jusqu'a congément.

C'est ce qu'avait décidé un arrêt du 3 juillet 1756, rapporté par Baudouin (N° 34), et motivé 1° sur ce que l'on ne trouvait, dans l'acte, ni rétention du fonds et d'une rente par le propriétaire, ni acquisition des superfices par le domanier ; ce qui, ajoute Baudouin, est de l'essence du bail à convenant ; 2° sur ce que cet acte était une espèce de contrat pignoratif.

Cette opinion, que nous avions critiquée dans notre première édition, a été jugée mal fondée par un arrêt de la Cour de Rennes du 30 mars 1824, qui a consacré en termes formels la validité d'un pareil acconvenancement.

14. — Voici une autre question qui a du rapport avec la précédente, en ce qu'elle concerne la nature d'une rente en grains, assise sur une tenue convenancière et que l'on a prétendu avoir été créée à prix d'argent contre la défense de la loi.

La tenue *Kervoas*, chargée d'une rente convenancière de quinze jutes de froment, avait été séquestrée sur un émigré et vendue au colon avec la rente pour une somme de 2,210 fr.

Par un acte postérieur du 15 messidor an IX, l'ancien domanier vendit la rente foncière et convenancière aux enfants de l'émigré, moyennant une somme de 1,521 fr. Il fut convenu que la rente vendue serait *censive*, *ancienne*, *perpétuelle* et *infranchissable*. Plus tard, le vendeur prétendit qu'il pouvait se libérer en remboursant la somme de 1,521 fr., parce que, disait-il, on n'avait pu constituer valablement une rente en grains à prix d'argent.

Consulté sur cette affaire, nous fûmes d'avis que la prétention du débiteur n'était pas fondée.

Si l'acquéreur de la tenue *Kervoas* n'en avait pas été colon, il aurait pu vendre la rente en conservant le fonds. A la vérité, son acquisition avait réuni les droits au fonds, mais il aurait pu acheter le fonds et la rente conjointement avec les héritiers de l'ancien propriétaire, et abandonner ensuite la rente à ceux-ci, en se réservant la foncialité pour sa part. Or, par l'acte de l'an IX, il les avait réellement associés après coup au bénéfice de son acquisition : toutes les énonciations prouvaient que telle avait été son intention et l'on ne voit pas pourquoi on n'eût pas attribué à cette convention un effet rétroactif que les parties avaient bien manifestement entendu lui donner.

La prétention de l'ancien colon était mal fondée

sous un autre rapport : aucune loi n'interdisait, en l'an IX, de constituer une rente en grains à prix d'argent ; ce n'est que depuis la loi du 3 septembre 1807 que ces constitutions sont défendues (Arrêt de cass. du 3 mai 1809, S. 9, 1. 257).

15. — Suivant Baudouin, N. 40. et Carré. p. 192, comme la faculté de congédier est de l'essence du domaine congéable, si, par un acte quelconque, le propriétaire renonce à perpétuité à user de cette faculté, le colon devient par cela seul propriétaire du fonds et la redevance n'est plus qu'une simple rente foncière. Il en serait de même si le propriétaire faisait dépendre le droit de congédier d'un évévement qu'il serait au pouvoir du colon d'empêcher, comme du défaut de paiement d'une commission périodique. Mais Girard a vu, dit-il, p. 104, trois avocats célèbres décider que le colon n'acquerrait pas la foncialité par cela seul qu'il se soumettrait à payer une commission tous les neuf ans, si l'acte n'exprimait pas que le paiement de cette commission privera à toujours le propriétaire de la faculté de congédier.

Ces principes, qui nous semblent une conséquence forcée de la nature du domaine congéable, sont en opposition avec deux arrêts de la Cour de Rennes, des 12 février 1827 et 29 mai 1843.

Les considérants du premier sont ainsi conçus :

« Considérant, relativement aux rentes mentionnées dans les contrats notariés des 1er décembre 1749 et 20 septembre 1751, référés, contrôlés et insinués à Hennebon, les 2 décembre 1749 et 22 septembre 1751, assises sur différents héritages y dénommés, et qui étaient tenu à domaine congéable sous le sieur

président de Marbœuf, propriétaire foncier, que ce
dernier, loin de déclarer, comme dans le contrat du
11 janvier 1759, vouloir convertir son domaine en fief,
y dit expressément que son intention était seulement
d'éviter désormais tout congément, et la nécessité de
faire tous les neuf ans des baillées, à raison de quoi,
et tant pour tenir lieu des renouvellements desdites
baillées, toujours profitables aux propriétaires, que
pour prix de la faculté qu'il accorde aux colons de
faire des édifices sur les tenues et de disposer des bois
fonciers y existants, ou qui y seraient plantés à l'avenir, il stipula, non des rentes d'une nature différente
de celles qui étaient dues alors, mais de simples augmentations représentatives de la valeur des avantages
qu'il faisait aux colons ; mais qu'en renonçant, par ce
motif, à la faculté de congédier, il ne déclare pas vouloir faire un féage, contrat qui, suivant les lois anciennes et la doctrine des feudistes, était un titre gratuit qui devait être exprès, et ne pouvait s'établir par
présomption ou induction ;

» Considérant qu'un propriétaire foncier, toujours
libre d'user ou non du droit de congédier son colon,
à l'expiration des baillées, n'aliène pas, en renonçant
à cette faculté, son droit de propriété, dont il lui reste
encore d'autres prérogatives, telles que l'imprescriptibilité et le droit de faire, à défaut de paiement, vendre par simples bannies les édifices et superfices ;
qu'ainsi le colon n'acquiert pas, par cette convention,
la dominité ou propriété foncière, qui ne résulte pas
d'une jouissance indéfinie de sa part ; de même que,
sous le régime d'autres conventions connues en quelques parties de la France sous les noms de complant,

de superficie, de locatairie perpétuelle, le détenteur, quoique assuré de ne pouvoir être évincé de sa jouissance, n'acquiert ni ne prescrit la propriété ; que les parties qui traitèrent en 1749 et 1751, furent elles-mêmes tellement convaincues que ces contrats n'emportaient pas aliénation du fonds des tenues, que les concessionnaires crurent devoir stipuler par une clause expresse, que, néanmoins, ils auraient la faculté d'abattre et de planter, à leur profit, des bois fonciers, et de changer, augmenter ou diminuer les édifices, sans autre permission : ce qui eût été au moins absolument inutile, si la seule renonciation à la faculté de congédier avait eu l'effet de leur attribuer la pleine propriété ; que les expressions employées dans les actes de prise de possession et d'appropriement qui ont suivi les contrats dont il s'agit n'ont pu en changer la nature, d'autant même que celui de 1749 n'autorisa le sieur Le Forestier à prendre possession de ce qu'il possédait alors actuellement ; etc. »

Voici comment le second arrêt est motivé :

« Considérant qu'il s'agit uniquement dans la cause de savoir qui, de l'intimé ou des appelants, est propriétaire du fonds d'une moitié du lieu de *Kerbrat*, et doit, en cette qualité, figurer à l'instance de licitation provoquée par le sieur Bois, propriétaire de l'autre moitié ;

» Considérant qu'il est appris et non contesté qu'à la date du 27 floréal an II, cette moitié était comme l'autre un domaine congéable dont l'intimé avait la foncialité, et les appelants ou leurs auteurs les édifices et superfices ;

» Considérant que l'acte passé entre eux ledit jour 27 floréal an II, d'où Hourmant et consorts veulent tirer la preuve du transport de la foncialité à leur profit, se borna à constater 1° que le sieur Ducleusiou renonçait à perpétuité au droit de congédier ses colons, moyennant le service d'une commission de 60 fr. tous les neuf ans ; 2° que les domaniers renonçaient de leur côté à provoquer leur remboursement pendant quatre-vingt-dix années ;

» Considérant que dans cet acte, on ne trouve nulle part la déclaration ni même la pensée d'une aliénation de la propriété ; que la preuve contraire résulterait au besoin de la qualification de rente *convenancière* donnée à la rente, et plus encore de *la suspension, pendant quatre-vingt-dix années, du droit appartenant au colon de provoquer son remboursement,* condition fort inutile dans le système d'Hourmant et consorts, puisque, s'ils devenaient propriétaires de la foncialité, il n'y avait plus de remboursement à réclamer du sieur Ducleusiou ;

» Considérant que la démonstration qu'il n'y a point eu transport de la foncialité, rend sans objet l'examen des points de savoir si *le droit de congédier* est encore aujourd'hui un des caractères substantiels du *domaine congéable;* si la renonciation à ce droit altère l'essence du contrat et, enfin, si l'autre genre de convention qu'y aurait substitué l'acte du 27 floréal an II serait ou ne serait pas valable. »

Quelque respect que nous ayons pour l'autorité de la Cour, nous ne saurions acquiescer à ces décisions.

Il ne nous est pas donné de comprendre comment un domaine *qui n'est plus susceptible d'être con-*

gédié, continue cependant de constituer un domaine *congéable*.

Nous ne comprenons pas davantage comment on peut acquérir le droit de se maintenir à perpétuité en jouissance d'un fonds sans en devenir propriétaire.

Nous n'admettons pas que la liberté des conventions puisse aller jusqu'à détruire l'essence des contrats, jusqu'à concilier des choses absolument incompatibles : cela est au-dessus du pouvoir du législateur lui-même.

Les analogies tirées des baux à locatairie perpétuelle, à complant et à emphytéose, seraient concluantes ; mais, chose singulière ! elles prouvent contre la décision de la Cour, car ceux des contrats cités qui ne sont pas consentis pour un temps limité, emportent de plein droit la transmission de la propriété.

On peut voir sur la question la Table des Arrêts de la Cour, Nᵒˢ 124, 125, 126, 127 et 129 aux notes. L'auteur semble d'abord défendre la jurisprudence, mais il finit par reconnaître qu'elle est inconciliable avec les principes.

16. — Voici une autre affaire analogue qui a depuis été soumise à la Cour.

La tenue *Kerglérec*, appartenant au domaine, fut affichée pour être vendue après avoir été estimée par un procès-verbal du 15 novembre 1805. Les détenteurs réclamèrent vers l'administration, en invoquant une baillée du 7 mai 1768 dans laquelle on lisait que les colons s'obligeaient à payer tous les neuf ans une commission de 72 fr., « parce qu'à chaque paiement de » ladite commission, le propriétaire foncier voudrait » bien leur accorder une nouvelle assurance et qu'il

» promettait de la leur accorder si, à l'échéance de
» chaque période, ils étaient exacts à payer la com-
» mission et à acquitter la rente, à fournir déclaration
» à chaque mutation de foncier et à faire les autres
» devoirs, etc., sans que le présent acte y puisse dé-
» roger, ne portant assurance que de neuf ans. » Le
préfet décida qu'il n'y avait pas dans cette clause de
renonciation à la faculté de congédier et il fut procédé
à la vente.

L'acquéreur ayant poursuivi le congément, quelques-uns des défendeurs y consentirent et d'autres le
contestèrent. Le tribunal renvoya devant le Conseil
de préfecture pour faire interpréter la baillée de 1768.
Un arrêté du 24 août 1829 décida qu'il n'y avait pas
renonciation, et cet arrêté fut notifié aux domaniers,
qui ne l'attaquèrent pas devant le Conseil d'Etat.

La Cour saisie de l'affaire admit la demande en
congément par un arrêt du 26 décembre 1831. « Considérant que l'acte du 7 mai 1768, contrôlé à Lannion le 20 même mois, ne contient pas une assurance
perpétuelle ; qu'en effet il n'y est fait mention d'abord
que d'une assurance aux mêmes conditions ; que le
sieur de Cressolles ne promet d'en accorder que *suivant les usements des domaines congéables, sans
que le présent acte y puisse déroger en façon quelconque, ne portant assurance que de neuf ans.*
Qu'en outre, il a été décidé par l'arrêté du préfet des
Côtes-du-Nord du 17 janvier 1806, arrêté contre
lequel les colons ne se sont pas pourvus, qu'il ne
s'agissait point d'assurance perpétuelle dans l'acte du
7 mai 1768. »

Indépendamment des moyens accueillis par l'arrêt,

la cause du congédiant en présentait deux autres qui semblaient aussi décisifs. Premièrement, la renonciation était expressément subordonnée à des conditions que les colons n'avaient pas remplies. Deuxièmement, en vertu de l'art. 94 des constitutions de l'an VIII, l'acquéreur était fondé à réclamer le fonds qui lui avait été vendu après estimation.

17. — Nous avons été consulté sur l'effet d'une clause conçue dans les termes suivants : « Le pre-
» neur s'oblige au paiement d'une somme de 350 fr.
» à chaque expirement de neuf années, ou à défaut
» pourra être congédié du mérite de ses droits, moyen-
» nant le paiement de laquelle commission le preneur
» ne pourra être expulsé. »

Nous voyions dans cette convention une renonciation conditionnelle et valable au congément ; mais outre que l'auteur de la baillée ne paraissait pas avoir eu le droit d'aliéner le fonds, les colons n'avaient pas rempli les conditions qui leur avaient été imposées. Nous conseillâmes par ces motifs de suivre la demande qui a été accueillie, croyons-nous, par le tribunal de Lannion.

18.—Quelque opinion qu'on puisse avoir sur l'effet de la renonciation, il est certain que la clause par laquelle le propriétaire, en conservant le droit de congédier, renonce à l'exercer par un cessionnaire, ne transmet pas le fonds de la tenue au domanier. La faculté de congédier, quoique restreinte, continue de subsister, et cela suffit pour que le contrat ne change pas de nature.

Dans le cas d'une pareille convention, dit Baudouin (N° 409), « le superficiaire a dix ans pour découvrir la

» fraude, qui serait suffisamment avérée par la rebail-
» lée des droits convenanciers dans l'année du con-
» gément. »

19. — Lorsque le propriétaire perd ses droits au fonds par la renonciation à la faculté de congédier, la présomption de propriété des bois fonciers continue de subsister en sa faveur. Il conserve le droit de disposer des arbres qui existent au moment où la propriété du fonds passe au domanier. (B., N° 40).

20. — Le bail à convenant peut être fait sous signature privée, mais il doit être rédigé par écrit. (Art. 14 de la loi du 6 août.) On ne peut évidemment appliquer à cette sorte de convention la disposition de l'article 1714 du Code civil, qui porte qu'on peut louer ou par écrit ou verbalement. (C., pag. 204).

21. — L'art. 7 de la loi du 6 août porte : « Les
» propriétaires fonciers et les domaniers, en ce qui
» concerne leurs droits respectifs sur la distinction du
» fonds et des édifices et superfices, des arbres dont
» le domanier doit avoir la propriété ou le simple
» émondage, des objets dont le remboursement
» doit être fait au domanier lors de sa sortie, comme
» aussi en ce qui concerne les termes des paiements
» des redevances convenancières, la faculté, de la part
» du domanier, de bâtir de nouveau ou de changer les
» bâtiments existants, se régleront d'après les stipula-
» tions portées aux baux ou baillées, et, à défaut de
» stipulation, d'après les usements, tels qu'ils sont
» observés dans les lieux où les fonds sont situés. »

Il suit bien évidemment de ces dispositions que, dans le silence des actes antérieurs à la loi de 1791, c'est dans les anciens usements que l'on doit aller

chercher l'intention des parties pour résoudre les difficultés relatives aux bois, aux améliorations, aux innovations, etc. ; mais l'art. 13 de la même loi dispose :
« Il sera libre à l'avenir aux parties, et sous les seules
» restrictions ci-après exprimées, de faire des conces-
» sions à titre de bail à convenant, sous telles condi-
» tions qu'elles jugeront à propos, soit sur la durée
» desdits baux, soit sur la nature et quotité des rede-
» vances et prestations, soit sur la faculté du domanier
» de construire de nouveaux bâtiments, ou de changer
» les anciens, soit sur les clôtures et défrichements,
» soit sur la propriété ou jouissance des arbres, soit
» sur la faculté par le domanier de prendre des arbres,
» de la terre ou du sable, pour réparer les bâtiments ;
» *et les conventions des parties textuellement ex-*
» *primées seront, à l'avenir, la seule règle qui*
» *déterminera leurs droits respectifs.* »

Mais si, comme cela arrive souvent, les parties né-
gligent d'exprimer textuellement leurs intentions,
relativement aux améliorations et innovations, à la
propriété des arbres, etc., par quelle règle décidera-
t-on les questions auxquelles ces omissions donneront
lieu ? Le texte de l'art. 13 et de l'art 16 semble renvoyer aux lois sur les baux à ferme pour la solution de
toutes les difficultés qui n'auraient été prévues ni par
la loi du 6 août, ni par les conventions des parties.
Cependant, les art. 1159 et 1160 du Code civil autorisent à penser qu'on devrait suppléer, dans les baux
et baillées, les clauses et les règles qui sont d'usage
en matière de domaine congéable, et c'est dans les
usages contatés par les anciens usements que l'on irait
nécessairement chercher ces clauses et ces règles.

M. Carré (p. 16, 47 et 200) professe cette opinion. Il l'appuie sur la maxime *in contractibus veniunt quæ sunt moris et consuetudinis*, et sur le rapprochement des art. 1, 2, 4, 5 et 7 de la loi du 6 août 1791, et de l'art. 1er de la loi du 27 août 1792.

Les inductions tirées de ces divers articles nous paraissent peu concluantes, parce qu'elles ne s'appliquent qu'aux baux antérieurs à la loi, et qu'il s'agit ici de baux postérieurs, pour lesquels il y a une disposition spéciale dans l'art 13 ; mais la véritable raison de décider se tire des art. 1159 et 1160 du Code civil, et de l'impossibilité de trouver ailleurs que dans les usages constatés par les usements, des règles d'interprétation à appliquer aux baux à convenant dont les clauses sont obscures, ou dans lesquelles les parties n'ont pas suffisamment manifesté leurs intentions.

22. — Les actes relatifs au domaine congéable sont quelquefois si mal rédigés qu'il n'est pas toujours facile de décider s'ils contiennent la preuve d'un bail à convenant, celle d'un bail à rente ou celle d'une concession à féage. Il arrive très-souvent qu'ils mentionnent la redevance comme foncière, en présentant les biens de la tenue comme en étant seulement le gage et l'hypothèque, ce qui semble annoncer un arrentement et un afféagement.

En général, on doit attacher peu d'importance à la qualification de la rente, à la qualification et même à la nature des prestations stipulées. C'est principalement le titre de la concession indiqué d'une manière plus ou moins claire qu'il faut considérer. Toutes les fois qu'il résulte de l'acte que l'intention des parties a été de céder une tenue à convenant, les qualifications accessoires qui sembleraient contredire cette intention, ne sont d'aucun poids.

C'est surtout en ce qui concerne les expressions et stipulations empruntées au droit féodal que cette observation est importante.

Il a été jugé par une infinité d'arrêts qu'on devait voir la preuve de baux à convenant dans des actes où la rente était qualifiée *féodale*, où le foncier était désigné comme *seigneur* et le colon comme *sujet* et *vassal*, où le preneur était assujetti à l'obéissance envers le seigneur, à suivre son moulin et sa cour, à payer les lots et ventes, etc. C'est qu'effectivement toutes ces stipulations étaient d'usage dans les baux convenanciers lorsque la tenue faisait partie des terres d'une seigneurie appartenant au bailleur.

Il a cependant été jugé, et suivant nous avec raison, qu'il fallait voir un bail à féage, et non un bail à convenant dans tout acte où le cédant avait stipulé *le droit de rachat* à son profit.

Des nombreux arrêts rendus sur la question et qui sont presque tous rappelés dans la Table du Journal de la Cour, N°⁵ 109 et suivants, nous nous bornerons à signaler celui du 2 février 1842 qui nous semble le plus important et que sa longueur nous empêche de rapporter.

23. — Nous avons eu récemment occasion de voir un titre constitutif où la redevance était qualifiée *convenancière*, le cédant *foncier* et le preneur *colon*, avec stipulation expresse du droit de congédier et qui nous a cependant paru ne pas constituer un bail à domaine congéable. L'espèce était singulière. Un terrain

vague situé sur le bord d'un ruisseau avait été afféagé. Quelques années après, le preneur obtint du seigneur l'autorisation d'y construire un moulin à la charge de payer une rente qui fut qualifiée convenancière. La concession fut faite à titre de domaine congeable et le propriétaire se réserva le droit d'exercer le congément ; mais la concession du droit incorporel de construire un moulin sur un fonds dont le bailleur n'était pas propriétaire, ne pouvait pas être le principe d'un bail à convenant.

24. — Du reste, le bail à convenant peut avoir lieu par acte de partage, de donation, de testament, d'échange, par contrat de mariage, de société ; on peut y insérer, comme dans les autres contrats, toutes les clauses qui ne sont pas contraires aux lois, à l'ordre public et aux bonnes mœurs.

CHAPITRE IV

Des Rapports qui existent entre le Bail à ferme et le Bail à convenant.

25. — Le bail à convenant participe de la nature du bail à ferme, en ce que le colon jouit précairement du fonds, comme le fermier, à la charge d'une prestation annuelle qui, pour être nommée *rente convenancière*, n'en est pas moins un véritable fermage.

On doit donc appliquer au bail à convenant les règles qui régissent le bail à ferme, autant qu'on peut le faire sans altérer sa substance. L'art. 16 de la loi

du 6 août 1791 dispose : « Seront au surplus les
» conventions que les parties auront faites, subor-
» données aux lois générales du royaume, établies
» ou à établir pour l'intérêt de l'agriculture, relative-
» ment aux baux à ferme, en ce qui sera applicable
» au bail à convenant. »

Un nombre infini d'arrêts assimilent la tenue à domaine congéable à la ferme, le colon au fermier et la
rente au fermage.

26. — Le colon, détenteur précaire du fonds de la
tenue, comme le fermier l'est de l'immeuble baillé à
ferme, ne prescrit contre le propriétaire que dans les
cas où le fermier pourrait le faire lui-même. Les art.
2236, 2237 et 2238 du Code sont applicables au domanier.

27. — Bien plus : un colon qui, pendant trente,
quarante, cinquante ans, par exemple, se serait dispensé de contribuer au paiement de la redevance, que
ses consorts auraient acquittée pour lui, et qui se
trouverait ensuite poursuivi par le foncier, ne pourrait pas prétendre que ses consorts doivent continuer
de le libérer, en présentant sa longue possession de
ne pas payer, comme une preuve qu'un partage ou
un autre acte ancien et adiré avait imposé à ses codomaniers l'obligation de payer toute la rente. Cette
prétention ne pourrait être étayée que sur un titre
formel (B., N° 479).

28. — Ainsi, lorsqu'un colon, se qualifiant propriétaire, baille sa tenue à domaine congéable, à la charge
de la rente ancienne et d'une autre qu'il stipule pour
lui, la perception de cette nouvelle redevance et des
reconnaissances multipliées du preneur, sans actes

contradictoires avec le propriétaire foncier, n'ont jamais l'effet d'ôter la foncialité à ce dernier (B., Nº 43).

29. — Il en est de même, lorsque l'un des propriétaires du fond indivis d'une tenue, congédie seul les colons comme unique foncier. Ce congément n'a d'autre effet que de le subroger aux droits des domaniers congédiés ; il ne peut jamais faire un titre contre les autres cofonciers (*Ibid*).

30. — Enfin, le domanier qui, par voie de fait, ou en vertu d'une concession *à non domino*, fait une ou plusieurs coupes consécutives des bois fonciers, ne peut trouver dans cet abattis la preuve d'une interversion susceptible de lui assurer, par une possession de quarante ans, la propriété des bois fonciers.

31. — De ce que le domanier ne saurait prescrire le fonds, et par suite la redevance qui en est le fermage, on avait conclu qu'il ne devait pas plus que le fermier être assujetti à fournir des déclarations ou titres récognitifs. La Cour de Rennes ne s'était pas bornée à le décider ainsi, elle avait déclaré par un arrêt du 11 mars 1817 que sa jurisprudence était *irrévocablement* fixée. Le tribunal de Guingamp, qui avait toujours jugé en sens contraire, crut devoir se rendre à l'autorité de la cour ; il refusa d'ordonner le fournissement d'une déclaration, mais sur l'appel son jugement fut réformé par un arrêt de la 1re chambre du 30 juin 1832. Depuis cette époque, une foule d'autres arrêts ont prononcé dans le même sens. Tel est donc aujourd'hui l'état de la jurisprudence.

32. — La demande en déclaration est valablement formée contre un seul des domaniers. (Arrêt du 19 février 1844, et Table des Arrêts, Nº 250.)

33. — Le colon assigné en déclaration n'a pas le droit d'exiger que le propriétaire lui communique ses titres pour y puiser des renseignements.

34. — Il est constant qu'il n'est dû de déclaration que tous les vingt-huit ans et qu'il ne peut en être exigé qu'une, lors même que les droits fonciers sont divisés entre plusieurs propriétaires.

35. — Le titre récognitif est fourni aux frais du domanier. Le rédacteur du Journal de la Cour (1834, p. 501, à la note et Table *domaine congéable,* N° 358) dit cependant que le principe n'est pas applicable aux tenues données à convenant depuis la loi de 1791. Mais cette distinction est, suivant nous, tout-à-fait dénuée de fondement.

36. — Dans l'espèce d'une déclaration demandée en vertu d'une convention spéciale et à une époque où la jurisprudence n'aurait pas autorisé à l'exiger d'après la loi, il a été jugé, par arrêt du 22 juin 1829, que la demande n'aurait dû être portée devant le tribunal qu'après que le colon eût été mis en demeure *suivant les formes voulues par la loi et par écrit*; qu'en conséquence, le domanier qui avait offert la déclaration par le ministère de son avoué, ne devait pas être tenu des dépens. Cette décision nous semble plus conforme à l'équité qu'à la rigueur du droit. Peut-être même n'est-ce pas assez dire, car le colon assigné n'avait qu'à remplir son obligation pour arrêter tous les frais.

37. — Une question analogue et plus importante a été décidée par un arrêt du 12 avril 1843.

Après avoir été appelé en conciliation sur une demande en déclaration, le colon, co-propriétaire du fonds, poursuivit la licitation. La déclaration fut refusée par le tribunal qui décida que les domaniers n'en devaient pas. Mais, tout en condamnant le motif, la Cour confirma le jugement, parce que la demande en licitation rendait la déclaration inutile et ne permettait pas de l'exiger *en l'état*. Le colon ne fut condamné à une partie des dépens que pour avoir eu le tort de s'attacher à des moyens de droit inadmissibles, *au lieu de se borner à conclure à un tardé de faire droit sur l'action qui lui était intentée.*

De cette décision, dont la justice ne saurait être contestée, il résulte qu'il y a lieu de rejeter une demande en déclaration ou de tarder d'y faire droit, lorsqu'une autre demande déjà formée rendrait la déclaration inutile ; par exemple, dans le cas de poursuite de congément, de remboursement, d'exponse, de vente sur simples bannies.

38. — Pour déterminer la forme des déclarations, il faut se reporter à l'ancien droit. Elles doivent être fournies devant notaires, pour être susceptibles d'exécution parée, et l'on doit y indiquer : 1° le détail des édifices, c'est-à-dire le nombre, les dimensions exactes et les matériaux des murs, des toits, des cheminées, des portes, des fenêtres, des escaliers, des puits, des murs de clôture, etc. ; 2° les tenants et aboutissants et la mesure exacte des terres, le nombre et la longueur des fossés ; 3° le nombre, l'espèce et la qualité des bois existants sur la tenue, tant sur les clôtures qu'en dedans ou en dehors des clôtures ; 4° les diverses charges que le colon paie au propriétaire ou à l'acquit du propriétaire (B., N° 124).

39. — Il arrive quelquefois que les déclarations

fournies par les colons ne sont pas en tout conformes au bail en premier détachement, pour ce qui concerne la nature et la quantité de la redevance. Comme, en thèse générale, ce que les titres récognitifs contiennent de plus que le titre primordial, ou ce qui s'y trouve de différent, ne produit aucun effet, le propriétaire et le colon ont également le droit de revenir au titre primitif : c'est ce qui s'appelait autrefois *impunir*.

On connaissait deux sortes d'impunissements, l'impunissement formel et l'impunissement tacite. Il y avait impunissement formel, lorsque la dernière déclaration était annulée par un jugement, ou par le consentement formel et écrit des parties. Il y avait impunissement tacite, lorsque, sans annuler expressément la déclaration erronée, on continuait de payer et de recevoir la redevance, d'après les stipulations du bail en premier détachement.

Quand une déclaration contraire au titre primordial n'avait été impunie ni formellement ni tacitement, elle prenait la place du titre primordial après un laps de trente ans, et faisait la loi des parties.

Conformément à ces principes, il a été jugé par arrêt du 30 mai 1833, qu'une déclaration qui n'a pas encore trente ans de date, ne suffit pas pour prouver contre le colon que les terres qu'elles mentionnent font partie de la tenue.

40. — Les difficultés qui s'élèvent aujourd'hui, à l'occasion de ces titres récognitifs contraires au titre primordial, doivent être décidés d'après les principes que nous venons d'établir, lorsque les déclarations ont été fournies, et que les trente ans se sont accomplis antérieurement à la promulgation de l'art. 1337

du Code civil ; mais quand les déclarations sont postérieures ou qu'elles sont antérieures de moins de trente ans, il faut s'en tenir à la disposition de l'article 1337, et décider que le titre primordial fait seul la loi des parties.

Cependant Toullier (Droit civil, tom. 8, page 761) ne paraît pas éloigné de croire que les tribunaux admettraient encore aujourd'hui l'exception que faisait Pothier en faveur du débiteur, pour le cas où les actes récognitifs portaient moins que le titre primordial. Il pensait que, lorsqu'il y avait plusieurs reconnaissances conformes qui remontaient à trente ans, ce débiteur avait prescrit la libération du surplus.

41. — Du reste, il ne faut pas confondre les simples déclarations qui sont le fait du colon seul, avec les baillées de renouvellement, qui sont des actes synallagmatiques par lesquels les parties peuvent, d'un commun accord, modifier à leur gré leurs premières conventions, sans que ces actes soient sujets à l'impunissement (B., N° 127 ; Toullier, Droit civil, tom. 8, page 761).

42. — Lorsque des baillées d'assurance ou de congément ont modifié les conditions de la jouissance, les successeurs à titre universel ou particulier des colons qui les ont obtenues, ne possèdent qu'aux mêmes charges ; mais nous avons vu invoquer ce principe dans une espèce assez singulière où il n'était point applicable.

M. Jean Barré avait obtenu la faculté de congédier deux tenues dont son frère Joseph était domanier. Celui-ci étant mort avant que le congément eût été exercé, le cessionnaire de la baillée vendit ses droits dans la succession à un autre cohéritier qui se trouva ainsi seul colon des deux convenants. Le foncier éleva la prétention de soumettre le possesseur à remplir les clauses très-onéreuses qui avaient été insérées dans la baillée. Celui-ci s'y étant refusé, nous soutînmes pour lui que, comme héritier de Joseph Barré, il n'était pas tenu d'obligations que Joseph n'avait pas souscrites ; que, comme acquéreur de Jean, il n'était qu'un successeur à titre particulier duquel on ne pouvait exiger l'exécution des engagements pris par son auteur ; que, comme possesseur des convenants, il n'était pas soumis aux clauses d'une baillée qui n'avait pas modifié les conditions de la jouissance, puisqu'elle n'avait pas été consentie à un colon et qu'elle n'avait jamais été exécutée. Ce système de défense fut accueilli par le tribunal de Lorient.

43.—L'uniformité des paiements pendant quarante ans, quoique bien constatée, est incapable d'opérer un changement dans la quotité des redevances, de la restreindre ou de l'étendre contre la teneur des titres (B., Nos 150 et 151). Cela ne souffre d'exception que pour le cas où le dernier titre récognitif, différent des titres antérieurs, se trouve tacitement impuni par une possession conforme à ceux-ci.

Ainsi, dans le cas d'un abonnement de grains en argent, limité à un certain nombre d'années, après l'expiration du terme, le foncier peut exiger sa rente en grains, quand il l'aurait perçue pendant plus d'un siècle en argent (B., N° 151).

44. — Un arrêt du 20 juin 1807 a résolu plusieurs questions qui se rapportent aux changements dans le taux des redevances. Comme il est fort long, nous

nous abstenons de le transcrire et nous nous bornons à dire qu'il a décidé :

1° Que le bail à convenant étant de sa nature perpétuellement amovible, on ne saurait opposer à des colons, pour fixer la quotité de la redevance, une déclaration très-ancienne que ces colons contestent avoir été fournie par leurs auteurs, lorsqu'il n'est pas produit de déclaration postérieure ;

2° Qu'il en doit être surtout ainsi quand le propriétaire foncier a plusieurs fois varié dans ses demandes, sur la quotité de la redevance ;

3° Qu'on ne peut argumenter contre les domaniers de ce qu'ils ne présentent pas de baux, déclarations ou quittances contraires ou dérogatoires plus récents que l'ancienne déclaration invoquée ; que le reproche tiré de l'absence de titres peut être retourné contre les propriétaires fonciers, surtout lorsque ceux-ci, jadis abbés ou religieux, devaient plus facilement que des paysans illettrés, conserver de vieux titres et que d'ailleurs, exemptés par certains usements de donner des quittances, ils inscrivaient les paiements sur un registre spécial.

45. — Il a été décidé par un arrêt du 15 mars 1834, que lorsque la quotité d'une rente est clairement constatée, et que la nation en vendant le convenant qui la payait a relaté dans l'acte de vente une redevance différente, la rente que l'acquéreur a le droit d'exiger est celle qui était réellement due avant le contrat national. Les motifs sur lesquels la Cour s'est fondée sont très-imposants, parce qu'ils résolvent une question sur laquelle le Conseil de préfecture des

Côtes-du-Nord est souvent tombé dans une erreur extrêmement grave.

« Considérant, porte l'arrêt, que dès que le sieur Brichet était propriétaire de l'intégralité des droits fonciers, il en résulte qu'il a été fondé à percevoir la totalité de la prestation convenancière, prix de la jouissance faite par le colon desdits droits fonciers ; qu'il est constaté, tant par les déclarations des 29 novembre 1685 et 10 avril 1775, que par les divers actes produits par les intimés eux-mêmes, que la redevance assise sur le convenant Pichon était de 3 fr. en argent et vingt-deux décalitres de froment (quatre boisseaux, ancienne mesure de Lannion) ; que peu importe que la vente ne relate qu'une somme de 20 fr. ; que c'est pour le colon *res inter alios acta* ; que sa prétention de profiter de cette circonstance, pour se dispenser d'acquitter la redevance entière, n'est pas mieux fondée que ne le serait celle de l'acquéreur d'exiger une rente plus forte, parce que, par erreur, elle aurait été portée dans son contrat ; que la quotité de la dette ne peut être fixée que par des titres communs ; qu'inutilement on allègue que l'État a pu vouloir se réserver une portion de la redevance ; que rien n'indique cette intention, qui cependant aurait eu besoin d'être formellement exprimée ; qu'au contraire, un silence et une inaction de quarante ans démontrent que l'administration n'entend élever aucune prétention à cet égard ; qu'au surplus, il est de maxime que *nemo auditur certans de jure alieno*, qu'ainsi les intimés ne peuvent se prévaloir des droits du trésor ; que le premier tribunal a donc mal à propos ordonné la restitution de l'excédant de la somme de 20 fr. dans les perceptions faites par le sieur Brichet. »

La question a souvent été soumise au Conseil de préfecture des Côtes-du-Nord, qui l'a toujours résolue en sens contraire au préjudice des acquéreurs.

46. — La grande affinité qui existe entre le bail à ferme et le bail à domaine congéable, a conduit à décider que la femme qui reprend la libre administration de ses biens, aux termes de l'art. 1449 du Code, peut prendre à convenant, et même renoncer à la faculté de demander le remboursement (Arrêt du 13 décembre 1813, 1re chamb., Journ., tom. 5, p. 175).

CHAPITRE V.

Des rapports qui existent entre le Bail à convenant et le Contrat de vente.

47. — Le bail à convenant participe de la vente, en ce qu'il opère le transport des édifices et superfices, dans la propriété desquels le foncier peut toujours rentrer par le congément,

48. — Il suit de là que celui-là seul peut donner ou prendre un immeuble à convenant, qui pourrait le vendre ou l'acheter. Cependant, suivant Baudouin (N° 30 et suiv.), un tuteur, un mineur émancipé, un mari, qui ne peuvent acconvenancer un terrain en valeur, peuvent bailler à convenant un terrain vague et inculte. On peut dire, en faveur de cette opinion, que l'acconvenancement n'est assimilé au contrat de vente qu'en ce qu'il emporte aliénation des droits réparatoires, et qu'ainsi l'on ne peut y voir qu'une simple cession temporaire de jouissance, lorsqu'il n'a pour objet qu'un terrain sur lequel il n'y a ni édifices ni

superfices. Nonobstant cela, il semble que la distinction de Baudouin ne doit pas être admise. L'obligation de rembourser les améliorations permises, gêne ou peut gêner les propriétaires qui veulent rentrer en possession de leur héritage, et même les mettre, pour un temps indéterminé, dans une espèce d'impossibilité de disposer de leurs fonds. Le droit qu'ont aujourd'hui les domaniers de demander le remboursement, serait encore, suivant nous, une raison de plus pour décider ainsi. Nous devons dire cependant que l'art. 7, tit. 1er du projet de décret sur le domaine congéable, redigé en 1790 par MM. Lanjuinais et Varin, proposait d'autoriser *tout administrateur* à acconvenancer les terres en friches ou marécageuses.

Le rédacteur de la Table des arrêts de Rennes pense comme nous (N° 273) qu'il faut un pouvoir spécial pour acconvenancer les terrains vains et vagues.

Il a, du reste, été jugé par arrêt du 26 août 1822, que le mandat de gérer des biens et de les affermer n'autorise pas à les donner à convenant.

49. — Le bailleur à convenant est tenu, comme le vendeur, de la délivrance et de la garantie de la chose qui fait l'objet du contrat. Les dispositions du chap. 4 du titre de la vente au Code civil, lui sont applicables comme au vendeur.

50 — Mais un colon peut-il, lors même qu'il n'exploite pas par lui-même, demander le remboursement de ses droits, en se fondant sur ce qu'une partie considérable de la tenue est l'objet d'une expropriation pour cause d'utilité publique ?

Le rapprochement de l'art. 16 de la loi du 6 août et de l'art. 1722 du Code civil, semblerait autoriser à

résoudre cette question affirmativement. Cependant Baudouin dit N° 246 : « Si les droits convenanciers pé-
» rissent en partie ou sont endommagés par une force
» majeure ; si, par exemple, des fossés sont abattus
» et des terres converties en grands chemins, ces pertes
» tombent directement sur le colon qui en prétendrait
» vainement une diminution sur ses redevances, sauf
» à lui à faire abandon de la tenue. »

Il est probable que l'opinion de Baudouin serait admise en ce sens que l'on ne prononcerait pas la résolution du bail ; mais, comme nous aurons occasion de le dire, l'indemnité à payer par l'Etat se répartit entre le foncier et le colon dans la portion des pertes de chacun.

51. — Le preneur peut expulser le fermier qu'il trouve en possession, dans tous les cas où un acquéreur aurait droit de le faire.

52. — On admet l'action en rescision contre un bail à convenant pour lésion des sept douzièmes, comme on le ferait pour la vente d'un immeuble.

Pour savoir s'il y a lésion, on estime les droits superficiels seulement, et c'est par la comparaison de leur valeur avec les deniers d'entrée que l'on juge s'il y a lieu à rescision.

On n'a pas égard, dans cette estimation, à la valeur de la rente convenancière stipulée par le bail, parce que cette rente n'est pas le prix des droits réparatoires, mais seulement le fermage du fonds. Un propriétaire ne pourrait donc pas faire annuler un bail à convenant, par cela seul qu'il justifierait qu'il ne s'est réservé qu'une rente trop modique. Il se trouverait dans le cas d'un propriétaire qui n'aurait pas affermé sa métairie assez cher : le congément après le temps de l'assurance serait la seule ressource qui lui resterait.

53. — Mais devrait-il en être de même, si le preneur prétendait que l'acconvenancement ne lui a été consenti sans deniers d'entrée, ou pour des deniers d'entrée trop modiques, que parce qu'il s'est soumis à payer une rente plus forte que celle que la tenue comportait naturellement ?

Baudouin n'examine pas cette question ; il se borne à dire (N° 231) : « A plus forte raison, la rescision » serait admise de ces baux assez fréquents où une » maison, un héritage, sont acconvenancés sans de- » niers d'entrée, *en l'état où ils se trouvent.* »

Nous ne faisons aucun doute que le colon ne soit recevable dans ce cas à demander que l'on prenne en considération la rente dont il s'est chargé. Admettre le principe contraire, ce serait autoriser à attaquer sans motifs des contrats faits de bonne foi, et qui ne contiennent aucune lésion. Le bailleur qui trouve dans l'augmentation de la rente la valeur des superfices qu'il aliène, au lieu de la recevoir en deniers d'entrée, ne souffre réellement aucun préjudice. La chose qu'il cède lui est payée à sa valeur, et de la manière qu'il a voulu qu'elle le fût.

54. — Pour décider s'il y a lésion, on doit estimer les droits réparatoires par le *menu*, sans avoir égard au revenu qu'ils produisent : ainsi l'a jugé un arrêt du 18 juillet 1752 (B., N° 428). Ce n'est que relativement aux aliénations de droits réparatoires consenties par un colon, qu'il peut y avoir de la difficulté sur ce mode d'évaluation (*Infrà*, N° 490).

A cette solution, on peut opposer la décision d'un jugement du tribunal d'appel de Rennes du 6 pluviôse an X, qui a admis l'action en rescision dans une espèce où, d'après notre opinion, elle aurait peut-être dû être rejetée. « La concession à domaine » congéable, dit le jugement, tient de la nature du » contrat de vente et de celle du bail à ferme. Le pre- » mier détachement des édifices et superfices, qui » jusque là faisaient partie du fonds, est une aliéna- » tion de la part du foncier, au profit du colon, » comme la faculté de jouir du fonds pendant un » temps convenu, moyennant une redevance annuelle, » est un bail entre eux.

» Il est de maxime en cette matière que, sans autre » stipulation, cette redevance est toujours représen- » tative de la perception des fruits, et que la somme » stipulée payable, soit au moment de la baillée, soit » dans des délais fixés, mais distincte du prix annuel » de la jouissance, représente la concession des édi- » fices et superfices ; en sorte que l'on ne peut jamais » feindre une confusion qui puisse faire envisager une » partie de la redevance annuelle comme représenta- » tive d'une portion de la vente des droits répara- » toires. »

Le rédacteur des Arrêts, Table, N° 77, présente notre opinion comme plus conforme aux principes et à la justice. Nous persistons à penser, en effet, que l'action en rescision ne doit être admise que lorsqu'il résulte bien clairement des circonstances que l'insuf- fisance de la commission n'a pas été compensée par la surélévation de la redevance.

SECONDE PARTIE

DES DROITS ET DES AVANTAGES ATTACHÉS A LA FONCIALITÉ.

55. — Les droits et les avantages attachés à la foncialité consistent :

1° Dans la propriété des bois fonciers ;

2° Dans les rentes et charges annuelles dont la tenue est grevée ;

3° Dans le droit de vendre sur simples bannies les édifices et superfices de la tenue ;

4° Dans la faculté d'obtenir des commissions, en accordant des assurances ou des facultés de congédier ;

5° Enfin, dans la faculté de congédier le colon.

56. — La présomption de propriété des colombiers et des garennes était autrefois un droit inhérent à la foncialité. Cette présomption avait sa source dans la féodalité. Quant aux fuies ou petites volières à pigeons, Baudouin établit qu'elles appartiennent au domanier sans titres, pourvu qu'il soit en possession d'en jouir et de les réparer et que, d'ailleurs, elles fassent partie de sa maison (B., N°s 69 et 70).

La décision de Baudoin serait encore admise aujourd'hui pour ce qui concerne les fuies ; mais, quant aux colombiers, il faut, ce semble, distinguer : si l'acconvenancement était postérieur à la suppression de la féodalité, le colombier serait présumé appartenir au colon ; il devrait en être autrement, si l'acconvenancement était antérieur, parce que la présomption devrait alors se chercher dans les anciens principes.

CHAPITRE PREMIER

Des Bois fonciers.

§ 1er.

Des Bois qui sont réputés fonciers.

57. — On considère comme bois fonciers appartenant au propriétaire, tous les arbres qui sont propres à faire du bois d'œuvre, de la planche, soit qu'ils aient crû naturellement sur la tenue, soit qu'ils aient été plantés par le foncier ou par le colon (B., Nos 51 et suiv. ; Le G., page 7, etc).

La seconde chambre de la Cour a jugé, le 30 janvier 1821, que des bosquets de bois sous futaie ne font pas partie d'une tenue à domaine congéable, lorsqu'ils ne sont point mentionnés dans les déclarations du colon.

« Considérant que les deux bosquets de bois sous
» futaie, réclamés par les appelants, ne faisaient point
» partie des domaines de Kerbirion et de Le Peu-
» quer, acquis par la veuve Avau, auteur des appe-
» lants, aux fins de contrat notarié du 9 prairial an X;
» que la preuve s'en tire des titres mêmes remis à
» l'acquéreur, et servis au procès par les appelants;
» qu'en effet, si ces bosquets eussent été une dépen-
» dance des domaines de Kerbirion et Le Peuquer,
» ils auraient été formellement compris et énoncés
» dans les déclarations, en date des 3 octobre 1737,
» 27 floréal et 4 messidor an VI, puisqu'il était de
» principe, en matière de domaine congéable, que
» les domaniers étaient tenus de faire état, dans leurs

» déclarations, de tous les bois qui existaient sur les
» tenues, parce que ces bois étaient à leur garde ; ils
» en étaient responsables. »

Il est à présumer que cet arrêt a été rendu dans
une espèce où le colon avait *droit de bois* ou bien
dans un cas où il ne s'agissait que du droit aux
émondes; autrement, la question aurait été décidée
par les principes généraux que la Cour ne rappelle pas.

58. — On ne fait d'exception à ce principe que
pour les arbres fruitiers, qui sont présumés être la
propriété du colon, comme les pommiers, les poi-
riers, les cerisiers, les pruniers.

Les noyers et les châtaigniers, qui peuvent également
ment fournir des fruits et du bois d'œuvre, étaient
autrefois regardés comme des arbres fonciers ; mais
l'art. 8 de la loi du 6 août 1791 porte : « Dans le cas
» où le bail ou la baillée et les usements ne contien-
» draient aucun réglement sur les châtaigniers et les
» noyers, lesdits arbres seront réputés fruitiers, à
» l'exception néanmoins de ceux desdits arbres qui
» seraient plantés en avenues, masses ou bosquets,
» et ce, *nonobstant toute jurisprudence à ce con-*
» *traire.* » D'après ces derniers mots, l'usage, quelque constant qu'il fût, n'autoriserait pas à s'écarter de
la présomption établie, et comme aucun usement ne
dit expressément à qui, du propriétaire foncier ou
du colon, appartiennent les noyers et les châtaigniers,
il faut s'en tenir, dans tous les cas, à la distinction
établie par l'article.

59. — L'abréviateur de Gatechair, qui écrivait sous
l'usement de Broüerec, attribue au colon la propriété
des « chênes émondables plantés sur les fossés, dont

» le tronc n'excède pas dix pieds de hauteur et est
» écouronné. »

Mais cette distinction n'a été reçue nulle part. C'est
ce qu'apprennent Baudouin (Nº 54) pour l'usement
de Tréguier, et Le Guevel (p. 7) pour l'usement de
Rohan. Ils attestent que, quelque court que soit un
plant de chêne, il appartient exclusivement au foncier,
aussitôt qu'il est assez fort pour soutenir l'échelle et
n'être pas endommagé par les bestiaux. Cela est vrai
également de tous les arbres fonciers.

Bien plus : lorsque, sur la souche d'un bois foncier, il croît un rejeton, une renaissance, qui devient
à la longue propre à œuvre, à merrain, ce rejeton
appartient au foncier.

Ces principes ont été confirmés par un arrêt de la
Cour d'appel du 17 janvier 1826 (J., t. 8, p. 20).

Les frères Le Bodeur, domaniers du convenant
Kermouster, avaient été condamnés, le 2 mars 1824,
par un jugement du tribunal de Morlaix, à payer aux
fonciers la somme de 7 fr. 50 c. pour indemnité de la
coupe de trois plants de bois fonciers. Le jugement
avait été motivé sur ce qu'il résultait de l'expertise
que les souches dont on accusait les colons de s'être
emparés, étaient situées dans des bois taillis, mais
qu'il en existait trois qui, ne présentant chacune qu'un
jet et n'ayant porté qu'une tige d'environ 22 pouces
et demi de circonférence, étaient propres à soutenir l'é-
chelle et devaient être regardées comme bois fonciers.

Le jugement fut reformé et les appelants déchargés
de la condamnation. « Considérant au fond, porte
» l'arrêt, qu'il est appris par le procès-verbal d'ex-
» perts des 4 et 8 mai 1824, enregistré à Morlaix le

» 11, rapporté contradictoirement en exécution de
» jugement du tribunal de Morlaix du 30 mars dit an,
» enregistré le 7 avril suivant, que tous les bois abat-
» tus par les domaniers Le Bodeur, sur les terres du
» convenant Kermouster, sans en excepter même les
« trois plants que les experts ont cru n'être pas bois
» courants, faisaient néanmoins partie de bois taillis
» qui ne peuvent être qualifiés futaies, et dont les
» coupes sont un fruit appartenant, suivant l'art. 590
» du Code civil, à l'usufruitier, et, à plus forte raison,
» au domanier propriétaire de tout ce qui n'appartient
» pas à la foncialité, et spécialement des bois taillis ;
» Qu'il ne pourrait y avoir d'exceptions que pour
» les baliveaux qui auraient été expressément réser-
» vés, ou qui, du moins, seraient prouvés avoir été
» respectés lors des anciennes coupes, ce qui n'a pas
» lieu dans l'espèce, puisque, d'un côté, aucune ré-
» serve n'est justifiée ni même alléguée par les inti-
» més, et que, de l'autre, il résulte des apurements
» donnés par les experts, que quelques-uns des arbres
» qu'ils ont regardés comme bois courants, offrent
» des dimensions plus fortes, et annoncent consé-
» quemment plus d'ancienneté que les trois plants
» qu'ils ont réputés bois fonciers ;
» Considérant enfin que la distinction entre les
» arbres qui ont crû sur souche, ou ont poussé plu-
» sieurs jets, et ceux d'un seul jet et tenant à une
» seule racine, ne saurait être admise relativement à
» des bois taillis, qui se repeuplent, non-seulement
» par les rejetons qui croissent sur les souches, mais
» aussi par les fruits qui, tombant des arbres, ger-
» ment en terre et produisent de nouveaux plants. »

Cette décision confirme notre opinion particulière, car nous n'avons regardé le rejeton, la renaissance devenue propre à œuvre, comme appartenant au propriétaire, que lorsque ce rejeton, cette renaissance, a crû sur la souche d'un bois foncier.

Du reste, l'arrêt semble préjuger qu'il pourrait y avoir exception pour les baliveaux qui auraient été expressément réservés, ou qui du moins seraient prouvés avoir été respectés lors des anciennes coupes. Nous ne doutons pas que cette distinction ne soit fondée.

60. — Les bois fonciers qui meurent ou sont abattus par les vents, ne cessent pas d'appartenir au propriétaire foncier. (B., N° 305).

61. — Par un acte du 14 juin 1777, il avait été convenu entre un propriétaire et un colon qu'il serait fourni par ce dernier une description des arbres, plants et plançons dont le domanier serait tenu de répondre et que les plants et arbres fruitiers, mis sur la tenue depuis 1758, époque du bail en premier détachement, et ceux que les domaniers pourraient planter, seraient estimés à leur profit en cas de congément, avec les litières propres à faire fumier. L'état promis par le traité de 1777 ne fut rapporté qu'en 1781, et le colon y fit mentionner les bois fonciers plantés par lui depuis l'acconvenancement. Il se fondait sur ces faits pour se prétendre propriétaire de ces derniers bois. Sa prétention fut rejetée par arrêt du 31 juillet 1834.

« La Cour considérant qu'il est constant, en matière
» de domaine congéable, que tous les arbres réputés
» fonciers appartiennent au propriétaire du fonds de
» la tenue, soit qu'ils aient crû naturellement, soit
» qu'ils aient été élevés ou plantés par le doma-

» nier ; que, dans l'espèce de la cause, la seconde
» clause du traité du 14 juin 1777 n'avait pour objet
» que de faire constater le nombre des arbres existants
» sur la tenue, et dont le domanier devait répondre
» suivant l'usage ; que cette disposition n'a pu être
» modifiée par l'acte du 14 septembre 1781, non con-
» tradictoire avec le propriétaire foncier, et dans lequel
» il a été mentionné que quelques arbres avaient été
» plantés par le domanier ; que la troisième clause du
» même traité ne peut s'appliquer aux arbres fruitiers
» textuellement exprimés dans cette disposition du
» traité ; qu'enfin le domanier qui à l'égard des droits
» fonciers, n'est considéré que comme un simple
» fermier, ne peut invoquer la possession pour s'ap-
» proprier une partie de ces mêmes droits. »

62. — Il y a des arbres qui, sans avoir la qualification d'arbres fruitiers, ne sont cependant pas réputés
propres à faire de la planche et, par cette raison, n'appartiennent pas au foncier; nous les ferons connaître
en parlant des droits réparatoires dont ils font partie.
C'est là que nous parlerons aussi des souches des taillis.

63. — Quelquefois le colon devient, par suite d'une
concession du foncier, propriétaire des arbres qui, de
leur nature, sont présumés appartenir à ce dernier : il
a pour lors ce qu'on appelle *droit de bois* : mais la
concession est censée faite à titre de domaine congéable, de telle sorte que le colon poursuivi en congément
ne pourrait exploiter et vendre les arbres, si le propriétaire offrait de les rembourser comme les autres
superfices. C'est ce qu'a formellement décidé un arrêt
du 11 juin 1806.

Mais le même droit existerait-il avant la signification d'une demande en congément? Nous croyons qu'il faut distinguer : on ne pourrait pas dans ce cas empêcher un colon de disposer de quelques arbres pour les vendre ou pour les employer à ses besoins. Mais s'il s'agissait d'un abattis total ou presque total, l'intérêt général ferait sans doute reconnaître au propriétaire le droit de s'y opposer. Il est clair seulement que le remboursement devrait se faire de suite et que le propriétaire ne pourrait pas le remettre à l'époque du congément.

§ II.

Du droit de planter des bois fonciers.

64. — Nous ne connaissons point de jurisprudence sur le droit que peut avoir le propriétaire de planter des bois fonciers sur la tenue : il faut donc remonter aux principes du bail à ferme, pour établir l'existence de ce droit et en déterminer l'étendue.

Par cela seul que les bois fonciers appartiennent au propriétaire, on est porté à penser que celui-ci doit avoir le droit d'en planter. Qui fera avec plaisir les frais d'une plantation si ce n'est celui qui doit en profiter ? Refuser cette faculté au propriétaire, ce serait agir contre l'intérêt public, et se mettre en opposition avec tant de dispositions législatives qui ont pour objet de favoriser les plantations et d'empêcher le défrichement des terrains couverts de bois.

65. — Le propriétaire peut donc planter des arbres fonciers : voilà le principe ; mais il doit le faire sans nuire aux droits du colon, qui sont ici parfaitement d'accord avec l'intérêt de l'agriculture.

Ainsi le propriétaire ne peut gêner par ses plantations le droit compétent au domanier de jouir du fonds, de le cultiver, d'en retirer tous les fruits qu'il doit naturellement produire. De là résulte, suivant nous, qu'il ne peut planter que dans les endroits de la tenue où ses plantations ne sauraient gêner la jouissance du colon.

66. — Là-dessus se présente une question : Le colon peut-il s'opposer à ce que le propriétaire plante sur les fossés, en alléguant que, dans la suite, les arbres nuiront à ses récoltes par les racines qu'ils pousseront dans ses terres, par l'ombre qu'ils projetteront sur les champs ? Nous ne savons pas comment cette question aurait été résolue dans l'ancienne jurisprudence, qui soumettait le colon à continuer sa jouissance jusqu'au congément ; mais nous n'hésitons pas à penser qu'elle doit être aujourd'hui décidée négativement. Comme les arbres ne peuvent nuire par leur ombre et par leurs racines que plusieurs années après la plantation, et que, d'un autre côté, le domanier peut demander son remboursement à l'expiration de sa baillée, il dépend toujours de lui d'éviter, en se retirant, le tort que la plantation pourrait lui faire. Il ne peut donc pas se plaindre d'un fait qui ne saurait lui préjudicier qu'à une époque éloignée, avant laquelle il dépendra de lui de cesser sa jouissance, s'il la trouve onéreuse. (Pothier, *Contrat de louage* N° 75).

67. — Nous ajouterons qu'il n'y a pas de difficulté à décider que le propriétaire peut toujours remplacer par d'autres arbres les bois fonciers qu'il abat, dans quelque endroit qu'ils soient plantés Il ne nuit pas aux droits du domanier en mettant un jeune plant à la place d'un vieil arbre qu'il aurait pu se dispenser d'abattre.

68. — Nous terminerons en faisant connaître un arrêt rendu par la Cour d'appel de Rennes, le 20 novembre 1811, relativement à une plantation de bois fonciers.

En 1728, le sieur de Crésolles avait acconvenancé un terrain vague dit la Perrière. Le preneur s'était obligé à laisser en dehors des clôtures une place pour les rabines que le bailleur avait dessein de faire. En 1840, le colon prétendit que le propriétaire avait planté sur le plat du convenant depuis environ trente ans, et il demanda que les arbres qui gênaient la culture fussent abattus. Le sieur de Crésolles répondit que les arbres n'avaient pas été plantés sur le terrain concédé, et que d'ailleurs la plantation remontait à plus de quarante ans. Il paraît qu'une enquête justifia ce dernier maintien. Le colon fut débouté de sa prétention par un arrêt dont voici les motifs :

« Considérant que le sieur de Crésolles s'était ré-
» servé à lui-même une partie de la Perrière, pour la
» rabine qu'il avait dès lors le dessein d'y placer ; que
» s'il ne s'est pas borné à planter dans les parties ré-
» servées, ce qui n'est pas bien clair, ces parties n'é-
» tant point assez précisément désignées, tout ce qui
» en résulte, c'est qu'il aurait planté dans la tenue
» acconvenancée au vu et au su des colons, sans op-
» position de leur part ; que cette plantation, faite
» toute en bois de haute futaie, plus de quarante ans
» avant l'introduction de l'instance, constitue, dans
» la propriété de Crésolles, des bois fonciers qui ne
» sont pas susceptibles d'émondage ;

» Considérant qu'il est sans exemple que des colons
» convenanciers aient eu la prétention d'obliger leurs

» propriétaires à abattre des bois fonciers ou de dé-
» coration, sous prétexte d'encombrement nuisible à
» la culture des terres; que le nom de Perrière, con-
» servé à la tenue dont il s'agit, n'annonce qu'une
» terre aride, maigre et stérile, dépourvue de toute
» substance végétale et productive, et uniquement
» propre à la destination qu'elle a reçue;

» Considérant enfin que si le colon ne peut émon-
» der, il peut encore moins abattre ou obliger le
» foncier de purger la terre de toute plantation. »
(Journ., tom 4, page 284).

§ III.

Des Émondes des Arbres fonciers.

69. — On peut poser comme un principe général
que le colon a droit aux émondes de tous les bois
fonciers ; cependant, ce principe souffre deux exceptions :

Premièrement, le domanier n'a aucun droit aux
émondes des arbres fonciers plantés en *rabines, avenues* ou *bosquets;*

Deuxièmement, les bois fonciers plantés sur les
clôtures et sur le plat des champs, il n'y a que ceux
qui, d'après l'usage du pays, sont susceptibles d'être
émondés, dont le colon puisse s'approprier les branchages.

Les branches des arbres plantés en rabines, avenues ou bosquets, et celles des arbres qui ne s'é-
mondent pas, appartiennent au propriétaire (Usements, B., Nos 51, 63 et 303; Le G., pag. 6, 118 et
119; C., pag. 89, 90 et 91).

70. — Cependant, si le colon avait émondé des arbres plantés en rabines, avenues ou bosquets, à la connaissance du propriétaire et sans réclamation de sa part, on pourrait en induire la preuve d'un consentement tacite qui élèverait une fin de non recevoir contre une demande en dommages et intérêts pour le passé. Ainsi l'a jugé un arrêt de la 3e Chambre, du 20 novembre 1811 (Journ., tom. 4, pag. 284).

Bien plus : Baudouin dit (N° 63) : « La possession » quadragénaire d'émonder les rabines et avenues » semble en attribuer le droit au colon, même pour » l'avenir. » Et Rosmar (art. 2) ne prive le colon que des émondes « des rabines et bois de décoration, » *non accoutumés* d'être émondés. »

71. — Par le mot *rabine*, on entend ordinairement deux ou plusieurs rangs d'arbres plantés en avenues ; mais, dans les pays de domaine congéable, on donne ce nom de *rabine* même à un simple rang d'arbres (Hévin, 104e consult).

72. — Le colon est fondé à enlever, dans quelque temps que ce soit, les branchages des arbres qu'il aurait eu le droit d'émonder, et que le propriétaire a fait abattre ; mais lorsqu'il veut émonder des arbres non abattus, il faut qu'il le fasse en temps et saison convenables, quand les émondes sont en maturité, et de manière à ne nuire ni au tronc, ni aux émondes futures.

73. — Le droit d'émonder n'emporte pas celui d'étêter les arbres, même ceux qui sont plantés sur les fossés ou sur le plat des champs ; seulement la prohibition d'étêter ne tombe pas sur les plançons, dont on coupe quelquefois la pointe avant de les planter à demeure, pour se procurer des tailles (B., N° 63).

74. — La circonstance qu'un arbre a été abattu par le vent, ne donne aucun droit au colon sur les émondes. Elles appartiennent au foncier, lorsque l'arbre était tel que le domanier ne pouvait l'émonder (Rosmar, art. 2 ; B., N° 51).

75. — Nous parlerons de la coupe des bois taillis en traitant des droits convenanciers.

§ IV.

De l'indemnité due au Colon, pour le préjudice qui peut résulter de la Coupe des Bois fonciers.

76. — Lorsque le propriétaire use de la faculté d'abattre, il doit au colon une décharge écrite qui mette celui-ci à l'abri de se voir poursuivi à raison des arbres abattus.

77. — Rosmar assujétit de plus le propriétaire à dédommager le domanier ; mais en quoi consiste le dédommagement ?

Si, en abattant les arbres, on fait quelques dégâts sur les droits du colon, ses édifices, ses fossés, sa récolte, ses arbres fruitiers et ses arbres puinais, il est dû une réparation proportionnée au dommage. Il en serait de même pour le préjudice qui pourrait résulter de ce que l'exploitation des arbres abattus se ferait sur la tenue.

78. — Mais le colon pourrait-il exiger que le propriétaire enlevât les arbres après les avoir abattus, pour aller les exploiter ailleurs ? Cela pourrait dépendre des circonstances. Nous pensons que le pro-

priétaire aurait le droit de mettre en bûches les bois destinés au chauffage, en le faisant dans un court délai ; mais nous pensons aussi qu'il ne pourrait pas débiter sur la tenue ceux qu'il voudrait convertir en planches, en madriers.

79. — Le colon peut-il exiger un dédommagement pour les émondes futures dont il est privé ? Cette question était controversée sous l'ancienne jurisprudence. Baudouin tenait la négative, et il la motive principalement (N° 57) sur ce que le propriétaire ne pouvant jouir, qu'en les abattant, des bois fonciers dont les émondes appartiennent au domanier, il se trouverait dépouillé de ses droits, si on ne lui permettait d'en user qu'à la charge de payer une indemnité pour des émondes qui n'existent pas encore. A cette raison, qui paraît décisive, on pourrait peut-être ajouter celle-ci : les émondes appartiennent naturellement au propriétaire de l'arbre, dont elles sont le produit et l'accessoire. Si le colon en profite, tandis que les arbres subsistent, il est raisonnable de présumer que c'est pour l'indemniser du tort que l'ombre projetée par les arbres fait à ses récoltes, et de la responsabilité qui pèse sur lui par rapport aux bois fonciers abattus par des tiers ; mais comme ce préjudice et cette responsabilité cessent aussitôt que l'arbre est coupé, on ne voit pas pourquoi le fermier continuerait de jouir d'un avantage qui semble en être le dédommagement.

80. — Quant au délai dans lequel le colon doit réclamer l'indemnité qui lui est due pour dégradations occasionnées par l'abattis des bois fonciers, Baudouin distinguait : ou le domanier avait à réclamer pour les émondes des bois abattus, enlevées par le propriétaire,

ou bien il avait seulement à demander des réparations pour dégâts commis sur les droits. Suivant Baudouin, il y avait dans le premier cas une espèce de vol de choses mobilières, contre lequel on pouvait réclamer pendant cinq ans, d'après l'article 284 de la Coutume. Dans le second cas, au contraire, la réclamation devait être formée dans l'année, comme pour trouble apporté à la possession.

En raisonnant comme Baudouin, on déciderait aujourd'hui que le droit de réclamer pour les émondes dure trois ans, car l'art. 2279 du Code civil répond à peu près à l'article 284 de la Coutume.

81. — D'après l'art. 4 de la loi du 25 mai 1838, le juge de paix connaît en dernier ressort jusqu'à 100 fr., et en premier ressort jusqu'à 1,500 fr., des indemnités pour non jouissance provenant du fait du propriétaire, lorsque le droit à une indemnité n'est pas contesté. Cette disposition est pleinement applicable au colon qui se plaint du préjudice que lui a causé la coupe des bois fonciers, ou la privation des émondes. La restriction contenue dans ces mots, *lorsque le droit à l'indemnité n'est pas contesté*, ne s'applique qu'au cas où le propriétaire foncier prétendrait qu'il résulte des baux ou baillées que l'indemnité n'est pas due. Elle n'autoriserait pas le juge de paix à se déclarer incompétent, si le foncier se bornait a nier le préjudice allégué par le colon. (Compétence des juges de paix, par Henrion de Pansey, pag. 336).

§ V

De la responsabilité du colon pour les Bois fonciers

82. — Le colon, comme le fermier, est obligé de

conserver et de défendre la chose dont il jouit précairement : il répond donc des dégradations commises dans les bois fonciers pendant sa jouissance, à moins qu'il ne prouve qu'elles ont eu lieu sans sa faute. Les art. 1732 et 1735 du Code lui sont pleinement applicables. Le propriétaire a même une action solidaire contre tous les colons de sa tenue pour obtenir la réparation du préjudice causé. (B., N° 61 ; arrêt du 8 janvier 1716 ; C., pag. 63 ; arrêt du 19 décembre 1829).

83.—Mais il y a une grande différence entre le cas où les dégradations sont l'ouvrage du colon et celui où elles sont commises par un tiers. Quand le colon est l'auteur des dégradations, il peut être poursuivi civilement ou criminellement, au choix du propriétaire ; dans le cas contraire, on n'a contre lui qu'une action civile.

84. — Du reste, quoique le colon soit toujours responsable des dégradations, lorsqu'il ne justifie pas qu'elles sont le résultat de la force majeure ou d'un cas fortuit, il existe, jusqu'à la preuve du contraire, une présomption légale qu'il n'y a participé ni directement ni indirectement : de sorte que, pour le poursuivre correctionnellement, il faut prouver que c'est lui qui est l'auteur du délit.

85. — La dégradation de bois fonciers peut se prouver par témoins, par experts et par titres. « Une » voie fort simple, dit Baudouin (N° 62), de vérifier » les abattis de bois, serait de comparer l'énumération » qu'en renferment les lettres récognitoires, avec leur » état actuel. Mais très-fréquemment, ces lettres sont, » ou anciennes et depuis leur date le nombre s'en est » accru, ou fautives par l'omission de plusieurs plants,

» et la fourberie du colon n'est point le titre d'une
» nouvelle faute, ou nullement décisives, à cause des
» coupes postérieures du foncier, qui n'en a point
» donné de reconnaissances écrites. »

86. — Le colon n'est pas responsable des dégâts
qui se commettent dans les bosquets et dans les bois
plantés en dehors de la tenue, et dont les titres récognitifs ne parlent pas. Il ne peut être poursuivi, même
civilement, à raison de ces dégâts, qu'autant que l'on
justifie qu'il en est l'auteur, et alors il se trouve dans
le même cas que toute autre personne.

La Cour a jugé, le 30 janvier 1824, que des bosquets
de bois sous futaie ne sont point censés faire partie de
la tenue. quand les déclarations ne les mentionnent
pas, parce qu'il est de principe en matière de domaine
congéable, que les domaniers gardiens responsables
de tous les bois existants sur les tenues sont obligés
d'en faire état dans les déclarations (J., t. 7, p. 38.)

87 — Celui qui est devenu colon par un congément ou une adjudication sur simples bannies, ne peut
être poursuivi pour les dégradations qu'il justifie avoir
précédé son entrée en jouissance ; mais n'en serait-il
pas autrement, si le nouveau colon avait succédé à
l'auteur du délit par un contrat d'acquêt ? Baudouin
(N° 64) décide que l'acquéreur n'est pas responsable,
quand son contrat a été suivi d'appropriement. On ne
connaît plus aujourd'hui l'appropriement, et la transcription aux hypothèques, qui le remplace, ne peut
sans doute avoir l'effet de faire perdre au propriétaire
le privilége qu'il a sur les droits réparatoires, pour
sûreté des condamnations qu'il peut obtenir contre le
colon. Il semble donc que, nonobstant son contrat,

et sauf son recours contre le vendeur, l'acquéreur, comme tiers détenteur des droits, demeure, pendant dix ou vingt ans suivant la distinction établie par l'art. 2265 du Code, responsable des dégâts commis par son prédécesseur.

88. — L'acquéreur du fonds d'une tenue ne peut, à moins de stipulation expresse avec son vendeur, réclamer d'indemnité pour les dégâts faits dans les bois fonciers avant son acquisition (B., N° 65).

Par arrêt de la Cour de Bordeaux, du 15 mai 1829, il a été jugé « que l'acquéreur d'un fonds n'a qualité » pour exercer une action à raison des dommages » causés sur le fonds vendu par des tiers, antérieure- » ment à la vente, qu'autant qu'il lui a été fait cession » expresse de cette action par le vendeur. On ne peut » considérer comme renfermant cette cession ex- » presse, la clause par laquelle le vendeur déclare » transporter tous ses droits, actions et prétentions » sur l'objet vendu, sans aucune exception ni ré- » serve. » Sirey, t. 30, p. 14).

89. — Quant au délai dans lequel le propriétaire doit agir contre le domanier, à raison des arbres abattus par ce dernier, il semble qu'il faut distinguer :

Lorsque le propriétaire poursuit le colon comme ayant coupé ou fait couper les arbres, il l'accuse d'une contravention ou d'un délit qui se prescrivent par un ou par trois ans (Arrêt de Cass. du 11 octobre 1845).

Au contraire, lorsque le propriétaire, sans imputer aucun délit au colon, le poursuit comme civilement responsable du dégât, sa demande paraît recevable pendant trente ans. C'était l'opinion de Baudouin, qui nous semble encore conforme aux principes, parce que l'art. 2262 du Code civil paraît seul applicable à cette prescription.

90. — Mais si le colon quittait la tenue par suite de congément, de remboursement, de vente sur simples bannies ou d'exponse, la demande devrait sans doute être formée dans l'année de la sortie, à peine de déchéance (B., N° 64).

91. — L'art. 4 de la loi du 25 mai 1838 qui autorise le juge de paix à connaître jusqu'à 1,500 fr. en premier ressort, et jusqu'à 100 fr. en dernier ressort, des dégradations et pertes dans les cas prévus par les art. 1732 et 1735 du Code civil, est évidemment applicable aux demandes civiles en dommages et intérêts formées par le propriétaire, pour coupe et dégradation de bois fonciers.

Un arrêt de la Cour d'appel de Rennes du 17 janvier 1826, qui a prononcé sur une question de compétence en matière de bois, semble au premier aspect contredire ou du moins modifier le principe que nous présentons comme certain.

Les propriétaires fonciers du convenant *Kermouster-Huelaff-Kerloas* avaient réclamé contre les frères Le Bodeur, domaniers, une somme de 1,200 fr. de dommages et intérêts pour des arbres de haute futaie qu'ils prétendaient avoir été abattus sur la tenue. Les défendeurs avaient coté un déclinatoire en se fondant sur ce que l'affaire était de la compétence exclusive du juge de paix. Ils avaient répondu au fond que les bois par eux coupés l'avaient été dans un taillis dont ils pouvaient disposer en qualité de colons.

Sur l'appel, il fut jugé que la demande avaient dû

être portée en première instance. « Considérant, porte
» l'arrêt, que sous le régime du domaine congéable,
» le domanier est propriétaire des édifices et super-
» fices et des arbres fruitiers et autres de modique
» valeur, appelés *bois courants*, à l'exclusion des
» arbres de futaie ou bois fonciers, qui appartiennent
» aux propriétaires du fonds ; que, devant le premier
» tribunal, les intimés, devenus acquéreurs, des
» droits fonciers du convenant *Kermouster-Huelaff-*
» *Kerloas*, ont soutenu que les appelants, domaniers
» du même convenant, avaient fait abattre des bois
» de futaie en dépendant, tandis que ces derniers
» maintenaient de leur part n'avoir fait couper que
» *des bois courants ;* que cette contestation offrait
» une véritable question de propriété qui excédait la
» compétence du juge de paix ;

» Que d'ailleurs, suivant la demande des intimés,
» les dégradations dont il s'agit avaient été commises,
» non pas précisément dans l'année de cette demande,
» mais dans le courant de l'année précédente, et qu'ils
» réclamaient une somme de 1,200 fr. pour indem-
« nité ; qu'ainsi le juge de paix ne pouvait encore,
» aux termes des art. 9 et 10, § 2, de la loi du
» 24 août 1790, en connaître sous le rapport d'action
» possessoire ni d'action personnelle. »

Nous ne croyons pas que cette décision contrarie
le principe que nous avons posé ; dans l'espèce soumise à la Cour, la question de savoir s'il y avait dégradations, était subordonnée au jugement à rendre
sur la nature contestée des bois coupés. Or, cette
dernière question, qui touchait à la propriété, ne pouvait être jugée en justice de paix. Tout ce que l'on doit

donc conclure de l'arrêt, c'est que le tribunal de première instance est seul compétent pour prononcer sur les dégradations alléguées, lorsqu'on n'est pas d'accord sur la nature foncière ou convenancière du bois que l'on reproche au colon de s'être approprié. Nous n'en sommes pas moins persuadé que les demandes de cette nature doivent d'abord être portées devant le juge de paix, sauf à renvoyer ensuite en tribunal compétent, s'il s'élève des discussions qui touchent à la propriété. C'est, suivant nous, le seul moyen de prévenir un déclinatoire.

L'arrêt paraît supposer que, dans l'espèce jugée, les demandeurs auraient dû agir au possessoire en justice de paix, si la demande avait été formée dans l'année de la coupe. Nous ne voyons pas sur quoi cette opinion pourrait être fondée.

En effet, il est d'abord évident que la question de propriété pourrait s'élever sur une demande possessoire comme sur une demande pétitoire : quel moyen aurait alors le juge pour décider cette question sans toucher au fond du droit?

Ensuite, la législation n'assujétit jamais la partie lésée par une voie de fait à exercer l'action possessoire, lors même qu'elle agit dans l'année : la complainte n'est que facultative ; on peut toujours y renoncer et prendre la voie du pétitoire.

Ces observations ne sont pas une critique de l'arrêt : nous ne les présentons que pour justifier l'opinion que le deuxième considérant ne doit pas être entendu en ce sens que le propriétaire qui forme la demande dans l'année soit obligé de recourir à la complainte.

Le principe que nous posons ci-dessus a d'ailleurs été consacré en termes exprès par un arrêt de la 3me chambre, du 3 janvier 1829. « Considérant, porte » cet arrêt, qu'aux termes de l'art. 10 de la loi du » 24 août 1790 et de l'art. 3 du Code de procédure » civile, § 4, les juges de paix sont compétents pour » connaître des dégradations alléguées par le pro-» priétaire contre son fermier ou locataire, à quelque » valeur que la demande puisse monter ; considérant » que des arbres coupés pendant le cours du bail, » soit par le pied, soit par le corps, pour faire des » têtards, et par le fermier au préjudice du proprié-» taire, constituent des dégradations dans le sens des » articles sus-référés ; considérant que le bail à do-» maine congéable a, entre le propriétaire et le colon, » la nature d'une véritable location à des conditions » qui lui sont propres, etc. »

CHAPITRE II

Des Rentes et Charges annuelles dues par le Colon.

92. — Les rentes et charges annuelles à acquitter par le colon sont les redevances convenancières, les rentes à payer en acquit du foncier, les dîmes et les contributions. Chacun de ces objets sera la matière d'un paragraphe particulier.

§ 1er.

De la Redevance convenancière.

93. — Outre la somme que le bailleur à convenant

reçoit ordinairement pour deniers d'entrée, et qui représente la valeur présumée des édifices et superfices, il stipule une redevance annuelle, que l'on nomme *rente convenancière*, et qui n'est autre chose que le fermage du fonds.

94. — Les corvées ou journées d'hommes, voitures ou bêtes de somme, dues en vertu d'une clause formelle des baux ou baillées, sont censées faire partie de la redevance convenancière, et ne sont pas supprimées comme celles que l'on pouvait autrefois exiger en vertu des usements ; elles ne peuvent être demandées qu'en nature, et elles ne s'arréragent point, à moins qu'elles n'aient été abandonnées (Art. 4 de la loi du 6 août 1791). Dans le cas d'abonnement, elles se paient de la manière convenue, et elles ne se prescrivent qu'avec la redevance convenancière dont elles font partie. Mais la Cour a décidé, le 20 mars 1810 (Journ., tom. 3, pag. 49), qu'on ne doit pas considérer comme un abonnement la clause par laquelle un propriétaire s'est réservé le droit d'exiger, soit la corvée en nature, soit une somme déterminée. La Cour n'a vu dans cette stipulation qu'une fixation de la somme que le propriétaire percevrait du colon pour la corvée, quand il lui plairait de ne pas l'exiger en nature. Elle a encore décidé que le colon n'ayant pas été constitué en demeure de s'acquitter, la corvée ne s'était pas arréragée.

95. — La vente de la rente au colon par le propriétaire qui retient le fonds, n'éteint pas la rente qui continue de subsister au profit du colon, lequel est alors censé se la payer à lui-même jusqu'au moment où, quittant la tenue par congément, remboursement

ou exponse, il acquerra le droit de se la faire payer par le foncier ou ses représentants (B., N° 149).

96. — Les levées des redevances convenancières ne se prescrivaient autrefois que par trente ans ; elles se prescrivent à présent par cinq ans (Art. 2277 du Code civil).

97. — En ce qui concerne la forme et la compétence, la demande en paiement de la rente convenancière est assimilée à la demande en paiement de fermages. Il n'est pas nécessaire d'essayer la conciliation et de donner les tenants et aboutissants de la tenue (Arr. du 17 février 1842).

Lorsqu'aux termes de l'art. 3 de la loi du 25 mai 1838, la demande doit être portée devant le juge de paix, parce que la rente n'excède pas 200 fr., ce magistrat est tenu de renvoyer devant le tribunal aussitôt que la nature ou la quotité de la redevance sont contestées.

Le tribunal de première instance lui-même ne prononce jamais qu'en premier ressort, lorsqu'il y a contestation sur le fond du droit.

98. — L'ancien droit autorisait, comme l'art. 2062 du Code civil, à stipuler la contrainte par corps pour le paiement des fermages des biens ruraux. Cependant, il a toujours été de principe qu'elle ne pouvait avoir lieu pour les rentes convenancières (B., N° 154 ; Duparc Poullain, Princ., tom. 10, page 547). Mais le propriétaire a plusieurs autres priviléges que nous allons faire connaître, pour forcer le domanier à remplir ses obligations.

99. — Il a d'abord une action solidaire contre tous les colons de la tenue pour le paiement de la rente

convenancière (art. 3 de la loi du 6 août 1791), et même pour toutes les actions qui lui compètent, en sa qualité de foncier ; mais il peut renoncer à cette solidarité, lorsqu'il a la libre disposition de ses droits. Il est même présumé l'avoir fait tacitement, 1° lorsque, sans réserver la solidarité, il a consenti et concouru à un partage de la tenue entre les colons, ou qu'il a pris droit par ce partage ; 2° lorsqu'il a consenti aux coportionnaires des baillées distinctes de leurs diverses portions ; 3° lorsqu'il a reçu séparément, pendant dix ans consécutifs et sans faire de réserve, la part de chaque colon dans la rente (Code civil, art. 1212 ; C., page 65).

100. — Par arrêt du 24 février 1826, il a été décidé que le détenteur d'une portion de tenue à domaine congéable ne peut, sans prouver l'interversion de son titre primitif, se soustraire à l'obligation de payer, sauf recours, la totalité de la rente. Cette décision paraît en opposition avec le principe consacré par l'art. 1212 du Code civil, mais comme l'espèce de la cause n'est point indiquée au recueil, il est difficile d'apprécier la portée de l'arrêt. La Cour se borne à dire que le colon ne peut se soustraire à la solidarité qu'en prouvant l'interversion du titre, parce que, possédant à titre précaire, il ne saurait invoquer la prescription et que, dans l'espèce, loin de faire cette preuve, le colon n'a pas même fourni les titres sur lesquels repose son droit de propriété aux édifices et superfices.

Voici une autre décision relative à la solidarité. La Cour a jugé, le 23 thermidor an XI, que la conversion, au profit de quelques-uns des cotenanciers, d'une partie de la rente convenancière en rente censive, ne porte pas atteinte à la solidarité établie par le titre commun pour la redevance primitive.

« Considérant, porte l'arrêt, que la conversion au
» profit de quelques-uns des cotenanciers ne peut
» porter atteinte à l'avantage de la solidarité, vu que,
» d'un côté, cette solidarité est réservée dans les actes
» qui convertissent, et que, d'un autre côté, le sort
» des autres codébiteurs n'en est nullement aggravé.»

Cette rédaction n'est pas très-claire; mais elle indique cependant que la solidarité avait été réservée par les actes de convertissement.

101. — Le paiement de la rente convenancière est le principal objet de la solidarité des colons; mais cette solidarité existe en général pour tous les droits et actions qui compètent au propriétaire. Elle a lieu, par exemple, pour les indemnités à réclamer, à raison de la dégradation du fonds ou des bois fonciers (B., N°64; C., page 63). Elle ne s'applique cependant pas indistinctement aux dépens faits contre les domaniers : lorsque l'un d'eux élève, dans son intérêt particulier, des contestations sur la propriété du fonds, sur la nature de sa redevance, il supporte seul les frais qu'il a rendus nécessaires ; ses consorts n'en sont point responsables. Quant aux frais ordinaires faits pour obtenir le paiement de la redevance, la liquidation des arrérages échus, le dédommagement des dégradations et les autres devoirs solidaires, le propriétaire a deux voies pour en obtenir le remboursement : il peut, comme pour toute autre créance, procéder par voie de saisie mobilière ou immobilière contre le colon qu'il a poursuivi; l'action qu'il exerce étant alors

purement personnelle, il ne peut demander ses frais qu'au domanier contre lequel il a dirigé ses poursuites. S'il agit contre plusieurs ou contre tous, il n'a point pour les dépens d'action solidaire contre eux ; mais si, en cas d'insuffisance du mobilier, il fait procéder à la vente sur simples bannies des édifices et super-fices, il exerce alors une action réelle sur une chose indéfiniment affectée à son privilége C'est à la tenue qu'il s'adresse, et comme la tenue est invisible par rapport à lui, il prélève la totalité de ses frais sur le produit de la vente, sans aucune distinction de la portion qui peut appartenir à chacun des domaniers dans les édifices et superfices vendus (B., Nᵒˢ 96 et 97 ; Acte de not., du 17 mars 1714).

102. — La demande peut être dirigée contre le possesseur de la tenue qui n'est pas colon. C'était autrefois une maxime certaine, et les nouvelles lois ne l'ont pas abrogée.

103. — Le foncier est fondé à exiger que les grains et autres denrées provenant de la redevance conve-nancière, soient transportés gratuitement par le do-manier au lieu qu'il indique, jusqu'à trois lieues de distance de la tenue (Art. 5 de la loi de 1791). Cette espèce de corvée, la seule qui soit exigible sans stipu-lation, ne peut se demander autrement qu'en nature, et elle ne s'arrérage pas.

Cette dernière proposition est une conséquence du principe qui prescrit d'ordonner le paiement des fruits en nature pour la dernière année, et pour les années précédentes suivant les apprécis (Art. 129 du Code de procédure). Le colon ne devant des grains et denrées en nature que pour l'année qui a précédé la demande, il est clair qu'il ne doit de transport que pour les grains et denrées de cette dernière année.

104. — Mais est-il obligé de porter, sous trois lieues, la somme qu'il est condamné à payer pour la liquidation des années antérieures ? Ou, pour généraliser la question, le colon est-il obligé de rendre à trois lieues de la tenue la rente convenancière qui consiste en une somme d'argent ? Carré le suppose, car il dit (page 74) que la disposition de l'art. 5, loin d'être onéreuse pour le colon, lui est plus favorable qu'au propriétaire, puisqu'elle limite véritablement *le droit que le créancier a toujours eu d'exiger que son débiteur allât le trouver pour s'acquitter.*

On pourrait opposer à cette opinion, d'un côté, que, d'après l'art. 1247 du Code, lorsqu'il s'agit d'une somme d'argent, et qu'il n'y a pas de lieu désigné par la convention, le paiement doit être fait au domicile du débiteur; d'un autre côté, que l'art. 5 de la loi de 1791 ne parle que du transport des grains et denrées. Nous n'en pensons pas moins que le colon qui doit une rente en argent, est obligé de la rendre à trois lieues de la tenue, soit au domicile du propriétaire, soit à l'endroit indiqué par ce propriétaire : cela est évidemment dans l'esprit de la loi.

105. — Le domanier n'est obligé de rendre la rente convenancière que dans un seul endroit, quoiqu'elle ait été divisée entre plusieurs propriétaires, depuis l'acconvenancement; mais quand il est chargé de payer des rentes à des tiers en acquit du foncier, il doit les transporter aux lieux où elles sont payables, parce qu'en se chargeant de ces rentes, il a contracté

l'obligation de les acquitter aux lieux où elles sont dues par le propriétaire. (B., N° 153).

106. — Le foncier a, pour le paiement de la redevance, un privilége sur la valeur, sur les fruits et sur les fermages des édifices et superfices qui ne sont, respectivement à lui, que des objets mobiliers garnissant son héritage; mais ce privilége ne porte que sur les droits réparatoires; il ne s'étend pas sur les autres biens des colons, pas même sur les meubles qui garnissent l'habitation de la tenue. (B., N°ˢ 153 et 502). Le propriétaire qui prendrait hypothèque pour les levées échues, ferait une chose inutile; mais il ne serait pas pour cela présumé avoir entendu renoncer à son privilége. (C., pag. 338.)

107. — Nous traiterons, au chapitre suivant, du droit qu'a le propriétaire foncier de faire vendre les édifices sur simples bannies, pour obtenir le paiement de sa redevance.

§ II.

Des Rentes que le Colon paie en acquit du Foncier,

108. — Très-souvent les colons sont chargés par leurs baux d'acquitter, pour le compte du foncier et sans déduction de la rente convenancière qu'ils lui doivent, les diverses rentes dont le fonds est grevé.

Pour constituer cette obligation, il faut que le bail ou des titres équivalents indiquent ces rentes explicitement, ou bien, soumettent le colon à payer *toutes autres charges* en sus de la rente convenancière. Sans cela, le domanier pourrait exiger qu'on lui fît déduction sur la redevance de ce qu'il aurait payé à la décharge du propriétaire. Il faut même, pour mettre les rentes constituées et volantes à la charge du domanier, une expression formelle et spécifique de ces rentes. (B., N⁰ˢ 157 et 158.)

109. — Les rentes que le colon paie ainsi à des tiers, sont censées faire partie de la redevance convenancière due au foncier. Il en résulte, 1° qu'au foncier seul appartient le droit de les rembourser, et qu'après l'affranchissement, le colon les paie au propriétaire; 2° que le colon ne peut opposer la prescription de ces rentes sans l'adhésion du foncier : *Ex hoc titulo,* dit d'Argentré (art. 266 de l'ancienne Coutume), *nullis seculis posset præscribere adversùs Dominum, nec adversùs tertium;* 3° qu'il faut les faire entrer en compte pour déterminer la portion de l'impôt à supporter par le propriétaire. (B., N⁰ˢ 159 et suiv.)

Une autre conséquence directe de ce qui précède, c'est que le colon est aujourd'hui obligé de payer au foncier les anciennes rentes féodales qu'il était tenu d'acquitter pour lui et qui ont été supprimées par la loi du 17 juillet 1793.

Pendant la suspension du domaine congéable, un colon s'était affranchi de la rente convenancière sans rembourser une rente seigneuriale qu'il acquittait anciennement. On lui demanda cette dernière rente dès avant la loi du 9 brumaire an **VI** ; il répondit qu'elle avait été éteinte à son profit puisqu'à l'époque de la suppression, il s'en trouvait débiteur direct en qualité de propriétaire du fonds. Il n'y avait rien à repliquer; mais depuis la réintégration des propriétaires dans leurs droits fonciers, il a été condamné à payer la rente par jugement du tribunal de Saint-Brieuc. Il annonça l'intention de se porter appelant, mais une consultation qu'il prit à Rennes lui persuada qu'il le ferait inutilement.

110. — C'est régulièrement au foncier à fournir reconnaissance pour les rentes qui grèvent le fonds ; cependant les titres nouveaux, fournis par le colon, conservent les droits du créancier, lorsque l'existence même des rentes sur le fonds est prouvée par des actes du foncier (B., N° 125 ; Héven, 55e consult.) C'est donc au propriétaire que les déclarations doivent être demandées, mais l'action en paiement de la rente est valablement dirigée contre le colon. (Arrêt du 6 mai 1808.)

§ III

Des Dîmes.

111. — L'art. 10 de la loi du 6 août 1791 porte :
« Pour éviter toute contestation entre les fonciers et
» les domaniers, nonobstant le décret du 1er décembre
» dernier, auquel il est dérogé quant à ce, pour ce
» regard seulement, et sans tirer à conséquence pour
» l'avenir, les domaniers profiteront, pendant la durée
» des baillées actuelles, de l'exemption de la dîme. »

112.— La dîme est la redevance d'une certaine quotité des fruits d'un fonds. Dans l'ancien droit, quatre sortes de dîmes pouvaient être dues sur une tenue convenancière, la dîme ecclésiastique, la dîme inféodée, la dîme féodale et la dîme convenancière.

La dîme ecclésiastique était celle qui se payait à l'église ;

La dîme inféodée se payait à des laïques, et l'on

présumait qu'elle avait été ecclésiastique dans son principe.

La dîme féo dale était celle qui se payait au seigneur de fief, en vertu d'une cause expresse de l'acte d'inféodation ;

Enfin, la dîme convenancière était celle que le propriétaire avait stipulée par le bail à convenant.

113. — Les dîmes ecclésiastiques, inféodées et féodales, ont été supprimées par des lois rendues au commencement de la révolution : on ne peut aujourd'hui les exiger.

114. — Il n'en est pas de même de la dîme convenancière, que l'on a toujours considérée avec raison comme faisant partie de la redevance convenancière stipulée par le bail à convenant.

Une difficulté s'est cependant élevée au sujet de cette dîme : Lorsque le propriétaire foncier était en même temps seigneur de fief de l'immeuble donné à convenant, ses colons étaint assujettis envers lui à des prestations féodales, et l'on a voulu tirer parti de cette circonstance pour faire décider que l'on devait considérer comme une dîme féodale, supprimée au profit du colon, la dîme stipulée au profit du propriétaire foncier, seigneur de fief.

Cette prétention était contraire à tous les principes ; car la dîme stipulée par le propriétaire foncier, seigneur ou non seigneur, n'était point le prix d'un afféagement ; c'était une partie du fermage du fonds, de la redevance convenancière, et si le fermage, la redevance convenancière, n'a pas été abolie par les lois qui ont supprimé la féodalité, lors même que le propriétaire était seigneur de fief, on ne voit pas pourquoi la dîme qui faisait partie de ce fermage, de cette redevance ne serait pas exigible comme la redevance elle-même.

Aussi la Cour d'appel de Rennes a-t-elle toujours proscrit la prétention des colons. La question a été jugée contre eux, par arrêt des 28 nivôse, 13 floréal an X, et 28 nivôse an XI, (Journ., t. 1, pag. 614). Ces arrêts ont été rendus dans l'intérêt des héritiers Kergus. Un autre arrêt a été rendu dans le même sens, le 23 février 1809, au profit de la famille de Choiseul Praslin. Enfin, la Cour a confirmé sa jurisprudence, par un arrêt du 25 janvier 1820, en faveur de Mme du Merdi de Catuellan, plaidant contre le sieur Ollitraut. Voici les motifs donnés par la Cour :

« Si le seigneur foncier, ayant principe de fief sur
» le domaine qu'il a dans ses mains, l'avait concédé
» en tout ou en partie, à titre de féage ou de toute autre
» manière, avec rétention de dîme ou de telle autre
» rente, comme alors il eût aliéné ce fonds, comme il
» eût fait de son domaine son fief, en transportant la
» propriété pleine et entière à un tiers qu'il eût fait son
» vassal, en ne réservant sur le fonds que la mouvance
» directe, alors les redevances qu'il aurait stipulées
» eussent été féodales, et seraient tombées sous les
» dispositions des lois abolitives de la féodalité.

» Mais si, au contraire, le seigneur de fief possé-
» dait des fonds dans l'étendue de son fief, ces fonds
» étaient libres dans ses mains et n'étaient point as-
» sujettis à la dîme qu'auraient pu lui devoir les autres
» possesseurs de terre, parce que la qualité de pro-
» priétaire de ces fonds excluait celle de créancier des
» mêmes fonds; s'il les concédait à domaine congéable,

» il en aliénait bien les édifices et superfices, avec la
» faculté imprescriptible de les racheter, mais il se
» réservait la propriété du fonds, dont il ne donnait au
» colon que la jouissance précaire, au moyen d'une
» redevance annuelle, sous une dénomination quel-
» conque, soit de dîme, soit de toute autre manière,
» laquelle redevance n'était que le prix d'un véritable
» fermage, et ne pouvait jamais être féodale.

» D'après ces principes, la dame de Cornullier, en
» concédant la tenue Allain-Conan, qui était sa pro-
» priété foncière, à domaine congéable, avait incon-
» testablement le droit de stipuler une prestation an-
» nuelle d'une quotité de fruits déterminée, sous le
» nom de *dîme*, sans qu'elle eût d'autre caractère
» que celui de redevance convenancière et sans qu'elle
» participât en rien de celui de dîme ecclésiastique ou
» féodale; et le sieur Ollitrault, preneur à domaine
» congéable, qui a contracté l'obligation de la fournir
» à son propriétaire, ne peut pas, sous le prétexte que
» cette prestation porte la dénomination de *dîme*, se
» dispenser de l'acquitter, parce qu'elle fait essentiel-
» lement partie du fermage et des conventions du bail
» à domaine congéable. » (Journ., tom. 6, pag. 393.)

On s'est pourvu en cassation contre cet arrêt; mais
le pourvoi a été rejeté par la section des requêtes le
13 février 1823. La question ne peut donc plus souffrir de difficulté.

115. — Nous avons vu soulever une question très-
intéressante au sujet des dîmes de Mme de Cornullier.

Cette dame, en aliénant des rentes convenancières
avec le fonds, s'était réservé les dîmes. Un colon vendit
sa tenue à la charge de la *rente*, mais sans mentionner

la dîme. Il fut question de savoir si l'acquéreur était tenu de cette charge. Des jurisconsultes de la première distinction pensèrent qu'il n'y était pas soumis : nous crûmes devoir émettre une opinion contraire.

Le contrat consenti par Mme de Cornullier n'était pas produit et il paraît qu'il n'avait réservé aucune partie de la foncialité ; mais il nous semblait impossible que la venderesse eût entendu perdre la dîme réservée aussitôt qu'il plairait à son acquéreur de congédier. Cependant, si la dîme devait survivre au congément, elle était une charge de fonds et considérée comme telle, elle faisait, respectivement au colon, partie de la redevance convenancière ; de sorte que la vente ne l'avait pas éteinte.

116. — Quant aux dîmes véritablement féodales, elles ont été abolies par le décret du 17 juillet 1793 ; mais on peut demander si elles ont été supprimées au profit des colons, ou bien si elles ont été supprimées au profit des propriétaires fonciers qui, dans ce cas, seraient aujourd'hui en droit de les exiger des colons ! Nous adoptons cette dernière opinion.

Toutes les charges que les colons paient à l'acquit des fonciers font partie de la redevance convenancière. (B., N° 159). Par conséquent, lorsqu'une portion de la redevance due par le foncier, mais payée à son acquit par le domanier, vient à s'éteindre, le propriétaire est en droit de l'exiger du colon, qui ne le paie plus à sa place. Ajoutons à cela que les décrets qui ont supprimé les dîmes ne les ont supprimées qu'au profit des propriétaires du fonds, qui ont eu le droit de les exiger de leurs fermiers. Il est vrai que, d'après l'art. 10 de la loi du 6 août, les domaniers doivent profiter de l'exemption de la dîme ; mais cet article ne paraît avoir pour objet que les dîmes dont il est parlé dans le décret du 1er décembre 1790, et ce décret ne concernait que les dîmes ecclésiastiques ou inféodées. Cela paraît d'autant moins douteux qu'à l'époque où la loi du 5 août 1791 a été rendue, les dîmes seigneuriales n'étaient pas encore supprimées ; elles ne l'ont été que par le décret du 17 juillet 1793. Voir la Table des Arrêts de Rennes, v° *Domaine congéable* N° 341.

Au surplus, en supposant notre opinion fondée, il faut bien distinguer les dîmes féodales des dîmes inféodées ; et toute dîme non ecclésiastique et non convenancière, qui se payait à un laïque, doit être présumée inféodée, à moins qu'il ne soit prouvé qu'elle a eu son principe dans une concession de fonds faite par un acte d'afféagement.

117. — L'art. 10 de la loi du 6 août abolit, au profit des colons, les dîmes ecclésiastiques et inféodées, ainsi que les premices, qui participaient de la nature de la dîme ecclésiastique, et qui n'étaient souvent qu'un abonnement de cette dîme. (C., pag. 109).

118. — Ces mots de l'article, *pendant la durée des baillées actuelles*, ne doivent pas être entendus en ce sens, que les domaniers ne jouissent de l'exemption de la dîme que jusqu'à l'expiration des baux qui avaient cours lors de la publication de la loi : les domaniers profitent de la suppression pendant qu'ils jouissent en vertu des anciens baux non renouvelés depuis la loi du 6 août. (Arrêt du 29 brumaire an X, Journ., t. 1, p 614 ; C., pag. 111).

119. — Dans le cas de cumul de la dîme ecclésiastique, ci-devant due aux recteurs, avec la dîme con-

venancière due au propriétaire de la tenue, les domaniers sont fondés à prétendre la réduction de celle-ci à moitié. (Arrêts des 28 nivôse, 13 floréal an X, 28 nivôse an XI, J., t. 1, p. 614 : décret du 7 juin 1791).

Mais quand y a-t-il cumul dans le sens de la loi ?

Pour qu'il y ait cumul, dit l'arrêt, du 28 nivôse an X, il suffit que la déclaration énonce au nombre des prestations dues par les domaniers, la dîme de tous les blés existants sur la tenue, de six gerbes l'une, *le droit du recteur compris*.

Pour qu'il y ait cumul, dit l'arrêt du 13 floréal an X, il faut que la redevance en quotité de fruits, réunie à la dîme ecclésiastique ou inféodée, soit un champart, terrage, agrier, ou autre redevance de même nature. (Loi des 7-12 juin 1791). Les redevances convenancières, même en quotité de fruits, sous quelque dénomination exacte ou introduite par l'usage et le style qu'elles soient exprimées ne peuvent être rangées dans la classe de celles dont parlent les lois citées.

Pour qu'il y ait cumul, dit enfin l'arrêt du 28 nivôse an XI, il faut qu'il y ait réunion dans la main du même individu d'une dîme ecclésiastique ou inféodée, et de la redevance foncière en quotité des fruits récoltés sur le même fonds, ou encore que la quotité des droits fonciers ne soit pas prouvée par des titres ou par la loi coutumière.

120. — L'arrêt du 13 floréal an X a admis à prouver par témoins, que le recteur percevait sa dîme à la trente-sixième gerbe : d'où il suivait que le reste de la dîme appartenait au foncier.

121. — Les arrêts cités ont décidé que l'abonnement de la dîme ne peut être prouvé que par écrit.

122. — L'arrêt du 25 janvier 1820 a jugé que, lorsque les titres ne déterminent pas la quotité de la dîme convenancière et se bornent à dire à la *manière accoutumée*, le propriétaire doit prouver, par titres ou par témoins, quel était le taux auquel la dîme se percevait habituellement dans le canton.

123. — Il a toujours été et il est encore de principe, pour les dîmes conservées, qu'elles ne s'arréragent pas sans demande, et qu'on n'en peut ainsi réclamer qu'une année. Mais ce principe souffre exception pour le cas où la dîme a été refusée. On a, en cas de refus, le droit de réclamer cinq années de la dîme comme du surplus de la redevance. Ainsi l'a jugé l'arrêt du 25 janvier 1820.

Une seconde exception au principe que les dîmes ne s'arréragent pas, a lieu dans le cas où elles ont été abonnées pour une prestation fixe en argent ou en grains : elles ne sont alors sujettes qu'à la prescription de cinq ans. Pour le cas où elles doivent être réputées abonnées, voyez ce que nous avons dit N° 94.

<h3 style="text-align:center">§ IV.</h3>

Des Contributions dues sur la Tenue.

124. — Les domaniers acquittent la totalité des impositions foncières établies sur la tenue ; mais ils sont fondés à retenir, sur la redevance convenancière, une partie de cet impôt, proportionnellement à la redevance. C'est la disposition de l'art. 10 de la loi du 6 août 1791, disposition qui, nonobstant ces mots de l'article, *pendant la durée des baillées actuelles*, s'applique évidemment aux baux continués depuis sa promulgation. (C., pag. 115). Les domaniers ne peuvent même être obligés de compenser les impôts avec les dîmes ecclésiastiques ou inféodées, supprimées à leur profit. (Arrêts des 29 brumaire, 28 nivôse, 13 floréal an X, et 28 nivôse an XI, Journ., t. 1, pag. 614 ; 23 février 1809 ; C.. pag. 108).

125. — La retenue à exercer sur la rente au profit du colon, ne peut être demandée pour la première fois pendant l'instance d'appel. Un arrêt du 27 mars 1821 le décide en termes exprès.

126. — Comme il n'y a ordinairement qu'une cote pour les droits fonciers et les droits réparatoires de chaque tenue, il faut faire la répartition de l'imposition entre les uns et les autres.

Un grand nombre d'arrêts (des 29 brumaire, 28 nivôse, 13 floréal an X, et 28 nivôse an XI, Journ., t. 1, pag. 614), ont décidé que, lorsque les parties ne s'accordent pas, il doit être fait entre elles, par experts convenus ou nommés d'office, une répartition, au marc le franc, de la somme à payer pour impôts, sans déduction de la subvention de guerre, proportionnellement, tant à la redevance convenancière qu'au revenu au denier vingt de la valeur du capital des édifices et superfices imposables à la contribution foncière.

D'après ces arrêts, il faudrait estimer les droits convenanciers par le menu, comme en congément, évaluer leur revenu au vingtième du montant de l'estimation, et prendre ensuite le revenu et la redevance pour base de la répartition. Ainsi, lorsque les droits d'une tenue, qui paierait 100 francs de redevance, seraient estimés 6,000 fr., le colon paierait les trois quarts de l'impôt, et l'autre quart serait supporté par le propriétaire.

Carré (pag. 113) trouve ce mode de répartition contraire à la justice et à l'esprit de la loi. Nous partageons pleinement son opinion. C'est sur le revenu, et non sur la valeur capitale d'un bien, que la contribution est assise, et il est assez connu que les édifices, estimés en détail, donnent ordinairement un capital dont l'intérêt à 5 pour %, excède de beaucoup le revenu qu'ils produisent. D'un autre côté, l'évaluation des droits par le menu a le double inconvénient d'occasionner des frais considérables, et de ne pas donner un résultat permanent. Les droits réparatoires pouvant augmenter ou diminuer de valeur d'un instant à l'autre, prendre leur estimation détaillée pour base de la répartition, c'est se mettre dans le cas de revenir tous les ans à une nouvelle évaluation.

Il serait à la fois bien plus juste et bien plus raisonnable d'évaluer le revenu seulement que la tenue est susceptible de produire, en la considérant comme héritage, et d'asseoir ensuite la répartition sur cette base. Supposons, par exemple, qu'une tenue qui vaut 100 fr. de fermage, et qui paie une rente de 40 fr., soit imposée 20 fr., le colon devrait retenir 8 fr. sur la redevance. A ce moyen, le propriétaire qui, par la supposition, perçoit les deux cinquièmes du revenu de la tenue, paierait aussi les deux cinquièmes de l'imposition. A l'égard des tenues dont le colon donne des commissions pour assurance, on répartirait la commission payée entre toutes les années de la baillée, afin d'avoir la véritable valeur annuelle de la redevance.

Il est d'autant plus surprenant que la Cour ait adopté un autre mode de répartition, que dans les considérants d'un de ces arrêts, elle semble désigner celui-là comme étant indiqué par l'art 10 de la loi du 6 août. Elle dit en effet que, « d'après cet article, la propor- » tion dans laquelle le propriétaire foncier contribue à » l'impôt, doit être déterminée par comparaison de la » redevance qui lui est payée, avec l'évaluation du » produit annuel et présumé des édifices et super- » fices du colon. » Mais la Cour paraît avoir supposé que l'intérêt au denier vingt de la valeur capitale des droits estimés par le menu, devait nécessairement éga- ler le revenu de la tenue considérée comme une ferme ordinaire, et c'est là une erreur de fait parce que, comme nous l'avons dit, les droits convenanciers estimés en dé- tail donnent le plus souvent un capital dont l'intérêt au denier vingt excède le revenu qu'ils produisent.

On avait formé un pourvoi contre l'un des arrêts que nous venons de citer. Le pourvoi fut admis par la section des requêtes ; mais une maladie survenue à l'avocat chargé de diriger l'affaire, empêcha de signi- fier l'arrêt d'admission dans le délai prescrit.

Au reste, Carré prouve sans réplique que, d'après les principes et les lois de la matière, il y a pour les rentes convenancières absolument même raison que pour les rentes foncières et constituées, d'assujettir le propriétaire à une retenue du cinquième, du sixième, etc., selon que la contribution foncière est fixée au cinquième, au sixième, etc., du revenu imposable. Ce mode, qui n'entraîne aucuns frais, conduirait toujours au résultat que nous avons indiqué comme étant le seul juste, si toutes les terres étaient également impo- sées. En effet, dans l'exemple cité, nous avons supposé la contribution foncière au cinquième et, d'après notre calcul, la retenue sur la redevance se trouve aussi du cinquième. Quand on supposerait la contribution foncière fixée au quart, au sixième, au septième, etc., on obtiendrait toujours le même résultat de l'un et de l'autre mode. Toujours on arriverait à faire supporter l'imposition au propriétaire et au colon dans la proportion de ce que chacun d'eux retire de la tenue.

Ce n'est pas qu'il n'y ait un inconvénient à fixer d'une manière générale la retenue à telle ou telle quotité de la rente, parce qu'il s'en faut beaucoup que l'impôt soit toujours égal à la même fraction du revenu, mais cet inconvénient est plus que compensé par l'avantage d'avoir une règle commune qui dispense de recourir à des estimations dispendieuses.

127. — C'est par ce motif qu'en plusieurs endroits, et notamment dans les Côtes-du-Nord, des arrêtés de l'administration avaient fixé au dixième la retenue à faire sur les rentes convenancières dues au Domaine. Quoique cette base fût défavorable aux colons, qu'il était cependant dans l'esprit du temps de préférer aux fonciers, elle a fini par être si généralement adoptée que l'on obtiendrait probablement avec peine des tribunaux qu'ils s'en écartassent.

118. — Le domanier, en traitant avec le propriétaire, peut valablement renoncer à faire de retenue sur la redevance, et la Cour d'appel a même jugé, le 11 mars 1817 (Journ.; tom. 5, pag. 627), que, dans le ressort de l'ancien usement de Cornouaille, les rentes ne sont sujettes à aucune retenue pour impositions. L'arrêt est motivé sur ce que l'art. 17 de l'usement de Cornouaille ayant chargé le colon du paiement de toutes impositions, sans diminution de la rente, un tel

statut tient lieu de stipulation expresse de non retenue, suivant la jurisprudence de la Cour de cassation.

129. — Une décision du ministre des finances, du
22 octobre 1807, prescrit de distinguer dans les matrices cadastrales les tenues à convenant des tenues à
héritage, et d'indiquer pour les premières le nom du
foncier et celui du domanier. Carré remarque que,
quand il y a plusieurs fonciers ou plusieurs domaniers,
il est inutile d'indiquer les noms et les parts de chacun.
Mais il conseille d'ouvrir dans le livre des mutations
un nouvel article à chaque changement, soit de propriétaire foncier, soit de domanier. (Pag. 113.)

130. — Avant la révolution de juillet, les propriétaires fonciers étaient en matière de cens électoral, présumés payer pour impôts, le cinquième de leurs rentes
en argent et le quart de leurs rentes en grains. Cette
présomption, que des considérations politiques avaient
fait établir, était à la fois injuste et déraisonnable ; elle
fixait l'impôt au double da la retenue à laquelle le
propriétaire était soumis pour l'impôt. Le colon, toujours propriétaire d'une portion de la tenue et même
de la plus forte lorsque les tenues étaient grevées de
superfices, ne pouvait compter aucune partie de la contribution qu'il payait. La loi du 19 avril 1831 a changé
cet état de choses. Elle porte, art. 9 :

« Dans les départements où le domaine congéable
est usité, il sera procédé de la manière suivante pour
la répartition de l'impôt entre le propriétaire foncier
et le colon :

1° Dans les tenues composées uniquement de maisons ou usines, les six huitièmes de l'impôt seront comptés au colon et deux huitièmes au propriétaire foncier;

2° Dans les tenues composées d'édifices et de terres labourables ou prairies, et formant ainsi un corps d'exploitation rurale, cinq huitièmes compteront au propriétaire, et trois huitièmes au colon ;

3° Enfin, dans les tenues sans édifices, dites tenues sans étage, six huitièmes seront comptés au propriétaire, et deux huitièmes seulement au colon, sauf, dans tous les cas, la faculté aux parties intéressées de demander une expertise aux frais de celle qui la requerra »

Ce mode, infiniment plus juste, offre cependant deux inconvénients. Il est fondé sur des rapports qui ne sont exacts que dans un petit nombre de cas, et il met les propriétaires fonciers dans la nécessité de retrouver sur les matrices cadastrales tous les objets dont se composent leurs tenues, ce qui est souvent d'une impossibilité absolue. Mais le législateur était bien obligé d'admettre une base générale et une base générale ne pouvait être juste dans tous les cas.

CHAPITRE III.

De la vente des Droits sur simples bannies.

131. — Les droits convenanciers sont, par rapport au propriétaire foncier, des meubles qui garnissent le fonds, et le gage privilégié de la redevance. Il en résulte que le propriétaire qui veut les faire vendre ne doit pas être obligé aux formalités d'une saisie immobilière; mais aussi, comme ils peuvent avoir une valeur considérable, on n'a pas dû autoriser à les

vendre suivant la forme prescrite pour les autres meubles : on a donc établi, pour ce qui les concerne, une procédure particulière à laquelle on a donné le nom de vente sur simples bannies.

132. — Ce mode de procéder n'est pas applicable aux effets mobiliers autres que les droits réparatoires qui garnissent la tenue. Les effets mobiliers ne peuvent être vendus que dans la forme prescrite par le Code de procédure, tit. 8, liv. 5.

133. — Mais on peut comprendre dans la vente sur simples bannies des droits superficiels, tous les fruits pendants par racines. Dans le silence du cahier des charges, à cet égard, ils sont même censés y être compris et appartiennent ainsi à l'adjudicataire. (B., N° 102).

§ 1er.

Des cas où l'on peut vendre sur simples bannies les édifices et superfices.

134. — La vente sur simples bannies des édifices et superfices a pour principal objet le paiement de la redevance convenancière. Mais il faut remarquer que l'on considère comme faisant partie de la redevance, toutes les rentes que le domanier paie à l'acquit du foncier, les dîmes et les corvées conventionnelles. Ainsi, le propriétaire peut poursuivre la vente sur simples bannies, pour forcer le colon d'acquitter toutes les charges. Le tiers, créancier de rentes dues sur la tenue, ne pourrait cependant pas prendre la même voie ; il devrait se pourvoir contre le colon dans la forme ordinaire.

135. — Baudouin ne dit pas précisément que l'on puisse poursuivre la vente sur simples bannies, pour obtenir le paiement des indemnités dues pour dégradations commises sur le fonds ou sur les bois fonciers, et l'art. 24 de la loi du 6 août n'autorise à prendre cette voie que pour les prestations et redevances dues au foncier. Nonobstant cela, il semble qu'il est dans l'esprit de la loi que le propriétaire puisse poursuivre, par vente sur simples bannies, le paiement de l'indemnité qui lui aurait été adjugée pour dégradations. Baudouin paraît le supposer ainsi ; car il dit (N° 96) que le foncier peut faire vendre les droits convenanciers pour obtenir le paiement *de ses frais et principaux*, et parmi ces frais il range (N° 97) ceux qui sont faits pour obtenir dédommagement des bois fonciers abattus.

136. — Ni la saisie réelle des édifices par un créancier du colon, ni la circonstance que les droits dépendent d'une succession acceptée sous bénéfice d'inventaire, ou que le colon a obtenu une assurance de jouir non expirée, ne font obstacle à la vente sur simples bannies.

137. — Tous ceux qui ont le droit d'exiger le paiement de la rente convenancière peuvent poursuivre la vente sur simples bannies des droits réparatoires. Ainsi l'usufruitier, le tuteur, les héritiers bénéficiaires, les receveurs, les communes, les établissements publics, peuvent user de ce privilége. La saisie réelle du fonds de la tenue n'empêche pas le propriétaire de l'exercer.

138. — L'un des copropriétaires du fonds indivis peut aussi faire vendre de cette manière la totalité des édifices et superfices. Mais lorsque le fonds de la tenue est divisé, chaque propriétaire ne peut vendre que les droits superficiels qui se trouvent sur sa portion.

139. — Suivant Baudoin, la jurisprudence et le sentiment commun accordent au colon qui a payé la totalité de la redevance en acquit de ses contenanciers, le droit de faire vendre sur simples bannies les édifices et superfices de ceux-ci ; mais il faut pour cela qu'il s'y soit fait autoriser par un jugement, et qu'en assignant nommément chacun de ses consorts, il détaille, dans les bannies et dans l'adjudication, la portion de chacun d'eux. La raison de cette dernière décision est que le débiteur solidaire qui paie à l'acquit des autres n'acquiert point la solidarité contre eux.

140. — Après avoir aliéné le fonds de sa tenue, le propriétaire foncier peut encore faire vendre les édifices et superfices sur simples bannies, pour obtenir le paiement des levées arréragées de la redevance. Le domanier ne peut s'y opposer, parce qu'il n'a pas le droit d'argumenter d'un contrat qui lui est étranger, et l'acquéreur, au fonds duquel on ne touche pas, n'en souffre nullement, puisque, d'un côté, les droits demeurent affectés à son privilége dans les mains du nouveau possesseur, comme ils l'étaient dans celles de l'ancien, et que, d'un autre côté, si, à l'époque où la vente est poursuivie, le nouveau foncier a déjà quelques réclamations à former contre le colon, il est préféré sur le prix à l'ancien propriétaire. Ce que nous venons de dire suppose cependant que l'on admette l'opinion que nous émettons ci-après, N° 158 ; car si la vente sur simples bannies emportait nécessairement une assurance de neuf ans au profit de l'adjudicataire, l'acquéreur aurait le droit de s'opposer à ce qu'on le

privât ainsi de la faculté de congédier à l'expiration de la baillée courante.

141. — Mais le tiers qui a acheté la rente convenancière sans acquérir le fonds, peut-il faire vendre les édifices et superfices sur simples bannies, faute de paiement des arrérages? Nous ne le pensons pas, parce que la rente séparée du fonds est devenue purement foncière.

142. — Il est certain que tandis qu'il n'y a pas prescription, la vente sur simples bannies peut être poursuivie contre le colon qui a succédé dans la propriété des droits à celui pendant la jouissance duquel les levées arréragées sont échues, à moins toutefois que le nouveau possesseur ne tienne ses droits du propriétaire foncier, par exemple, s'il avait pris de lui une faculté de congédier.

143. — Du reste, le propriétaire créancier des arrérages de la rente convenancière n'a pas besoin de faire vendre sur simples bannies pour conserver le privilége d'être payé par préférence, sur le prix des droits, de ce qui lui est dû en principal, intérêts et frais. Quand les droits sont vendus à la requête d'un autre créancier, il peut se contenter d'intervenir, et il est colloqué sur les deniers après le prélèvement des frais de la vente.

§ II.

Des formalités de la vente sur simples bannies.

144 — Les art. 24 et 25 de la loi du 6 août disposent :

« A défaut de paiement, de la part du domanier,

» des prestations et redevances par lui dues à leur
» échéance, le propriétaire foncier pourra, en vertu
» de son titre, s'il est exécutoire, faire saisir les
» meubles, grains et denrées appartenant au doma-
» nier; il pourra même faire vendre lesdits meubles,
» et, en cas d'insuffisance, lesdits édifices et super-
» fices, après néanmoins avoir obtenu contre le doma-
» nier un jugement de condamnation ou de résiliation
» du bail.

» La vente des meubles du domanier ne pourra être
» faite qu'en observant les formalités prescrites par
» l'ordonnance de 1667, et sous les exceptions y por-
» tées. A l'égard des édifices et superfices, ils seront
» vendus sur trois publications, en l'auditoire du tri-
» bunal du district du ressort. »

Ces dispositions ont besoin d'être expliquées et dé-
veloppées.

145. — De même que le propriétaire foncier peut
s'adresser à un seul des domaniers, ou même à un
détenteur non domanier, pour obtenir le paiement de
sa rente, de même aussi il peut faire vendre les droits
réparatoires sur un seul des domaniers, ou même sur
un détenteur non colon. (B., N° 335).

146. — Mais la vente des édifices et superfices ne
peut avoir lieu qu'après la saisie et l'exécution des
meubles du domanier ou du détenteur contre lequel
les poursuites sont dirigées. On suit, pour la saisie et
la vente du mobilier, les formes prescrites par le Code
de procédure. Lorsque l'huissier ne trouve pas de
mobilier saisissable, il rapporte un procès-verbal de
carence.

147. — Le créancier qui est muni d'un acte nota-

rié, revêtu de la formule exécutoire, n'a pas besoin d'obtenir un jugement pour faire vendre les meubles ; mais il lui en faut un pour procéder à la vente des droits. Si l'exécution du mobilier ne suffit pas pour le payer, il assigne devant le tribunal afin d'obtenir l'autorisation de vendre sur simples bannies.

148. — Quand il n'a pas de titre exécutoire, il appelle devant le tribunal pour faire condamner le domanier au paiement des levées échues, et il demande que le tribunal l'autorise à vendre les droits, en cas que le produit du mobilier ne suffise pas pour le payer.

149. — Il n'est pas rare que le propriétaire foncier qui assigne pour faire condamner le colon au paiement des arrérages, néglige de demander l'autorisation de faire vendre sur simples bannies en cas d'insuffisance du mobilier, et alors se présente la question de savoir si, pour vendre les droits, il a besoin de s'y faire autoriser par un autre jugement. L'art 24 semble résoudre cette question négativement, puisqu'il exige, par disjonction, « un jugement de condamnation ou de rési- » liation du bail. »

150. — L'art. 25 n'explique pas comment doivent se faire les trois publications qu'il prescrit. Il semble dire qu'elles doivent avoir lieu dans l'auditoire du tribunal. Mais, d'après l'usage général, ce n'est pas à l'audience qu'on doit les faire. C'est aussi l'opinion de Carré (page 322).

151. — Cet auteur (page 325) trace ainsi la marche à suivre pour arriver à l'adjudication : « Lorsque le » jugement est exécutoire, on appose, par trois di- » manches consécutifs, une affiche contenant les mo- » tifs et conditions de la vente. On insère dans la

» feuille départementale désignée à cet effet, un ex-
» trait des motifs, conditions et indication du jour de
» la vente. Muni de cette dernière pièce et de trois
» originaux non sujets à *visa*, et contenant désigna-
» tion du jour de la vente, lesquels originaux doivent
» constater que les affiches ont été apposées dans les
» lieux désignés par la loi, on se présente à l'audience,
» et l'on donne lecture au tribunal, ainsi qu'aux au-
» diteurs, des motifs et conditions de la vente, et l'on
» conclut qu'il soit procédé à la vente des objets
» désignés aux affiches. La vente, pour le reste, est
» faite à éteinte de feux, comme pour les ventes faites
» en justice. »

Carré ne dit point que l'on doive notifier le procès-
verbal au débiteur ; mais sans doute il n'a pas entendu
dire que cette formalité ne fût point nécessaire. Il ne
dit point non plus comment doivent être désignés les
objets dont on poursuit la vente. Voici de quelle manière nous pensons que l'on doit procéder, et c'est la
marche que l'on suit dans plusieurs tribunaux :

Un huissier se transporte, un jour de dimanche, à
la principale porte de l'église de la commune où la
tenue est située, et à l'issue de la messe paroissiale,
il donne lecture d'un placard imprimé ou manuscrit,
dans lequel sont énoncés les noms, prénoms, demeures
et professions du poursuivant et du colon, le titre qui
sert de fondement à la poursuite, le tribunal, le jour
et l'heure où doit se faire la vente, les conditions de
l'adjudication, le nom, la situation et la description
des objets dont se compose la tenue et la désignation
des possesseurs. Cette publication faite, l'huissier appose un placard à la principale porte de la maison

commune de la situation des biens, à la principale porte de chacun des bâtiments dont la vente est poursuivie, et à la porte extérieure du tribunal où doit se faire l'adjudication. Il rapporte du tout un procès-verbal, qu'il fait viser par le maire, et auquel il attache un exemplaire du placard ; il notifie le tout au colon. Les bannies, l'apposition et le visa, ainsi que le procès-verbal qui les constate, sont répétés pendant les deux dimanches qui suivent, sans nouvelle notification au colon. On fait imprimer, une fois seulement, le placard dans la feuille d'annonces du département, et l'on procède à la vente aux enchères devant le tribunal, après avoir fait connaître les formalités que l'on a remplies et les conditions de la vente. Il n'est pas nécessaire que l'huissier soit muni d'un pouvoir spécial et qu'il se fasse assister de témoins.

152. — Les art. 705 et suivants du Code de procédure sont applicables à ces sortes d'ajudications, et il convient, en particulier, de demander que le tribunal ordonne que le colon sera contraint par corps à délaisser.

153. — Comme la plupart des formalités que nous venons de détailler ne sont prescrites par aucune loi, qu'elles ne sont indiquées que par l'usage et l'analogie, et enfin qu'elles ne sont pas absolument les mêmes dans tous les tribunaux, on sent assez qu'il n'y aurait pas nécessairement nullité des poursuites, par cela seul que quelques-unes auraient été omises. Il serait difficile de préciser les irrégularités ou les omissions qui devraient ou ne devraient pas entraîner nullité. Il y a lieu de croire qu'un tribunal se porterait difficilement à prononcer cette peine, s'il ne lui

était pas démontré que l'irrégularité ou l'omission a causé quelque préjudice au débiteur. Mais si ce dernier réclamait avant l'adjudication, le tribunal pourrait ordonner, sur sa demande, qu'il fût sursis à la vente jusqu'à ce que la procédure fût régularisée. Cela pourrait même être ordonné d'office, si le tribunal ne trouvait pas qu'on eût donné aux poursuites assez de publicité.

154. — Lorsque les domaniers contre lesquels on poursuit la vente sur simples bannies ont fait des innovations, il convient de faire connaître bien clairement, dans le placard, que l'on n'entend ni approuver ces innovations, ni en poursuivre la vente. On sent, en effet, que si les innovations défendues se trouvaient indiquées dans le placard comme faisant partie des droits à vendre, le tiers acquéreur et ses successeurs auraient le droit d'en demander le remboursement. S'il en était autrement, un acquéreur pourrait se voir exposé à payer fort cher dès édifices dont le propriétaire pourrait demander la suppression dès le lendemain.

155. — Dans les conditions de la vente, le foncier ne peut ni stipuler une rente plus forte, ni ajouter aux charges de la tenue. En le faisant, il causerait un préjudice au colon, dont les droits plus grevés se vendraient nécessairement moins cher.

156. — Le principe de l'indivisibilité de la tenue est applicable à la vente sur simples bannies, en ce sens que le colon peut exiger que le propriétaire poursuive simultanément la vente de tous les édifices et superfices qu'il possède dans la tenue (Art. 2211 du Code civil). Mais le foncier peut se borner à vendre

la part de l'un des domaniers (N° 187) ; ses poursuites mêmes ne seraient pas nulles, par cela seul qu'il
n'aurait compris dans ses publications qu'une partie
des droits du colon défendeur ; celui-ci pourrait seulement indiquer les objets omis, et demander qu'ils
fussent vendus avec les autres.

§ III

Des Effets de la vente sur simples bannies.

157. — La vente sur simples bannies produit les
mêmes effets que le congément, respectivement au
colon ; mais elle ne libère celui-ci, pour le passé, que
jusqu'à concurrence de ce qu'elle produit au propriétaire. L'art. 26 du projet de décret sur lequel est
intervenue la loi du 6 août 1791, portait qu'en cas
d'insuffisance des meubles et des édifices et superfices vendus, le propriétaire foncier pourrait se pourvoir par les voies de droit pour ce qui lui resterait dû.
Cette disposition ne se trouve point écrite dans la loi,
mais elle est dans son esprit. On pouvait se dispenser
d'exprimer que celui qui ne reçoit qu'une partie de
sa créance demeure créancier du surplus. D'ailleurs,
il dépend du colon de se libérer intégralement, en faisant abandon. Il peut même le faire avant que ses
meubles aient été vendus, et quand il a forcé le propriétaire de faire les frais d'une vente sur simples
bannies, il est tout naturel qu'il demeure débiteur de
la portion de sa dette que le produit de la vente ne
paie pas.

158. — Il est assez d'usage de promettre, par le
cahier de charges, une assurance de neuf ans à l'ad-

judicataire, qui est alors fondé à réclamer le bénéfice de cette clause; mais, dans le silence du cahier des charges à cet égard, l'adjudicataire est-il en droit d'exiger une jouissance de neuf ans?

Baudoin le suppose, car après avoir établi que l'un des propriétaires du fonds peut poursuivre la vente sans le concours des autres, il ajoute : « Mais l'adju-
» dicataire n'aura pas l'assurance de jouir pendant
» neuf ans, si ce n'est au plus pour l'intérêt personnel
» du poursuivant. Au moins, dit-il, plusieurs ad-
» mettent cette exception à la règle générale sur la
» durée des baux. » (N° 89).

Nous nous hasarderons à dire que la règle générale sur la durée des baux ne paraît nullement applicable à la vente sur simples bannies.

Il n'y a nulle parité entre ce cas et celui d'un bail en premier détachement, d'une baillée de renouvellement ou de la concession d'un pouvoir de congédier. Dans ces derniers actes, le colon qui traite avec le propriétaire ne saurait être présumé avoir entendu que celui-ci pourrait l'expulser dès le lendemain. Au contraire, celui qui devient adjudicataire des droits vendus sur simples bannies ne traite pas avec le foncier, n'en devient pas le cessionnaire; c'est du colon forcé de vendre qu'il acquiert. Il est subrogé dans les droits de celui-ci, qui ne peut lui transmettre que ceux qu'il a, aux conditions qu'il les a, et comme il le ferait s'il vendait volontairement. L'acquéreur prend donc les choses dans l'état, et il peut être congédié à l'époque où son auteur aurait pu l'être. Il n'en souffre pas réellement, car en faisant ses offres, il a dû avoir égard au danger qu'il courait d'être congédié. La perte retombe ainsi sur le débiteur ; ce qui est parfaitement juste, puisque le retard qu'il a mis à se libérer et les poursuites qu'il a rendues nécessaires ne doivent pas priver le foncier de l'avantage d'obtenir une commission.

En promettant à l'adjudicataire une jouissance de neuf ans, on pourrait aussi nuire au colon, car l'adjudicataire qui se trouverait privé du droit d'exiger le remboursement aurait un motif pour payer moins cher. Le domanier serait donc en droit de demander que cette assurance fût retranchée des conditions de la vente.

459. — A quelque époque de l'année que la vente ait lieu, le colon expulsé est obligé d'abandonner la tenue, aussitôt que le jugement d'adjudication lui est signifié.

CHAPITRE IV

Des Commissions, des Assurances et des Facultés de congédier.

460. — On donne le nom de *commissions*, de *nouveautés*, aux sommes payées au foncier, soit par le colon pour obtenir *l'assurance* de n'être pas congédié, soit par un tiers pour obtenir la faculté d'exercer le congément. Les commissions font ainsi partie du revenu de la tenue ; c'est une sorte de supplément à la rente convenancière, au fermage du fonds. On appelle *baillée d'assurance* ou *de renouvellement*, l'acte par lequel on prolonge la jouissance d'un colon, et

baillée de congément, celui par lequel on cède la faculté de congédier.

161. — Le propriétaire foncier qui accorde une simple assurance ou une faculté de congédier, ne fait qu'un acte de pure administration : il ne change point la nature de son bien ou de son revenu ; il n'augmente ni ne diminue la redevance ; le débiteur de cette redevance cesse seulement d'être le même ; c'est un fermier que le propriétaire change, un nouveau bail qu'il consent.

Cela posé, on peut dire que celui-là peut donner une assurance ou une faculté de congédier, qui aurait le droit de consentir une ferme. C'est ainsi que MM. Lanjuinais et Varin avaient posé le principe dans leur projet de loi sur le domaine congéable. Après avoir dit, dans l'art. 7 du tit. 1er, « *le seul proprié-* » *taire*, usant de ses droits, peut acconvenancer un » terrain en valeur, » ils ajoutaient : « *tout adminis-* » *trateur* peut concéder une baillée d'un semblable » terrain, *sans autre formalité que pour une simple* » *ferme.* »

162. — Ainsi un mari, une femme séparés de biens, un tuteur, un mineur émancipé, un usufruitier, le fermier ou le receveur d'une terre, l'héritier bénéficiaire, les communes et les établissements publics, peuvent accorder des assurances ou des facultés de congédier pour les tenues dont ils ont la jouissance et l'administration.

163. — Les tuteurs n'ont aucune autorisation à obtenir ni aucune formalité à remplir pour consentir des baux à ferme, et par conséquent pour concéder des baillées. Mais de même qu'ils engageraient leur

responsabilité envers le mineur ou l'interdit, s'ils affermaient un bien au-dessous de sa valeur, de même aussi ils pourraient se voir compromis, s'ils n'obtenaient qu'une commission évidemment trop faible.

164. — Le mineur émancipé peut consentir des assurances et des facultés de congédier, pourvu que les baillées n'excèdent pas neuf ans. (Art. 481 du C. civil). Il en est de même de la personne à laquelle on a nommé un conseil judiciaire. (Art. 499 du C. civil).

165. — Baudouin refuse ce droit à l'héritier bénéficiaire, et au receveur ou fermier d'une terre.

Il motive son opinion, à l'égard de l'héritier bénéficiaire, en disant que les baillées d'assurance ou de congément sont susceptibles de commissions plus ou moins grandes, et exigent, crainte d'abus, le concours des créanciers avec l'héritier bénéficiaire, ainsi qu'il a été jugé par deux arrêts du mois d'août 1753 et du 23 mars 1771. Quant aux fermiers et receveurs, il se borne à dire que l'usage constant leur interdit le droit d'accorder des baillées sans un mandat spécial ou une clause expresse du bail. Il cite, à l'appui de cette opinion, l'autorité de Carris, qui dit, sur l'art. 16 de l'usement de Rohan : « Pour que le fermier d'une » seigneurie ait la faculté de congédier, il faut qu'elle » soit expressément portée dans l'acte de ferme. »

Nous pensons que ces décisions ne sont pas conformes aux principes du droit actuel.

L'héritier bénéficiaire, le fermier et le receveur ont le droit d'administrer les biens et d'en percevoir tous les revenus, sauf les restrictions expresses ou tacites qui pourraient se trouver dans le bail du fermier ou dans le mandat du receveur.

Or, d'un côté, concéder une faculté de congédier ou une baillée d'assurance, c'est faire un acte de simple administration, ce n'est autre chose que donner à ferme une métairie ou une tenue.

En effet, la concession d'une baillée ou d'une faculté de congédier n'emporte l'aliénation ni du fonds, qui n'est concédé que précairement, ni des droits réparatoires, qui sont la propriété du domanier. C'est aussi pour cette raison que Baudouin accorde le droit de concéder des baillées à l'usufruitier, au tuteur, etc.

D'un autre côté, percevoir une commission, c'est percevoir un revenu. Cela est évident, et Baudouin dit lui-même que les commissions, qui sont le prix des baillées, sont *in fructu* et forment une portion du revenu convenancier.

Quelle raison pourrait donc autoriser à contester aux héritiers bénéficiaires et aux fermiers et recéveurs, la faculté d'accorder des baillées ?

Baudouin n'en a vu d'autres que la crainte de l'abus dans l'usage de cette faculté ; mais d'abord on ne voit pas pourquoi l'abus serait plus à craindre de la part des héritiers bénéficiaires que de la part des tuteurs, des mineurs émancipés, des usufruitiers, etc.

Ensuite, l'abus que Baudouin paraît redouter est presque impossible : en accordant aux héritiers bénéficiaires, aux receveurs, aux fermiers, le droit d'accorder des baillées, on ne leur donne pas celui de diminuer la rente convenancière ou de renoncer à quelques-uns des avantages attachés à la foncialité pour augmenter les commissions. Ce dernier droit ne compète qu'au propriétaire qui a la libre capacité d'aliéner, et ce n'est que dans l'usage qu'il en fait qu'il peut y avoir abus.

Il y aurait plus d'inconvénient à refuser le droit d'accorder des baillées qu'à le reconnaître aux héritiers bénéficiaires, aux fermiers et aux receveurs. Si ce droit n'était pas accordé à l'héritier bénéficiaire, par exemple, celui-ci se verrait dans l'impossibilité de percevoir tout le produit des biens au profit de l'hérédité. Dira-t-on : il s'entendrait avec les créanciers pour obtenir des commissions ? Mais cet accord, difficile dans tous les cas, est évidemment impossible dans plusieurs. Quand les créanciers sont nombreux et éloignés, ce n'est pas un petit embarras que de les consulter tous les uns après les autres. Le moment d'accorder la baillée vient à passer, et il faut attendre la révolution d'une période de tacite reconduction de trois ans, pour obtenir ensuite la commission. Le seul motif invoqué par Baudouin n'a donc aucune solidité. On peut dire aussi que les autorités qu'il invoque ne prouvent pas davantage.

Dans l'espèce du premier arrêt cité, qui est du mois d'août 1753, la faculté de congédier accordée par un héritier bénéficiaire connu pour dissipateur, n'avait été mentionnée ni dans les bannies, ni dans l'adjudication des droits fonciers ; elle était sous signature privée, et n'avait pas été contrôlée.

Dans l'espèce du second arrêt, rendu le 23 mars 1771, il s'agissait d'une permission de vente accordée à une fille de 45 ans, sous l'usement de Rohan. Cette permission, qui pouvait empêcher une reversion, excédait évidemment les pouvoirs de l'héritier bénéficiaire dans le ressort de l'usement de Rohan.

L'autorité de Carris, relativement au fermier, n'est pas plus concluante. Outre que cet auteur ne parle que du droit de congédier, qui est toute autre chose que celui d'accorder une baillée ou une assurance, il faut remarquer que cet auteur écrivait sous l'usement de Rohan, où les déshérences, qui faisaient un des plus grands revenus des tenues, fournissaient une raison particulière pour priver les fermiers du droit d'accorder des facultés de congédier, qui auraient pu faire perdre au foncier l'expectative de ces déshérences.

C'était précisément par le même motif que cette faculté de donner des baillées accordées à la douairière dans les autres usements, lui était interdite dans celui de Rohan. (B., N° 76 ; Le G., pag. 131 ; Poullain Duparc, Principes, tom. 5, pag. 332, N° 433).

Ajoutons à tout cela que Baudouin accorde aux héritiers bénéficiaires, aux receveurs et fermiers, le droit de faire vendre sur simples bannies les droits réparatoires, et qu'il suppose cependant que ces ventes emportent au profit de l'acquéreur, de plein droit et sans stipulation, une assurance de jouir durant neuf ans. Baudouin accorde donc le droit de faire indirectement ce qu'il défend directement.

Du reste, il existait autrefois, pour refuser à l'héritier bénéficiaire le droit d'accorder des baillées, une raison plus décisive que toutes celles alléguées par Baudouin : c'est que l'ancienne jurisprudence soumettait l'héritier bénéficiaire qui voulait consentir des baux à certaines formalités (Poullain Duparc, Princ., t. 4, p. 86). Cette raison n'existe plus aujourd'hui : l'art. 803 du Code, qui donne à l'héritier bénéficiaire le droit d'administrer, n'y met aucune restriction pour ce qui concerne les baux. L'héritier bénéficiaire afferme comme il l'entend, sauf à répondre de son dol ou de ses fautes graves.

En ce qui concerne les receveurs et administrateurs, on peut objecter que deux arrêts du tribunal d'appel de Rennes des 8 frimaire an XI et 18 frimaire an XII, se sont prononcés dans un sens contraire à notre opinion, le premier implicitement, le second explicitement. Voici les motifs du dernier :

« Considérant que, par l'acte du 7 octobre 1793,
» Lamandour a bien reçu de Loz le pouvoir de régir
» et d'administrer les tenues dont il est propriétaire,
» mais que cet acte ne lui confère pas le pouvoir spé-
» cial d'en congédier les colons ; que si, par le paie-
» ment de ses redevances aux mains de Lamandour,
» la veuve Rivoallan lui a reconnu la qualité de rece-
» veur, il ne s'en suit pas qu'elle lui ait reconnu le
» pouvoir de la congédier ; qu'aussi elle le lui a for-
» mellement contesté dès le moment de sa comparu-
» tion en bureau de paix. »

166. — Les communes et les établissements publics ne peuvent accorder des baillées qu'en se conformant aux lois qui prescrivent les formes dans lesquelles leurs biens doivent être affermés. (Voy., pour les communes, les lois des 5 novembre 1790, tit. 2, art. 13, et du 11 février 1791 ; pour les hospices et autres établissements publics de bienfaisance et d'instruction, le décret du 12 août 1807 ; pour les fabriques, le décret du 30 décembre 1809, art. 60).

167. — Le copropriétaire d'une tenue convenan-cière ne peut accorder une faculté de congédier ou une assurance, sans le concours de ses consorts. Si ceux-ci refusaient de se joindre à lui, il pourraitse faire autoriser à accorder la baillée, après leur avoir dénoncé les offres qu'il aurait reçues, et les avoir sommés

de surenchérir ou de trouver un preneur qui offrît les conditions les plus avantageuses. Mais le colon qu'il s'agit de congédier pourrait-il argumenter de ce que tous les cofonciers n'ont pas figuré dans la baillée ? Nous croyons qu'il ne le pourrait tout au plus que dans le cas où les cofonciers réclameraient contre la concession qui aurait été faite, et que, dans le cas contraire, celui qui aurait accordé la faculté de congédier devrait être présumé avoir été autorisé par ses copropriétaires.

168. — A partir du commandement, le propriétaire d'une tenue convenancière dont on poursuit l'expropriation, ne peut plus accorder de baillées, ou du moins le créancier ou l'adjudicataire peut faire annuler celles qu'il aurait concédées. (Art 684 du Code de procédure).

169. — Les personnes qui n'ont que le droit de jouir et d'administrer ne peuvent concéder des baillées par anticipation et pour plus de neuf ans. Les art. 595, 1429 et 1430 du Code civil leur sont applicables, comme s'il s'agissait de baux à ferme ou à loyer ; ils ne peuvent aussi stipuler dans les baillées une rente moindre que celle qui existait auparavant.

170. — « La vileté ou l'exhorbitance de la com» mission payée pour les baillées subséquentes, dit » Baudouin (N° 235), ne sauraient fonder la restitu» tion du seigneur ni du domanier. Mais un tuteur » ou autre administrateur ne saurait y stipuler une » rente convenancière moindre que celle déjà exis» tante. Un mineur qui accorderait cette diminution » la ferait facilement rescinder. La restitution du fon» cier majeur serait même admissible si, pour une

» commission trop modique et sans autre cause, il
» diminuait considérablement, par une baillée la rente
» qui lui était exactement servie. »

Cette opinion ne souffre aucune difficulté, pour ce qui concerne le mineur ; mais nous la croyons absolument dénuée de fondement, relativement au foncier qui a la libre disposition de ses droits et qui, pouvant renoncer à sa rente, peut, à plus forte raison, la diminuer.

171. — Quant aux tuteurs et aux autres administrateurs, ils ne peuvent prendre sur eux de faire une diminution sur une rente convenancière ; mais le propriétaire pourrait-il faire annuler contre le colon la réduction qu'ils auraient consentie, ou bien aurait-il seulement un recours contre eux en dommages et intérêts?

Nous pensons que la réduction serait valable par rapport au colon, et nous nous fondons sur l'analogie qui existe entre le bail à ferme et le bail à convenant, entre les fermages ordinaires et les redevances convenancières. Il n'y aurait donc dans notre opinion, que le recours contre les administrateurs, et encore ce recours ne serait-il pas fondé, si les administrateurs justifiaient qu'ils ont évidemment agi dans l'intérêt du propriétaire en consentant une réduction pour prévenir une demande en remboursement qui aurait été ruineuse.

172. — Les tuteurs et autres administrateurs ne doivent pas même, sans de bonnes raisons, exiger des commissions moindres que celles qui auraient toujours été régulièrement payée à chaque renouvellement périodique. Les assurances qu'ils consentiraient n'en se-

raient pas moins valables respectivement aux colons ; mais elles compromettraient leur responsabilité.

173. — On insère quelquefois dans les baillées la défense au preneur de céder sa faculté de congédier, et l'obligation d'exercer le congément dans un temps convenu, le tout à peine de nullité de la baillée et de déchéance du preneur, sans répétition de la commission.

Comme ces clauses sont naturellement odieuses, les tribunaux en atténuent l'effet autant que possible. Ainsi, l'on décidait autrefois que la défense de céder sa baillée n'empêchait pas que le colon ne pût aliéner les droits dans l'année même du congément. Les tribunaux prononceraient probablement aujourd'hui la nullité pure et simple d'une semblable défense, par application de la maxime qu'on ne peut porter atteinte à la liberté indéfinie accordée au colon de disposer de ses édifices et superfices. (Art. 3 de la loi de 1791).

Quant à la clause de congédier dans un temps fixé, on ne la considérait guère autrefois que comme comminatoire, et l'on décidait que le cessionnaire n'était pas déchu, tandis que la déchéance n'avait pas été jugée ou que le foncier n'avait pas accordé une autre baillée, ou commencé lui-même le congément. Cette solution est contraire aux principes de notre nouveau droit, d'après lequel les conditions résolutoires exprimées opèrent de plein droit la résolution. (Toullier, tom. 6, N°s 549 et suiv.) Mais comme l'effet de la condition résolutoire est de mettre les choses au même état que si l'obligation n'avait pas existé (art 1183 du C. civ.), le cessionnaire déchu aurait sans doute le droit de réclamer la somme payée pour commission, à moins de convention contraire.

174. — Le colon détenteur aurait-il qualité pour opposer au congédiant la déchéance résultant de l'obligation de congédier dans certain délai ? Autrefois, on décidait que non. C'était, ce me semble, une conséquence naturelle de ce que la clause résolutoire était réputée comminatoire, et n'opérait pas son effet de plein droit ; mais sans doute on devrait décider autrement aujourd'hui, puisque l'événement de la condition résout la convention. Du reste, sous l'ancienne jurisprudence même, on jugeait que le temps de l'assurance commençait à partir de l'époque fixée pour le congément.

175. — Il est des cas où le foncier a un fort grand intérêt à ce que le congément soit exercé. Tels sont ceux où il a stipulé dans la baillée une augmentation de la redevance, une renonciation à demander le remboursement, des conventions avantageuses relativement aux édifices ou aux lois, etc. Dans tous les cas, il est évident que le foncier aurait droit à des dommages et intérêts, si le défaut de congément le privait des avantages qu'il devait trouver dans l'exécution de la convention.

176. — L'art 14 de la loi du 6 août 1791 porte : « Tout bail à convenant ou baillée de renouvellement » seront désormais rédigés par écrit » Ainsi, quelque modique que soit la valeur d'une tenue, on ne peut jamais prouver par témoins la concession d'une baillée ; mais la preuve testimoniale serait recevable s'il existait un commencement de preuve par écrit. La concession pourrait même être prouvée par des aveux judiciaires faits par suite d'un interrogatoire sur faits et articles, ou d'une délation de serment. (Arrêt de Bruxelles, du 1er décembre 1810, Sirey, t. 11, 2e part., p. 282).

177. — Baudouin dit (N° 33) qu'il faut un acte synallagmatique pour constater un premier détachement des droits convenanciers, mais que l'usage s'est introduit, depuis un siècle, que les baillées postérieures soient consenties et souscrites par le foncier seul. Cet usage n'avait autrefois rien de contraire aux principes, parce que la baillée d'assurance n'était pas un acte synallagmatique ; elle n'imposait d'obligation qu'au foncier qui, en la concédant, renonçait à congédier pendant le temps de sa durée. Le colon, que la seule qualité de domanier soumettait à l'acquit des charges dont les baux antérieurs grevaient la tenue, ne contractait aucune nouvelle obligation : le foncier n'avait donc pas besoin d'avoir un double de l'assurance pour exercer ses droits contre lui. Cela ne souffrait d'exception que pour le cas où le propriétaire augmentait les prestations convenancières par la nouvelle baillée, ou stipulait une commission qui n'était pas payée comptant. Mais alors il ne manquait jamais de s'assurer les moyens de prouver d'une manière légale la nouvelle obligation contractée par le domanier.

Cette distinction ne peut plus subsister aujourd'hui. Toutes les baillées sont maintenant des actes synallagmatiques, parce que le colon qui les reçoit renonce, pour le temps de leur durée, au droit de provoquer le remboursement, comme le foncier qui les accorde, à celui de demander le congément. Elles doivent donc, lorsqu'elles sont sous signature privée, être faites et mentionnées faites doubles. (Art. 1325 du Code civil ; C., p. 204).

CHAPITRE V.

Du Congément.

—

§ 1er.

Des années où l'on peut congédier.

178. — Le congément ne peut jamais être exercé à une autre époque que celle de la Saint-Michel, 29 septembre, et il doit toujours être demandé six mois auparavant ; mais le foncier ne peut pas congédier indistinctement tous les ans à l'époque de la St-Michel.

179. — D'abord, il est de maxime que tout acte d'acconvenancement, toute baillée de renouvellement toute faculté de congédier, confèrent le droit au colon, et sauf convention contraire, assurance de jouir pendant neuf ans sans pouvoir être expulsé. Dans le ressort de l'usement de Rohan, l'assurance doit être présumée accordée pour six ans seulement, parce que la durée des baux y est ordinairement de six ans. (Art. 10 de l'usement.)

180. — Lorsqu'à l'expiration des baillées ou assurances, le colon demeure en possession sans être remboursé, la baillée ou l'assurance est réputée continuer par tacite réconduction pour deux ou trois années, selon que l'usage du pays est de régler l'exploitation des terres par deux ou trois années (Art. 14, loi du 6 août 1791.)

L'art. 1739 du Code civil n'est pas applicable au bail à convenant parce que, d'après l'art. 14, dans le cas de continuation de jouissance, il y a tacite réconduction faute de remboursement. (C., pag. 205.)

S'il s'agissait d'un pré, d'un moulin, d'une maison, qui ne sont pas susceptibles d'assolement, la tacite réconduction ne serait que d'un an. De même aussi, si l'usage du pays était de régler l'exploitation des terres par plus de trois ans, la durée de la tacite réconduction se réglerait d'après l'art. 1774 du Code civil. (C., pag. 206.)

181.— L'application du principe ne présente point de difficulté, lorsque le bail n'a pour objet que des biens dont la nature est la même en ce qui concerne la durée de la tacite réconduction ; mais il arrive souvent que la chose louée consiste dans un moulin, dans une maison, auxquels se trouvent jointes des terres labourables ; il s'agit alors de savoir si l'on doit régler la durée par le principe applicable aux terres, ou par le principe applicable à la maison, au moulin. La maxime que l'accessoire suit le sort du principal est dans ce cas la raison de décider : On juge d'après les circonstances, si les terres sont l'accessoire de la maison, du moulin, ou si le moulin et la maison sont au contraire l'accessoire des terres. C'est une question de fait abandonnée à l'arbitrage du juge. (Arr. de la Cour de Bruxelles, du 29 novembre 1809, S. 10, 2, 97).

182. — Lorsque les baux ou baillées n'ont pas été renouvelés depuis le 6 août 1794, le colon n'a pas le droit d'argumenter de la tacite réconduction. Il peut être congédié tous les ans sans distinction. Cette maxime a souffert difficulté pendant quelque temps : la Cour d'appel avait même jugé dans un autre sens par arrêt du 27 février 1811 ; mais sa jurisprudence

a changé, et par deux autres arrêts, l'un du 9 septembre 1815, l'autre du 1er février 1821, il a été décidé que les seuls colons, dont le bail à convenant ou la baillée de renouvellement sont postérieurs à la loi du 6 août, peuvent invoquer le bénéfice de la tacite réconduction. (Journ., t. 5, p. 451 ; C., pag. 208).

Comme nous supposons que ces deux arrêts ont fixé la jurisprudence, nous nous abstiendrons de rappeler les moyens que l'on fit valoir de part et d'autre devant la Cour, et nous nous bornerons à donner les motifs de l'arrêt de 1815 :

« Considérant que la baillée du 21 août 1770, dont
» se prévaut l'appelante, et depuis laquelle son mari
» et elle se sont perpétués dans la jouissance de la
» tenue de *Creyon-Corre*, en Pleubian, était expirée
» à l'époque de la loi du 6 août 1791 ; que l'art. 11 de
» cette loi, au dernier paragraphe, règle invariable-
» ment la durée de la jouissance des colons, qui
» jouissaient en vertu d'un bail expiré et *sans nou-*
» *velle assurance* ; que cette durée est limitée à
» quatre ans, à compter de la Saint-Michel 1791 ;
» que ces quatre années ayant expiré à la St-Michel
» 1795, les colons ont pu depuis être congédiés tous
» les ans à la même époque, comme ils pouvaient se
» retirer sans le consentement du bailleur ; qu'il n'y
» a point eu, à cet égard, de tacite réconduction, dont
» le terme de quatre ans, accordé par la loi et rendu
» réciproque, exclut même toute idée ; que l'art. 14
» n'est nullement applicable, n'ayant réglé que les
» baux ou baillées qui seraient consentis à dater de
» la promulgation de la loi ; qu'en le supposant même
» applicable à la baillée de Guyomar, du 6 ventôse

» an X, et en supposant Parenthoën et sa veuve
» appelante subrogés dans cette baillée par l'acte du
» 14 germinal même année, ce qui n'est pas, cet acte
» n'étant pas une subrogation, cette baillée étant
» expirée à la Saint-Michel 1811, les trois ans accor-
» dés par l'art. 14 seraient échus dès la Saint-Michel
» 1814 ; qu'il n'a été dans l'intention du législateur,
» ni à l'art. 11, ni à l'art. 14, de perpétuer la jouis-
» sance des colons de trois ans en trois ans indéfini-
» ment, et par des fictions d'une tacite réconduction,
» qui n'était pas reconnue dans le pays de domaine
» congéable ; que le Code civil, en ce qu'il rétablit la
» tacite réconduction, ne peut être appliqué à l'ap-
» pelante, dont le titre unique remonte à 1770 ; qu'il
» était d'usage universel, dans le pays de domaine
» congéable, qu'après l'expiration de la baillée, les
» colons pouvaient être congédiés d'année en année,
» pourvu que l'on ne devançât pas le terme ordinaire
» de la Saint-Michel. »

183. — Le colon peut valablement renoncer à
l'avance au bénéfice de la tacite réconduction (Pothier,
Contrat de louage, N° 354); mais il faut que la renonciation soit expresse. Dans une baillée du 28 germinal
an XII, un propriétaire foncier avait stipulé la faculté
de congédier, *soit à l'échéance de l'assurance, soit
ultérieurement.* Consulté sur cet acte, nous n'avons
pas cru qu'il renfermât une renonciation assez formelle au droit de se prévaloir de la tacite réconduction.

Nous avons émis la même opinion au sujet d'une
assurance dans laquelle on lisait : « Le congément
» pourra être exercé par le foncier ou son cession-

» naire *à volonté* à l'époque du 8 vendémiaire, *après*
» *l'expiration de l'assurance.* »

Le moyen résultant de la tacite réconduction n'est
qu'une exception dilatoire qui ne peut être accueillie,
même en première instance, lorsqu'elle n'a pas été
proposée *in limine litis.* A plus forte raison, les juges
d'appel ne peuvent-ils l'admettre quand elle n'a pas
été proposée devant les premiers juges. (Arrêt du
4 mai 1812, Journ., tom. 4, page 495 ; Arrêt du
11 septembre 1813, tom. 5, page 154).

184. — Quand le bail ou la baillée expirerait à
une autre époque de l'année que la Saint-Michel, le
congément n'en devrait pas moins avoir lieu à la
Saint-Michel, et être demandé six mois auparavant.
(Art. 21 et 22). Mais est-ce à la Saint-Michel qui précède, ou à celle qui suit l'expiration de la baillée, que
le colon devrait être congédié? Carré (pag. 306) suppose que c'est à la Saint-Michel qui précède. Nous
croyons, nous, au contraire, que c'est à celle qui suit,
et nous nous fondons sur ce que le bail ou la baillée
doivent être pleinement exécutés au profit du domanier : c'était au propriétaire à indiquer clairement
l'époque légale de la cessation de l'assurance; faute
de l'avoir fait, il ne peut se plaindre qu'on tranche
en faveur du colon le doute qu'il a laissé subsister.
D'ailleurs, la question nous semble résolue par le
texte de la loi. En effet, après avoir dit que le congément aura toujours lieu au 29 septembre, l'art. 22
ajoute : « Si l'exploitation du domanier avait commencé à une autre époque, il sera tenu de payer au
propriétaire foncier la redevance au prorata du
temps qu'il aura joui *de plus.* » La loi suppose

donc que, dans le cas prévu, la jouissance du domanier est prolongée et non abrégée, par la fixation au jour Saint-Michel de l'expiration légale de l'assurance.

185. — Voici une question très-singulière que nous avons eu occasion d'examiner.

Un individu était fermier d'une tenue dont les superfices lui appartenaient pour les deux tiers. Il obtint du foncier le droit de congédier le colon de l'autre tiers ; mais comme son bail avait commencé le *15 mars 1828* pour finir le 15 mars 1837, et qu'à son entrée en jouissance, il avait payé les grains en terre comme ensouchement, il s'agissait de savoir qui devait avoir la récolte de l'année du congément. Le défendeur soutenait qu'elle lui appartenait à la charge de la payer comme ensouchement d'après sa valeur au 15 mars, parce que, disait-il, le bail devait être présumé avoir fini au jour Saint-Michel précédent.

Nous fûmes d'avis que cette prétention n'était pas fondée.

« Il faut tout d'abord, disions-nous, remarquer
» qu'en procédant à l'estimation et au remboursement
» des droits, l'on ne doit avoir aucun égard au bail
» du 15 mars 1828 ; le congédiant ne figure pas au
» congément comme fermier, il n'y figure que comme
» représentant du foncier dont il a le mandat, dont
» il exerce tous les droits et contre lequel on ne sau-
» rait tirer argument du bail. Baudouin (t. 2, p. 92,
» N° 327) dit expressément que le congédiant de-
» meure étranger aux contestations qui peuvent s'éle-
» ver entre le colon et son fermier. Ce principe est
» applicable à la cause, malgré la double qualité du
» congédiant.

» Il suit de cette première observation que le con-
» gément devra se faire comme si le congédiant n'était
» pas fermier, comme si le congément était exercé
» par le foncier lui-même. Les contestations relatives
» au bail seront débattues dans une instance distincte
» de celle du congément et dont les experts chargés
» d'estimer les droits n'auront pas à s'occuper.

» Cela posé, il s'agit d'examiner si le propriétaire
» édificier est fondé à prétendre à la récolte de cette
» année ou s'il est obligé de se contenter de l'évalua-
» tion donnée aux grains en terre.

» Dans le sens de la prétention du bailleur, on peut
» dire que le foncier a fait jusqu'à présent quatre
» récoltes, c'est-à-dire, celles de 1828, 1829, 1830
» et 1831 ; qu'il n'a ensemencé que quatre fois et
» payé que quatre années de fermages; que s'il pre-
» nait encore la récolte de 1832, il aurait ainsi cinq
» récoltes pour quatre ensemencements et quatre
» années de fermages ; que cela serait injuste et con-
» traire aux conventions des parties, etc.

» Ces objections sont assurément spécieuses ; ce-
» pendant le soussigné ne croit pas que la prétention
» du bailleur soit fondée.

» Dans le système proposé, le bail se trouverait
» réellement à finir au 15 mars dernier. Or, comme
» il ne devrait expirer qu'au 15 mars 1837, il doit
» continuer jusqu'à l'époque où il sera résolu par le
» congément, c'est-à-dire, jusqu'au jour Saint-Michel
» prochain. Le fermier sera donc propriétaire de la
» récolte qui se fera auparavant. Si le congément avait
» été exercé par le foncier lui-même, le fermier n'au-
» rait pu être expulsé au mois de mars, et la circons-

» tance qu'il est poursuivi par le fermier cessionnaire
» du pouvoir du foncier, ne modifie pas le droit du
» fermier parce que, comme on l'a dit, le fermier ne
» congédie pas en cette qualité, mais comme manda-
» taire du foncier.

» Si le fermier se trouve récolter cinq fois tandis
» qu'il n'a ensemencé que quatre fois, en payant
» l'évaluation donnée par le bail aux grains en terre,
» il se placera dans la même position que s'il avait
» ensemencé cinq fois.

» S'il n'a payé que quatre années de fermages pour
» cinq récoltes, il devra en acquitter une cinquième
» année en cessant de jouir en vertu du bail.

» En effet, il était tenu de donner 145 fr. par chaque
» année de jouissance. En prenant la récolte de 1832
» il aura joui cinq ans et il n'a encore payé que quatre
» années de fermages ; il faut donc qu'il en paie en-
» core une cinquième pour se libérer, ou bien il se
» trouverait avoir une récolte pour laquelle il ne
» paierait rien.

» Il semble donc que le congédiant doit avoir la
» récolte qui est en terre, mais qu'il est obligé de
» compter au congédié le tiers des évaluations portées
» au bail et le tiers d'une autre année de fermages. »

186. — Carré (pag. 300) prévoit le cas où le propriétaire, en accordant un pouvoir de congédier le
colon actuel d'une tenue à la Saint-Michel de telle ou
telle année, ajoute: « En tout cas, lors de l'expiration
» de l'assurance courante, s'il en existe. » Il pense
que, dans ce cas, les neuf ans d'assurance du concessionnaire de la faculté de congédier ne commencent à
courir que du jour où le congément aurait lieu, ou du

jour pour lequel le propriétaire aurait requis de l'exercer, et aurait fourni les moyens de justifier que la jouissance légale du colon actuel était expirée.

Nous serions d'un autre sentiment : il nous semble que les neuf ans d'assurance doivent courir de l'époque où le cessionnaire de la faculté de congédier aurait pu en faire usage. Vainement dirait-il : mais j'ignorais si l'assurance du colon qu'il s'agissait d'expulser était expirée. On lui répondrait, ce semble, avec avantage : vous pouviez vous en assurer en forçant le colon à représenter la baillée par une demande en congément, et vous vous étiez soumis à courir les chances de cette demande, en prenant un pouvoir de congédier dans lequel on vous prescrivait d'en user à l'expiration de l'assurance actuelle, tout en vous prévenant que l'on ne savait pas quand cette expiration aurait lieu.

<h2 style="text-align:center">§ II.</h2>

De l'indivisibilité de la tenue par rapport au Congément.

187. — Lorsqu'une tenue convenancière est possédée par un seul colon, le foncier ou son cessionnaire ne peut la congédier par parties. Quand la tenue est divisée entre plusieurs colons, le propriétaire peut congédier séparément les portions d'un ou plusieurs d'entre eux ; mais il faut qu'il congédie la totalité de ce que chacun possède.

188. — Baudouin (N° 84) cite un arrêt du 4 juilllet 1757 qui a appliqué le principe dans une espèce où le temps de l'assurance consentie pour la portion de la tenue qu'on voulait congédier se trouvait expiré,

tandis qu'il existait une assurance en cours pour l'autre partie dont le congément n'était pas demandé.

On jugerait sans doute autrement aujourd'hui si, par l'effet de la tacite réconduction, il devait arriver que les deux portions ne pussent pas être congédiées en même temps ; comme cela aurait lieu, par exemple, si pour une tenue dont l'assolement est de trois ans, la deuxième assurance expirait un ou deux ans après la première.

Mais, à part cette exception, un propriétaire foncier ne repousserait pas l'application du principe, en alléguant qu'il n'est propriétaire que d'une portion divise de la foncialité dont les droits sont réunis dans la même main. On lui opposerait avec avantage que la division du fonds, de quelque manière qu'elle se soit opérée, ne peut nuire aux droits du domanier. (B., N° 175).

189. — Un colon, dont les droits se composaient de plusieurs objets, avait été cité en congément pour l'un d'eux seulement, et il avait acquiescé à la demande. Consulté sur le point de savoir s'il pouvait revenir contre son consentement et arguer la demande de nullité, nous répondîmes que la nullité était couverte, qu'il aurait dû avant le prisage dénoncer par exploit qu'il entendait être congédié de la totalité de ce qu'il possédait dans le convenant, par suite requérir l'estimation de tous ses droits ; que du reste il était douteux que le foncier ne pût pas, conformément au jugement, se borner à rembourser l'objet dont le congément avait été jugé d'un commun consentement.

190. — Une tenue était possédée divisément par plusieurs colons. Après en avoir fait juger le congé-

ment pour le tout contre l'un d'eux, le propriétaire voulut se dispenser de l'exercer contre l'un des autres, en lui abandonnant le fonds et la rente de sa portion ; nous pensâmes que cette prétention ne pouvait se concilier avec le principe de l'indivisibilité.

En effet, si la tenue avait été indivise, le propriétaire n'aurait pas eu le droit de la congédier par parties ; mais ne devait-elle pas être considérée comme indivise par rapport à lui qui poursuivait le congément pour la totalité contre l'un des domaniers ? En usant de ce droit, il se prévalait du principe de l'indivisibilité et se soumettait ainsi à en subir les conséquences.

191. — Par suite du système de réciprocité établi entre les propriétaires et les domaniers, il devrait en être autrement si les colons, qui possèdent les droits indivisément, avaient concouru au partage du fonds, ou bien avaient pris droit par ce partage. (*Suprà*, N° 99). C'est aussi ce que la Cour a jugé dans une espèce où les domaniers, après avoir remboursé les portions de l'un des fonciers dans la rente, avaient obtenu de l'autre foncier une assurance pour la part échue à celui-ci dans le partage du fonds. (C., p. 68).

192. — D'après la jurisprudence de la Cour, une conséquence de l'indivisibilité de la tenue, c'est que le consentement de l'un des colons au congément est obligatoire pour tous les autres cotenanciers.

Marguerite Cogan, veuve Lancien, poursuivait le congément d'une tenue exploitée par la veuve Cogan, qui avait pour codétenteur un sieur Jean Le Jallay. Les deux colons ayant été appelés devant le juge de paix, la veuve Cogan déclara consentir au congément, mais Le Jallay s'y refusa. Il proposa des moyens de nullité et obtint, au tribunal de Vannes, un jugement qui rejeta la demande de la veuve Lancien pour ce qui le concernait. Sur l'appel, ce jugement fut réformé le 15 pluviôse an X, par le motif que l'acquiescement au congément donné par la veuve Cogan était, par l'effet de l'indivisibilité, obligatoire pour les autres cotenanciers. (Journ., t. 1, pag. 687).

La décision aurait sans doute été la même, si Le Jallay s'était borné à invoquer la tacite réconduction, qui ne fournit qu'une exception dilatoire, d'après la jurisprudence de la Cour. (*Suprà* Nº 183). Mais s'il avait contesté la foncialité ou argumenté d'une assurance non expirée, l'acquiescement de son consort n'aurait pu lui être opposé. Cela est d'autant moins douteux, que la Cour a jugé, le 4 août 1820, qu'un propriétaire foncier qui, en stipulant pour lui et ses consorts, avait renoncé à la foncialité et converti la redevance en une rente foncière, n'avait pas ôté à ses copropriétaires, dont il n'avait point de mandat, le droit de poursuivre le congément pour leur part dans la tenue. Le principe consacré par cette décision est nécessairement réciproque.

192 *(bis).* — Un autre arrêt de Rennes du 5 mai 1836 (J., t. 12, p. 75) a jugé que l'acquiescement donné par le colon cité au jugement de congément rend ses codomaniers non recevables à interjecter appel et à soulever la question de savoir si l'un des propriétaires fonciers peut congédier sans le concours des autres.

§ III.

Des Personnes qui peuvent congédier.

193. — Il y a deux manières d'user du droit de congédier : on l'exerce directement, en congédiant soi-même pour réunir les droits au fonds, ce qui s'appelle *consolider ;* on l'exerce indirectement, en cédant à un tiers la faculté de congédier. Baudouin (N° 73) semble avoir confondu ces deux manières d'expulser le colon. Elles offrent cependant des différences essentielles : le foncier qui accorde une faculté de congédier, comme celui qui concède une assurance, ne fait qu'un acte de simple administration semblable en tout à celui par lequel un propriétaire consent un bail à ferme. Au contraire, le propriétaire foncier qui consolide, acquiert un objet immobilier, savoir : les droits réparatoires. Il éteint sa redevance ; il change, par conséquent, la nature de son bien et de son revenu, que le congément peut même augmenter ou diminuer.

194. — Il suit de là que si le pouvoir de congédier emporte celui d'accorder une faculté pour le faire, ce dernier pouvoir n'emporte pas le premier, que nous ne reconnaissons pas au fermier ou receveur d'une terre. Mais on ne doit pas en inférer, comme nous l'avions d'abord fait par distraction, qu'un usufruitier ne puisse pas exercer le congément. La faculté de congédier est inhérente à la propriété dont l'usufruitier a la pleine jouissance. Lorsqu'il en use, d'ailleurs, il ne change en rien la position du nu-propriétaire qui a contre ses héritiers le même droit que contre un tiers cessionnaire d'une baillée. La Cour d'appel

a, du reste, jugé le 25 avril 1808 que la douairière peut exercer le congément.

195. — Les communes et les établissements publics ne peuvent consolider qu'après avoir rempli les formalités qui leur sont prescrites pour l'acquisition des biens immeubles.

196. — Dans notre opinion, la consolidation des droits au fonds par le tuteur est une acquisition faite pour le mineur. C'est donc un acte qui n'excède pas le pouvoir du tuteur, en ce sens que le mineur ne pourrait le faire annuler contradictoirement avec le colon évincé. Mais de même qu'un tuteur serait responsable du préjudice qui résulterait pour le mineur d'une acquisition désavantageuse, de même aussi il devrait une indemnité pour le préjudice qui pourrait résulter d'un congément.

Si l'on contestait au mineur la propriété du fonds ou d'une partie du fonds de la tenue, le tuteur, demandeur en congément, serait obligé d'obtenir pour plaider une autorisation du conseil de famille. (Art. 464, Code civil). C'est le seul cas, suivant nous, où une autorisation soit nécessaire.

Cependant, la Cour d'appel de Rennes, 2e chambre, a jugé, le 5 décembre 1809, qu'une demande en congément formée pour des mineurs, sans autorisation du conseil de famille, est nulle, et que si, depuis l'obtention et la notification de cette autorisation, qui rend seule la demande régulière, il n'y a pas six mois jusqu'à la Saint-Michel, le congément ne peut être ordonné que pour avoir lieu à la Saint-Michel de l'année suivante.

Carré, qui rapporte cette décision (page 295), la

trouve rigoureuse et contraire au principe d'après lequel toute procédure peut être régularisée, lorsque les choses sont entières et qu'il n'est pas intervenu de jugement qui l'annule.

Nonobstant cet arrêt isolé, dont nous ne connaissons pas l'espèce, nous sommes porté à penser qu'un tuteur n'a pas besoin d'autorisation pour former une demande en congément.

Duparc Poullain (tom. 5, pag. 333) dit positivement qu'il est contre tout principe de refuser au tuteur le droit de congédier. Baudouin est du même sentiment. « Le tuteur, dit-il (N° 77), *a droit de congédier* ou de céder le congément au nom de son
» pupille propriétaire, *sans avis de parents ni décret*
» *de justice*, parce que, loin d'aliéner, il reçoit des
» deniers en concédant les nouvelles baillées de su-
» perfices déjà séparés du fonds. On n'exige même
» pas de bannies préalables pour la validité de ces
» actes. Le mineur, seul recevable à se plaindre de
» cette omission, n'y serait fondé qu'en établissant
» de fortes présomptions de fraude contre ses intérêts,
» et les preuves ne conduiraient qu'à une recharge
» vers le tuteur. »

Le principe était donc certain dans l'ancienne jurisprudence, et l'on ne trouve rien, soit dans la loi du 6 août, soit dans le Code civil, d'où on puisse conclure qu'il ait été abrogé.

197. — Le tuteur, propriétaire foncier de la tenue du mineur, peut exercer le congément contre lui. La poursuite doit alors être dirigée contre le subrogé tuteur; mais l'art. 450 du Code civil interdit au tuteur la faculté de congédier le mineur, en vertu

d'un pouvoir qu'il se serait fait céder durant la tutelle.

198. — Le mineur émancipé peut consolider, comme il pourrait acquérir ; cependant, comme il y a dans le congément disposition d'un capital mobilier, il ne peut agir qu'avec l'assistance de son curateur. (Art. 482, Code civil). Il aurait même besoin d'une autorisation du conseil de famille pour assigner le colon devant le tribunal de première instance, si ses droits au fonds avaient été contestés en justice de paix. (Art. 484, Code civil ; Toullier, tom. 2, p. 511 et 512).

199. — Nul doute que le mari ne puisse réunir au fonds les droits convenanciers des tenues dont son épouse a la foncialité. La femme ne peut en souffrir aucun préjudice, parce qu'à la dissolution de la communauté, elle a le choix ou de retenir les édifices et superfices, en remboursant le principal et les frais qu'ils ont coûtés, ou de s'en tenir à la propriété de son fonds et de sa redevance.

200. — Le mari et la femme ne peuvent se congédier pendant la communauté. (B., N° 380).

201. — Une question importante et qui nous semble n'avoir jamais été bien étudiée, est celle de savoir si le cofoncier par indivis peut congédier sans le concours de ses cointéressés.

L'affirmative nous paraît certaine pour le cas où les copropriétaires ne réclament pas : il existe alors une présomption naturelle que le demandeur agit du consentement de tous. Rejeter cette présomption, ce serait autoriser le colon à se prévaloir du droit d'un tiers et souvent à s'immiscer dans des arrangements de famille qui doivent lui demeurer étrangers. Les autorités ne manquent pas à l'appui de cette opinion. Girard, p. 125, émettait le vœu qu'il fût, *à l'avenir*, interdit à un cofoncier d'accorder une baillée sans pouvoir exprès de ses consorts. Il résulte d'un arrêt de la Cour de Rennes du 16 juin 1813 (J., t. 5, p. 99) qu'il n'est pas nécessaire que les propriétaires fonciers se réunissent pour former la demande en congément. Un autre arrêt de la même Cour du 15 avril 1811 est fondé sur le même principe. Enfin, un arrêt de la Cour de cassation du 15 pluviôse an XII (Sirey, t. 4, 2ᵐᵉ partie, p. 309) s'est aussi prononcé dans un sens analogue.

Mais qu'arrivera-t-il si les copropriétaires du demandeur interviennent pour s'opposer au congément? Nous pensons que leur intérêt fera la mesure de leur droit et que par suite leur opposition sera rejetée.

En effet, tandis que le congément n'est pas consommé, ils peuvent se joindre au demandeur pour en partager le bénéfice. Plus tard, leur droit reste intact pour l'avénir : il dépend d'eux ou de poursuivre la mise aux enchères d'une assurance, ou d'exiger le partage, ou de demander la licitation. Tout cela leur est permis parce que, respectivement à eux, le congément n'a fait que substituer un colon à un autre, sans conférer une assurance au congédiant qui n'a pu se faire un titre à lui-même.

Cette théorie, selon nous, bien d'accord avec les principes, a l'avantage de concilier tous les droits et tous les intérêts, de prévenir des frais et d'aller au devant de nombreuses difficultés. Nous avons, par exemple, souvent entendu dire que le copropriétaire qui voulait congédier, devait d'abord faire procéder au partage ; mais est-ce que, le partage effectué, chaque foncier pourra congédier sa part au mépris du principe que nous avons rappelé ci-dessus au nombre 187 ?

202. — Suivant Baudouin (N° 285), le domanier qui, en partageant les droits convenanciers avec ses consorts, aurait renoncé par écrit à congédier ceux-ci, ne serait pas pour cela non recevable à provoquer le congément en vertu d'une faculté qu'il aurait obtenue depuis. Baudouin fonde son opinion sur ce que l'on ne peut renoncer à un droit qui n'existe pas, et sur ce qu'une renonciation de cette nature porterait atteinte aux droits du propriétaire foncier. Un arrêt de la première chambre, du 23 janvier 1817 (Journ., tom. 5, pag. 608), rendu en pur point de droit, consacre l'opinion et les motifs de Baudouin. Mais un autre arrêt, rendu aussi par la première chambre, le 27 mai 1819 (Journ., tom. 6, p. 243), semble avoir jugé dans un sens tout opposé.

L'espèce de ce dernier arrêt n'est pas rapportée au Journal ; mais les considérants et le dispositif font voir qu'il a été rendu dans les circonstances suivantes :

Par contrat du 5 juin 1812, la veuve Le Portz, propriétaire des droits convenanciers de la tenue Kérollay, avait vendu la moitié de ses droits à Michel Le Gallo, et il avait été stipulé dans l'acte que l'une des parties ne pourrait, à l'insu et même sans la participation ou le consentement de l'autre, acquérir ou accepter la baillée du fonds de la tenue, à peine de tous dépens, dommages et intérêts. Au mépris de cette convention, la veuve Le Portz et une veuve

Richard prirent ensemble, chacune pour une moitié, une faculté de congédier. Elles formèrent une demande en congément le 16 mars 1816.

Il paraît que la veuve Le Portz, s'apercevant qu'elle s'était compromise en contrevenant aux stipulations de l'acte du 5 juin 1812, se désista de sa prétention, et le congément eut lieu sur les poursuites de la veuve Richard, qui n'avait pas les mêmes raisons pour renoncer à sa demande.

Le Gallo réclama des dommages et intérêts contre la veuve Le Portz, qui fut condamnée sur l'appel à lui payer une indemnité de 1,500 fr., somme à laquelle montait la différence entre le principal et les frais du contrat d'acquêt et la somme remboursée pour le montant du prisage des droits réparatoires.

Voici les motifs de l'arrêt :

« Considérant, en droit, que toutes les conventions » doivent être exécutées de bonne foi, et que celui » qui contrevient à une obligation de ne pas faire, » doit des dommages et intérêts, par le seul fait de » la contravention ;

» Considérant que, lors du contrat du 5 juin 1812, » l'appelant avait pu se déterminer à payer une somme » plus considérable pour le prix des objets référés » dans ce contrat, dans l'espérance d'obtenir une nou- » velle baillée de la tenue Kerollay, qui était exploitée » depuis longtemps par la famille de la veuve Le » Portz, et que, d'un autre côté, cette femme a man- » qué à l'engagement qu'elle avait volontairement » contracté avec lui, 1° en s'empressant, peu de mois » après la date de cet engagement et plusieurs années » avant l'expiration de sa première baillée, de la re-

» nouveler à l'insu dudit appelant et de concert avec
» une autre personne ; 2° en s'unissant à cette même
» personne pour lui donner congé de sa tenue, acte
» dont elle s'est, à la vérité, postérieurement désistée,
» mais qui constate l'inconséquence de sa conduite
» ou son peu de bonne foi ;

 » Considérant que les appelants ont éprouvé, par
» l'effet de cette contravention à un engagement sur
» lequel ils avaient compté, un dommage réel qui ne
» doit cependant comprendre que ce qui est une suite
» immédiate et directe de l'inexécution de leurs
» conventions, etc. »

Ces deux décisions paraissent tout à fait contraires : mais la seconde est peut-être plus juste que la première. Les renonciations des copartageants à se congédier peuvent nuire *aux intérêts* du propriétaire; mais suivant nous elle ne porte pas atteinte à *ses droits*. Cela ne devrait-il pas suffire pour obliger à respecter des conventions faites de bonne foi, et qui servent à faciliter des engagements de famille ? Nous pensons toutefois que des stipulations de ce genre ne devraient pas lier les parties à perpétuité, et qu'on devrait en borner l'effet à trente ans. Dans l'espèce de l'arrêt du 23 janvier 1817, la renonciation remontait à cinquante-deux ans. Elle eût peut-être été jugée obligatoire, si elle n'avait pas remonté à trente ans. Cependant, les motifs de l'arrêt qui sont ceux indiqués par Baudouin, n'appuient pas cette conjecture. L'auteur de la Table des arrêts (N° 377) pense comme nous que l'effet de la clause devrait être réduit à trente ans.

Deux jugements du tribunal de Saint-Brieuc, dont l'un est du 21 juin 1826, ont décidé, contrairement à l'opinion de Baudouin, que la renonciation des colons à se congédier les uns les autres est licite et doit produire son effet. Dans l'espèce du dernier jugement, le cessionnaire de la baillée n'était pas colon à l'époque où le partage avait eu lieu, et ce partage remontait à trente-huit ans. On nous a assuré que le tribunal de Guingamp suivait l'opinion de Baudouin.

203. — Une autre question se présente encore à l'occasion de ces renonciations.

Des colons ont renoncé par un partage à se congédier les uns les autres. Au mépris de cette stipulation, l'un d'eux prend une faculté de congédier et on lui oppose sa renonciation. Cette renonciation supposée valable, l'exception doit elle faire rejeter la demande en congément, ou bien les défendeurs ont ils seulement le droit de réclamer des dommages et intérêts pour le tort que leur cause l'inexécution de la convention ?

Nous avons vu cette question se présenter dans une affaire où le propriétaire foncier avait le plus grand intérêt à ce que le congément fût jugé parce qu'il avait inséré dans la baillée des conditions qui lui étaient très-avantageuses. Nous soutînmes, au nom du cessionnaire qui le représentait, que l'on ne pouvait annuler sa baillée sans violer l'art. 1165 du Code civil ; que tout ce qui pouvait résulter de la validité de la renonciation, c'est que le contrevenant devait être condamné à des dommages et intérêts, conformément aux articles 1142 et 1145 ; que les stipulations faites de bonne foi par le foncier devaient toujours produire leur effet ; que le cessionnaire de la baillée n'était pas le congédiant, mais le mandataire du foncier congédiant, dont le droit ne pouvait être ni anéanti ni suspendu par suite d'un fait qui lui était étranger.

Le tribunal de St-Brieuc n'eut aucun égard à ces considérations, que nous persistons à croire bien fondées.

Une autre question peut se présenter à l'occasion d'une renonciation de cette nature. Si le copartageant qui s'est interdit de congédier les autres, venait à acquérir la foncialité de la tenue, sa renonciation serait-elle susceptible de lui être opposée ? Cette question n'en est pas une pour nous, car nous ne concevons pas comment l'acquisition du fonds par l'un des colons pourrait profiter aux autres. Cependant, si l'on refuse d'admettre notre distinction entre la personne du domanier qui a fait la renonciation et la personne du représentant du foncier, nous ne voyons pas pourquoi l'on ne repousserait point la demande en congément dans ce cas comme dans l'autre.

204. — En supposant la renonciation valable, il est clair qu'on ne peut en éluder l'effet en congédiant sous le nom d'un tiers et que la fraude pourrait être prouvée, tant pas écrit que par témoins. Des présomptions graves précises et concordantes suffiraient même pour l'établir. Mais dans quel délai la partie lésée pourrait-elle réclamer ? Il semble que l'opinion de Baudouin, rapportée au N° 18, s'applique directement à ce cas : il y a même raison de décider.

§ IV.

Des Personnes contre lesquelles on peut former la demande en congément.

205. — Lorsqu'il y a plusieurs cotenanciers, il suffit

d'en assigner un, qui doit alors dénoncer la demande à ses consorts. S'il en était autrement, les propriétaires pourraient se voir dans l'impossibilité d'exercer leurs droits ; car il arrive bien souvent qu'ils ne connaissent pas tous les colons. (Baud., N° 275 , Carré pag. 63 et 264 ; arrêts des 15 pluviôse an X, 2 prairial an XII : Journal, tom. 1, pag. 687 : 7 germinal an XI, Journal, tom. 2, pag. 53 ; 27 février 1811, 19 février 1813, 3 mai 1813 : Journal, tom. 4, pag. 82 ; tom. 5, pag. 42 et 80.)

Encore que le colon assigné mette ses consorts en cause, le demandeur ne continue pas moins de poursuivre le congément contre le colon seul ; il n'est pas même obligé d'intimer les autres sur l'appel. (Arrêt du 20 juillet 1839, t. 13, p. 94.)

206. — Lorsque le propriétaire foncier ne veut congédier qu'une partie des colons, il convient qu'il dirige sa demande contre tous ceux qu'il veut expulser. Nous n'avons jamais vu de décisions sur ce point, mais dans le cas prévu, il se fait une division de la tenue qui semble nécessiter la mise en cause de tous les domaniers que l'on entend congédier. Il en serait autrement si le propriétaire avait déjà consolidé le surplus de la tenue ; cette consolidation réduisant le convenant à la portion qu'il s'agirait de congédier, le principe général redeviendrait alors applicable.

207. — De même, quand le congément se poursuit par le cessionnaire d'une faculté, qui est lui-même colon et n'a ainsi qu'une partie des droits à congédier, la mise en cause de tous les autres possesseurs n'est pas nécessaire. Le congédiant représentant le foncier, il existe pour la portion qu'il détient une espèce de

consolidation fictive et temporaire qui réduit la tenue à ce qu'il ne possède pas ; rien ne s'oppose donc à ce qu'il procède pour la tenue ainsi réduite de la même manière qu'il pourrait le faire, si la tenue ne consistait réellement que dans les objets qu'il s'agit de congédier.

208. — Il n'est pas rare qu'après avoir demandé le congément contre un seul des colons, on traite ensuite avec ce colon, qui se trouvant désintéressé, n'a plus qualité pour représenter les autres. Que doit-on faire alors pour régulariser la procédure ?

Le moyen le plus sûr est de dénoncer aux autres colons le fait qui change les qualités et de continuer les poursuites contre eux tous. Nous sommes cependant éloigné de penser que le congément fût nul, parce qu'il n'aurait été continué que contre l'un des domaniers.

209. — On admettait autrefois que le propriétaire qui ne connaissait pas le véritable colon, dirigeait valablement la demande en congément contre le possesseur de la tenue, encore que celui-ci se trouvât n'être que fermier. Ce possesseur était alors tenu de reporter la demande à son bailleur, sous peine de tous dommages et intérêts. (B., N° 335).

Carré (pag. 265) est d'avis que l'on ne doit plus admettre aujourd'hui la validité d'une citation notifiée à un possesseur qui n'est pas le propriétaire des droits.

Il motive cette opinion sur ce que l'ancien principe était une conséquence du droit féodal. Nous croyons, nous, au contraire, que l'on peut toujours poursuivre le paiement de la rente, le congément et la vente sur simples bannies, contre le possesseur de la tenue qui n'est pas colon, mais qu'on peut présumer l'être. Le principe combattu par Carré était bien constant sous l'ancienne jurisprudence. Il n'est abrogé par aucune loi; il est fondé sur ce que le propriétaire qui peut ne pas connaître le véritable colon doit être autorisé à considérer comme tel celui qu'il trouve en possession de la tenue. Il n'y a, dans cette maxime, rien qui sente la féodalité. Si Carré a pensé le contraire, c'est qu'il a confondu avec le principe que nous défendons le droit qu'avait autrefois le seigneur d'assigner son vassal au lieu du fief servant, quoique le vassal n'y fût pas domicilié; mais ce n'est pas de cela qu'il s'agit. On ne peut pas assigner au lieu de la tenue le colon qui n'y demeure pas ; on ne peut pas même assigner *en qualité de fermier* le simple possesseur des droits. On peut seulement considérer comme véritable colon celui qui exploite la tenue et l'actionner en cette qualité.

Nous avons d'autant plus de confiance dans notre opinion, qu'elle est conforme à l'usage général et, ce qui peut-être est plus décisif, à la jurisprudence de la Cour.

En effet, il a été jugé, le 12 ventôse an XI, (Journ., t. 2, pag. 167), qu'un congément avait été régulièrement provoqué contre une veuve Toudic qui n'était plus colon, ayant cédé ses droits avant la demande. La citation avait été donnée à cette veuve six mois avant la Saint-Michel ; mais, lors de la comparution devant le juge de paix, la défenderesse déclara qu'elle ne possédait rien dans le convenant. Elle indiqua comme colon un sieur Goasdoué, son gendre. Ce dernier fut alors cité en congément, aux risques et périls

de la veuve Toudic ; mais il soutint que sa belle-mère
avait été mal assignée, et que le demandeur n'était
plus dans le délai, parce que la seconde citation avait
été notifiée moins de six mois avant la Saint-Michel.
Ce moyen fut rejeté sur l'appel. « Considérant, porte
» le jugement, que la citation du 5 germinal fut donnée
» à la veuve Toudic dans le délai voulu par l'art. 21
» de la loi du 6 août 1791, relative aux domaines
» congéables ; que la résidence habituelle de la veuve
» Toudic sur la tenue, depuis comme avant la mort
» de son mari, autorisait le congédiant à diriger les
» suites contre elle ; que les arrangements de famille
» en vertu desquels elle a pu cesser d'avoir droit aux
» édifices et superfices du convenant, et dont elle ex-
» cepta devant le juge de paix, ne pouvaient être oppo-
» sés à Meudic, qui n'y avait aucun intérêt, et avec
» lequel ils ne sont point extradictoires ; que s'ils la
» dégageaient vers ses enfants de toute action résul-
» tant de son ancienne qualité de cotenancière, elle
» n'avait qu'un recours à exercer vers eux, en cas
» qu'elle fût inquiétée de la part du propriétaire fon-
» cier ; que si l'intimé fit citer Goasdoué le 14 ger-
» minal à comparaître à la séance du 19, il ne le fit
» qu'aux risques et périls de la veuve Toudic, et sans
» nuire ni préjudicier à sa citation du 5 ; que consé-
» quemment c'est celle-ci qui fixe l'époque de la
» demande du prisage des droits réparatoires. »

Depuis encore il a été jugé :

1° Par un arrêt du 26 juillet 1814 (Journ., tom. 5,
p. 290) que le foncier peut s'adresser pour le paiement de la rente au détenteur de la tenue, à quelque
titre que celui-ci jouisse ;

2° Par arrêt du 7 juin 1833 (Journ., t. 9, p. 438), que c'est contre le domanier possesseur et non contre un tiers qui aurait obtenu une faculté de congédier et n'en aurait pas fait usage, que le congément doit être poursuivi. Dans ce cas, le tiers n'est pas même obligé d'indiquer le véritable colon ;

3° Enfin, par arrêt du 13 février 1836 (t. 12, p. 37), que c'est au colon resté en possession après avoir vendu ses droits par un acte non signifié au foncier, que la demande doit être notifiée.

Il n'en est pas moins certain, comme l'a d'ailleurs décidé un arrêt du 3 janvier 1827 (t. 8, p. 328), que le foncier qui connaît le véritable domanier ne doit s'adresser qu'à lui.

210. — On peut demander contre le mari seul le congément des droits appartenant à la femme même séparée de biens, pourvu que, dans ce dernier cas, la femme demeure avec son mari dans la tenue. (B., N° 363).

211. — Pendant le mariage, le mari et la femme ne peuvent se congédier, et Baudouin pense même (N° 379) qu'après la mort du mari, les héritiers ne sont pas fondés à exercer le congément contre la veuve qui jouit, comme douairière, de droits réparatoires propres au mari. Cette opinion semble n'avoir aucun fondement. La jouissance de la femme, bornée à l'usufruit des superfices, ne doit pas empêcher l'exercice des droits que les héritiers du mari peuvent avoir en qualité de propriétaires fonciers.

212. — Le tuteur peut, sans autorisation, consentir au congément provoqué contre son mineur. Cependant, si le droit du demandeur à la foncialité était

douteux, le tuteur devrait consulter le conseil de famille, pour se faire autoriser à consentir au congément ou à s'y refuser. S'il laissait congédier une tenue qui ne serait pas congéable, le mineur, devenu majeur, aurait le droit de former contre le congédiant une demande en revendication, par suite de laquelle le tuteur pourrait se trouver compromis.

§ V.

De la forme de la demande en congément.

213. — Les formes de la demande en congément ont donné lieu à bien des controverses. Quelques tribunaux ont jugé que l'obligation de citer en justice de paix, imposée par l'art. 17 de la loi du 6 août, équivalait, sous tous les rapports, à celle d'essayer la conciliation. On en tirait la conséquence que le défendeur devait être appelé devant le juge de paix de son domicile; qu'on devait lui donner un délai de trois jours pour comparaître, et que la citation devant le juge de paix n'était pas nécessaire dans les cas prévus par l'art. 49 du Code de procédure. D'autres tribunaux ont décidé que la citation prescrite par l'art. 17 de la loi du 6 août, ne dispensait pas d'essayer de nouveau la conciliation avant d'assigner devant le tribunal, lorsque, sur cette citation, le défendeur n'avait pas consenti au congément.

La jurisprudence de la Cour a fait prévaloir des maximes plus conformes à l'esprit de la loi; il est aujourd'hui constant que la citation en congément doit être donnée pour comparaître devant le juge de paix de la situation de la tenue, dans la forme et dans les délais prescrits par les art. 1, 4 et 5 du Code de procédure. Les art. 48 et suivants, relatifs à l'essai de conciliation, ne lui sont pas applicables. Ainsi, les causes mentionnées dans l'art. 49 ne dispensent pas d'appeler d'abord devant le juge de paix pour y convenir d'experts. En aucun cas une demande en congément ne peut être portée devant un tribunal de première instance, sans avoir été auparavant portée en justice de paix ; et lorsque le juge de paix renvoie les parties devant le tribunal, il n'est pas nécessaire de faire précéder l'ajournement d'un essai de conciliation. (Arrêts des 5 août 1812, Journ., t. 4, p. 613 ; 23 février 1819, Journ., t. 6, p. 194 ; C., p. 249).

214. — La peine de nullité n'étant pas attachée par la loi à l'omission des formalités prescrites par l'art. 1er du Code de procédure, les tribunaux ne pourraient annuler une citation pour vice de forme, qu'autant que ces vices seraient inhérents à la substance de l'acte. (C., pag. 256).

215. — Un exploit par lequel on demanderait, non *le congément*, comme cela se pratique d'ordinaire, mais *le prisage des droits* de la tenue, remplirait suffisamment le vœu de la loi. La Cour l'a jugé le 5 août 1812. (Journ., t. 4, p. 613). Les art. 17 et 21 de la loi du 6 août servent de motifs à cette décision. Le dernier est surtout péremptoire.

Il a été jugé par arrêt du 21 mars 1835 (J., t. 10, p. 102) qu'une citation n'est pas nulle parce que celui qui ne l'a formée qu'en vertu d'une faculté de congédier, a cependant demandé *la consolidation*, que le propriétaire seul peut effectuer. Dans l'espèce où la Cour a fait raison de cette misérable chicane, l'erreur ne s'était glissée que dans l'ajournement ; elle n'existait ni dans la citation en justice de paix, ni dans les conclusions prises devant le tribunal. C'était un motif de plus pour rejeter le moyen de nullité.

Mais la Cour a décidé avec non moins de raison que la déclaration du foncier, consignée dans un acte extra-judiciaire qu'il entend user du droit de congédier, ne saurait tenir lieu d'une citation. (Arrêt du 13 prairial an **XI**).

216. — L'art. 64 du Code de procédure n'est pas applicable à la citation en congément ; mais il l'est à l'exploit par lequel on assigne devant le tribunal après le renvoi ordonné par le juge de paix. Carré (p. 264) pense que l'exception établie par cet article, pour le cas où il s'agit d'un *domaine, corps de ferme ou métairie*, ne doit s'entendre que des tenues *à étage*, c'est-à-dire de celles qui ont un manoir, des bâtiments d'exploitation. Cette décision n'est-elle pas trop rigoureuse ? Ne suffit-il pas toujours, lorsqu'on assigne pour une tenue convenancière, d'indiquer le nom et la situation ? Les moyens de nullité sont peu favorables ; on ne doit les accueillir que lorsque la loi en fait un devoir, et l'on peut, sans dénaturer le sens des mots, considérer une tenue comme *un domaine*, lors même qu'elle n'a point d'édifices. C'est ce qui se faisait sous l'empire de l'ordonnance. Carré atteste cet usage (p. 263), et il ajoute, suivant nous avec beaucoup de raison, « qu'il paraît remplir suffisamment le vœu de » l'art. 64. » En se montrant plus exigeant, on mettrait souvent les propriétaires fonciers dans un grand embarras, et quelquefois même dans l'impossibilité d'exercer leurs droits (Ar. de Rennes, 17 février 1842).

217. — Par jugement du 28 février 1831, le tribunal de Saint-Brieuc a décidé que pour une tenue sans étage et *qui n'avait pas de nom*, il fallait, à peine de nullité, donner les tenants et aboutissants et qu'il ne suffisait pas d'indiquer la commune et le village.

218. — Carré (p. 264) décide, par application de l'art. 65 du Code de procédure, que l'assignation devant le tribunal serait nulle, si l'on n'avait pas donné en tête copie du procès-verbal de non conciliation ou de la mention de non comparution. Cette opinion, qui assimile la comparution sur la demande en congément à la comparution ordinaire pour essayer la conciliation, pourrait souffrir difficulté, parce qu'en matière de congément, la comparution devant le juge de paix n'est pas, dans le sens de la loi, un essai de conciliation. La première disposition de l'art. 65 du Code de procédure devant, comme toutes celles qui prononcent des déchéances, être restreinte au cas pour lequel elle a été faite, il semble que la seconde disposition du même article serait plus applicable à la question. (Table des arrêts, *Dom. cong.*, N° 415).

219. — Lorsque le congément est exercé par le cessionnaire d'un pouvoir de congédier, il est d'usage de donner copie de la baillée en tête de la citation, et l'art. 1690 du Code civil autorise à penser que l'omission de cette précaution opérerait la nullité de la demande. Mais si le défendeur se présentait devant le juge de paix, s'il déclarait consentir au congément, s'il proposait d'autres moyens, sans parler de celui-là, ou encore s'il requérait la représentation de la baillée que le demandeur produirait tout de suite, la nullité se trouverait couverte.

220. — Lorsque le pouvoir de congédier est consenti par un mandataire, la demande ne serait pas nulle par cela seul que la procuration mentionnée dans le pouvoir de congédier ne serait pas transcrite en tête de l'exploit. Cela serait vrai surtout, si des paiements ou d'autres actes du fait du colon prouvaient que celui-ci a connu la qualité du mandataire.

221. — D'après l'art. 21 de la loi du 6 août, la citation doit toujours être signifiée six mois avant l'époque où le congément peut être exercé, c'est-à-dire, suivant l'art. 22, six mois avant la St-Michel, 29 septembre. Une demande en congément n'est donc valable qu'autant qu'elle a été signifiée au plus tard le 29 mars qui précède la St-Michel pour laquelle on veut congédier. Il semble même que pour être formée six mois avant la St-Michel, elle devrait l'être au plus tard le 28 mars; mais comme le colon ne peut être obligé de délaisser la tenue que le lendemain de la St-Michel, il s'écoule réellement un intervalle de six mois entiers entre la citation signifiée le 29 mars et l'époque de l'expulsion, ce qui paraît remplir le vœu de la loi.

222. — Pour décider si la demande a été formée dans le delai fixé par la loi, on considère uniquement la date de la citation en bureau de paix. On n'a aucun égard au jour de la comparution, ni à la date de l'assignation donnée pour comparaître devant le tribunal, sur le renvoi prononcé en justice de paix.

223. — Quand nous avons dit que la demande signifiée moins de six mois avant le 29 septembre ne serait pas valable, nous avons seulement entendu qu'elle ne produirait pas son effet pour la Saint-Michel suivante ; car, comme l'a jugé un arrêt du 8 janvier 1812, il n'y a pas de nullité prononcée par la loi contre une demande en congément dont la signification est faite moins de six mois avant le terme de la jouissance du colon ; le seul effet d'une demande tardive serait que le congément ne pourrait être ordonné que pour l'année suivante. (Journ., tom. 4, p. 344). L'arrêt du 5 décembre 1809, cité N° 196, a prononcé dans le même sens.

224. — La Cour d'appel a jugé, le 23 février 1819, que la demande en congément est valable, quoique le demandeur ait indiqué un terme antérieur à la Saint-Michel, lorsque d'ailleurs il a invoqué la disposition de la loi qui fixe le véritable terme. (Journ., tom. 6, page 194). L'arrêtise ne fait point connaître l'espèce de cette décision, mais voici les motifs donnés par la Cour :

« Considérant que si Dos, intimé, en provoquant » le remboursement des droits réparatoires de son » convenant, a désigné un terme antérieur à la Saint- » Michel, et que si le jugement qui l'a accordé ré- » pète la même désignation, ces actes invoquent » néanmoins les dispositions de la loi qui fixent le » véritable terme du remboursement, circonstance » qui fait disparaître l'erreur d'une rédaction négligée, » et obvie à toute équivoque : d'où il résulte que le » délai de la loi ayant d'ailleurs été observé dans le » système qu'elle établit, la demande en congément » est sur ce point à l'abri de critique. »

225. — On sent bien qu'une demande ne serait pas nulle pour avoir été formée plus de six mois avant la Saint-Michel, mais le colon pourrait s'opposer à

ce qu'il fût procédé au prisage avant que ces six mois fussent commencés. S'il en était autrement, on gênerait sa jouissance, et on le priverait du droit qu'il a d'améliorer. (C., page 292).

226. — L'art. 16 de la loi du 25 mai 1838 porte que tous les huissiers d'un même canton ont le droit de donner toutes les citations devant la justice de paix, et que dans les villes où il y a plusieurs justices de paix, les huissiers exploitent concurremment dans le ressort de la juridiction attribuée à leur résidence. Il n'y a donc plus à s'occuper de la question, autrefois controversée, de savoir si la demande en congément doit, à peine de nullité, être signifiée par l'huissier du juge de paix.

§ VI.

Du jugement qui ordonne le congément.

227. — La loi du 6 août a investi les juges de paix du pouvoir de juger les congéments lorsque le défendeur déclare y consentir, de décerner acte de la nomination des experts convenus, et d'en nommer d'office quand les parties ne s'accordent pas sur le choix.

228. — Comme le juge de paix ne peut connaître des difficultés qui s'élèvent lorsque le défendeur refuse de consentir au congément, ou ce qui revient au même lorsqu'il laisse défaut, il doit décerner acte, soit du défaut, soit du refus du défendeur, et par suite renvoyer le demandeur se pourvoir devant le tribunal de première instance. La circonstance que le défendeur ne conteste pas le droit de demander le prisage, et

cherche seulement à l'éluder par quelques moyens de forme, ne dispense pas le juge de paix de prononcer ce renvoi. (Arr. du 27 février 1811, J., t. 3, p. 82).

Il a été jugé le 12 nivôse an XII que lorsqu'en justice de paix, le colon n'a consenti à nommer son expert qu'à la condition qu'il lui serait accordé un délai avant l'expertise pour faire des réparations, le juge avait pu nommer provisoirement les experts d'office, tout en renvoyant les parties devant le tribunal compétent pour statuer sur la contestation.

229. — Si, au lieu de renvoyer devant le tribunal les parties qui ne sont pas d'accord, le juge de paix ordonnait le congément et nommait des experts, le demandeur devrait considérer le jugement incompétemment rendu comme un procès-verbal de renvoi, et assigner en conséquence devant le tribunal. (Arr. des 10 et 12 ventôse an XI, J., t. 2, p. 167 et 168).

230. — Comme le défaut équivaut à contestation, le juge de paix doit renvoyer devant le tribunal lorsque le défendeur ne comparaît pas; mais il procéderait irrégulièrement s'il se bornait dans ce cas, comme dans celui prévu par l'art. 58 du Code de procédure, à faire mention sur l'original du défaut laissé : il faut qu'un procès-verbal de renvoi soit rédigé; nous ne pensons pas toutefois que cela soit exigé à peine de nullité, parce qu'aucune loi ne le décide et qu'après tout l'irrégularité ne saurait causer préjudice au défendeur.

231. — En 1829, le sieur Le Gorrec poursuivit un congément contre les sieurs Burley et Le Goaster. Le dernier se présenta seul. Il paraît qu'il avait le pouvoir de représenter son consort, mais qu'il n'en fut pas fait

mention. Sur sa déclaration de consentir, le congément fut jugé le 23 mars et les experts nommés. Deux jours après, le sieur Burley fit notifier un acte extra-judiciaire par lequel il nommait un autre expert à la place de celui désigné pour lui. Comme le congédiant ne paraissait pas vouloir tenir compte de cette déclaration, le sieur Burley forma opposition au jugement qui avait ordonné le congément, en se fondant sur ce que ce jugement n'avait pas donné défaut contre lui, quoiqu'il n'eût pas comparu. Au jour fixé, il demanda le renvoi en première instance et ce renvoi fut ordonné. Le sieur Burley fut alors assigné devant le tribunal pour voir rejeter son opposition et ordonner l'exécution du jugement du 23 mars. Il répondit que le tribunal n'était pas compétent pour prononcer en premier ressort, et que le sieur Le Gorrec aurait dû appeler du jugement du juge de paix qui devait prononcer au lieu de renvoyer les parties devant le tribunal. Ce système fut accueilli par les premiers juges, mais les deux parties interjetèrent appel, savoir : le sieur Burley parce que son opposition avait été rejetée, et le sieur Le Gorrec parce que l'exécution du jugement de congément n'avait pas été ordonnée.

Par arrêt du 21 novembre 1829, la Cour décida que le tribunal de première instance s'était trouvé suffisamment saisi de la demande en congément et aurait dû y statuer au lieu de délaisser les parties à se pourvoir, et que rien dans l'état ne paraissait devoir entraver l'exécution du jugement de congément.

Nous croyons cette décision fondée, mais nous ne pensons pas qu'un tribunal de première instance qui déclare nul un congément poursuivi en 1844, parce que la sommation prescrite par l'art. 1259 du Code civil n'a pas été faite en temps utile, puisse, sans renvoyer les parties en justice de paix, ordonner un nouveau congément en 1846. C'est toutefois ce qu'a jugé le tribunal de Loudéac le 17 février 1846. (Voir l'arrêt du 16 septembre 1815, Journ., t. 5, p. 454, *infrà*. N° 289, et celui du 7 juin 1833, J., t. 9, p. 438).

232. — Le jugement se rend dans la forme ordinaire des jugements de la justice de paix. Après avoir rappelé l'objet de la demande et la réponse du défendeur, le juge de paix ordonne le congément, lorsque les parties sont d'accord, ou renvoie le demandeur en première instance, lorsque le défendeur fait défaut ou ne consent pas au congément.

233. — Le juge de paix, par le même jugement, décerne acte aux parties du choix des experts, et en nomme d'office lorsqu'elles ne s'accordent pas. Il est assez ordinaire que le demandeur choisisse un expert, que le défendeur indique le second, et que le juge de paix nomme d'office le troisième. Si l'une des parties refusait d'en désigner un, le juge de paix devrait les nommer tous les trois d'office. Carré semble dire le contraire (p. 269) ; mais c'est probablement par inadvertance, car il résulte de l'art. 305 du Code de procédure, et il a été formellement jugé par un arrêt du 13 juillet 1513 (Journ., t. 5, p. 118), que si les deux parties ne s'accordent pas pour choisir chacune leur expert, la nomination doit avoir lieu d'office pour les trois. Il existe en sens analogue un arrêt de cassation du 10 avril 1816.

234. — Bien plus : la partie qui a d'abord désigné son expert et qui est ensuite mécontente du choix fait

par l'autre partie, a le droit de rendre ce choix inutile, en déclarant sur-le-champ et avant la nomination du tiers, qu'elle révoque la désignation qu'elle a faite et demande que les trois experts soient nommés d'office.

C'est une conséquence naturelle de l'art. 304 du Code procédure. (Voir Rogron sur cet article). Il faut, d'ailleurs, qu'il en soit ainsi pour que la position des parties soit égale, car lorsque le congédient a désigné son expert, le défendeur est libre d'annuler cette désignation, en refusant d'en faire une de son côté; il écarte ainsi un expert qui ne lui convient pas et le demandeur doit avoir le même droit. Le tribunal de Saint-Brieuc a jugé dans ce sens, le 17 août 1845.

235. — Lors d'un jugement de congément, le demandeur et le défendeur avaient désigné chacun leur expert et le tiers avait été nommé d'office. Le priseur du défendeur étant mort avant l'opération, des difficultés s'élevèrent sur la manière de le remplacer.

Devait-on nommer un expert d'office ?

Le congédiant pouvait-il annuler la nomination d'un autre expert faite par le défendeur, en demandant que les trois experts fussent nommés d'office ?

Enfin, la contestation élevée à ce sujet était-elle un motif pour faire renvoyer les parties devant le tribunal?

L'affaire nous ayant été soumise, nous pensâmes que l'expert décédé devait être remplacé par un autre qui serait désigné par le défendeur; que le congédiant avait conservé le droit qui lui est attribué ci-dessus et qu'il n'y avait pas lieu à renvoi devant le tribunal, parce que la nomination des experts était du ressort du juge de paix.

236. — On peut convenir de ne nommer qu'un seul expert. (Art. 303 du Code de procédure). Cette convention est valable même de la part du tuteur d'un mineur congédié. (Arrêt du 24 mars 1812, J., t. 4, page 435).

237. — Tout ce qui concerne la récusation des experts est réglé par les art. 283, 308, 309, 310, 311, 312 et 313 du Code de procédure.

La Cour a jugé le 26 mai 1834 que l'intervalle de trois jours qui, d'après l'art. 309 du Code, doit s'écouler entre la nomination et la prestation de serment des experts, n'est pas tellement de rigueur que la prestation de serment ne puisse avoir lieu avant l'expiration de ce délai et que la seule conséquence à tirer de la loi, c'est que lors même que le serment avait été prêté auparavant, la récusation pouvait toujours être exercée dans les trois jours de la nomination.

238. — On peut, dit Baudouin (N° 315), récuser le tiers expert nommé d'office par le juge, s'il est parent fort proche de celui qui a déjà été nommé. Il tire cette conséquence du principe que les avis conformes des juges parents ou alliés à un certain degré ne comptent que pour un. Le principe étant aujourd'hui le même pour ce qui concerne les juges (Avis du Conseil d'Etat, du 3 avril 1807), si la conséquence était juste autrefois, elle l'est encore aujourd'hui.

Encore qu'il soit souverainement inconvenant que le juge de paix qui a ordonné un congément procède ensuite comme expert, il a été décidé que cette irrégularité ne viciait pas le procès-verbal. Il résulte bien des considérants de l'arrêt, qui est du 12 nivôse an XII, que la partie qui se plaignait avait approuvé la nomination; mais la Cour se fonda principalement sur ce qu'aucune loi n'excluait les juges de paix du droit de procéder comme experts.

239. — Si les experts convenus ou nommés d'office sont présents à l'audience où le congément est ordonné, le juge de paix reçoit leur serment et leur en décerne acte, ainsi que de la fixation qu'ils font du jour auquel ils commenceront leur opération. Cette fixation vaut assignation aux parties présentes d'assister à l'opération et dispense d'une autre sommation.

240. — Il est d'usage d'assigner les experts pour prêter serment et d'appeler le défendeur pour assister à la prestation. La première de ces formalités n'est pas nécessaire quand les experts se présentent volontairement, et la seconde est déclarée inutile par l'article 307 du Code de procédure.

241. — Lorsqu'en cas de refus du défendeur d'acquiescer à la demande, le congément a été ordonné par le tribunal, ce tribunal peut à son gré, ou nommer les experts d'office faute aux parties d'en convenir, (arrêt du 14 janvier 1832), ou renvoyer devant le juge de paix pour cette nomination, comme cela se pratique souvent par application de l'art. 1035 du Code de procédure.

Quelques arrêts cependant paraissent, à première vue, exiger que les experts soient toujours nommés par le juge de paix.

D'abord, il a été jugé le 22 frimaire an XIII que dans le cas même où le congément est jugé par le tribunal de première instance ou par une Cour royale, les parties doivent être renvoyées devant le juge de paix de la situation de la tenue pour la nomination des experts et la réception de leur serment ; mais cet arrêt ne semble pas juger la question, car il est intervenu dans une affaire où la Cour n'avait pas nommé les trois experts ; il s'agissait alors de savoir par quel tribunal se ferait la nomination. Sur la demande de l'une des parties et sans opposition de la part de l'autre, la Cour renvoya devant le juge de paix.

Dans une autre affaire jugée le 7 juin 1833, (J., t. 9, p. 439), la Cour décida que le tribunal de première instance saisi après citation devant le juge de paix, ne pouvait ni juger le congément ni nommer les experts pour y parvenir ; mais cet arrêt est aussi peu concluant que le premier, parce qu'il est intervenu dans une espèce où le tribunal, appelé à prononcer seulement sur des exceptions, n'avait pas à juger le congément et par suite ne pouvait nommer des experts.

242. — Lorsque les parties ont été envoyées en justice de paix pour convenir d'experts ou en voir nommer d'office, on notifie en appelant ou avant d'appeler devant le juge de paix, le jugement ou l'arrêt qui a ordonné le congément.

243. — Mais est-il nécessaire de signifier, avant le prisage, la nomination et la prestation de serment des experts ? La négative a été jugée par arrêt du 10 ventôse an XI (J., t. 2, p. 168). Cependant, lorsque la nomination ou le serment ont eu lieu en l'absence du défendeur, il est nécessaire de les lui faire notifier. (Art. 28 et 315 du Code de procédure, et arrêt du 13 juillet 1813, tom. 5, pag. 118).

244. — Lorsque le congément est contesté, le tribunal de première instance ne juge jamais qu'en pre-

mier ressort. (Arrêt du 28 avril 1813, 3e ch. J., t. 5, p. 77). La jurisprudence est unanime sur ce point.

245. — Le jugement qui ordonne le congément ou le remboursement étant définitif, on peut en appeler sans attendre que l'on ait procédé au prisage. (C., p. 270). Bien plus : l'exécution provisoire de ce jugement peut être ordonnée, et même sans caution, lorsque la baillée est authentique, ou lorsqu'étant sous signature privée, la signature n'en est pas déniée ou méconnue. (Art. 135 du Code de procédure ; arrêt du 4 septembre 1807, Journ., tom. 2, pag. 5). Cela est, à plus forte raison, applicable au jugement qui ordonne l'expulsion ou le remboursement après le prisage, lorsque le premier jugement n'a pas été attaqué par appel. (Arrêt du 17 avril 1812, J., t. 4, p. 473).

246. — Le juge de paix désigné par le tribunal pour nommer des experts et recevoir leur serment doit, tandis qu'il n'est pas récusé, procéder à ces opérations, sans tenir compte des obstacles par lesquels on voudrait l'arrêter. Il doit seulement rapporter procès-verbal des dires et prétentions des parties. La récusation même d'un expert n'autoriserait pas à refuser de recevoir le serment, sauf à la partie qui aurait récusé à soumettre ses prétentions au tribunal. (C., p. 269).

Quoique Carré n'applique ces principes qu'au cas où le tribunal, en ordonnant le congément, a renvoyé les parties en justice de paix pour convenir d'experts ou en voir nommer d'office, il n'est pas douteux qu'ils ne soient également applicables au cas où, après que le congément a été jugé d'accord en justice de paix, il s'élève des difficultés sur la nomination des experts.

§ VII.

Des Bases de l'estimation.

247. — L'art. 19 de la loi du 6 août porte : « Tous
» les objets qui doivent entrer en estimation seront
» estimés suivant *leur vraie valeur à l'époque de*
» *l'estimation.* »

Dans l'ancienne jurisprudence, on posait aussi en
principe que les droits réparatoires devaient être prisés
à leur valeur à l'époque du congément. (B., N° 295).
Cependant, sous l'usement de Brouérec, on faisait à
ce principe une exception pour les arbres fruitiers, que
l'on estimait à la charretée, *comme si c'était simple*
bois de chauffage. (Gatechair).

Cette exception injuste a été proscrite par l'art. 19
ci-dessus, dont la disposition s'applique à tous les
droits réparatoires ; son texte est formel, et on lit d'ailleurs dans le rapport de M. Arnout sur la loi du 6 août :
« Nous vous proposons de proscrire l'usage injuste de
» ne payer les plantations utiles que sur le pied de
» la valeur du bois à brûler. » Nulle difficulté donc sur
ce point que tous les bois, sans exception, doivent être
prisés à leur vraie valeur à l'époque du congément.

248. — Mais, en matière de domaine congéable,
qu'entend-on par la vraie valeur des droits à rembourser?

Cela ne fait pas de difficulté pour les bois convenanciers qui s'estiment réellement d'après leur vraie
valeur, c'est-à-dire, d'après la plus value qu'ils donnent à la tenue.

249. — Mais il n'en est pas de même des édifices
et superfices, dont l'estimation se fait d'une manière
particulière. Prenons pour exemple une maison. Nous

supposons qu'il ait dû en coûter 1,000 fr. pour la bâtir, et que, cependant, elle n'augmente le revenu de la tenue que de trente fr. ; devra-t-on l'estimer 1,000 f., devra-t-on l'estimer 600 fr.? On devra l'évaluer à 1,000 fr. Il a toujours été de principe, en matière de domaine congéable, que « les droits superficiels s'estiment *par* » *le menu*, indépendamment du revenu qu'ils peuvent » produire, sans considération de leur utilité ou incom- » modité, sans déduction des charges. Le prisage a » pour unique objet le prix des matériaux et de leur » emploi. » (B., N° 293.)

Le Guével (pag. 90) s'exprime de la même manière ; et l'usage ancien et nouveau est conforme à l'opinion de ces deux auteurs.

Lorsqu'il s'agit d'estimer un édifice, par exemple, on examine quelle quantité de matériaux a été néces- saire pour le construire. On détermine d'après les localités ce que ces matériaux ont dû coûter, et pour avoir la valeur totale de l'édifice, on ajoute, à la valeur des matériaux, le prix présumé de la main-d'œuvre. On n'a point égard, dans cette estimation, à ce que l'édifice a réellement coûté, mais à ce qu'il est à pré- sumer qu'il a dû coûter. Si donc les experts jugent que la dépense n'a dû s'élever qu'à 1,000 fr., le colon prouverait inutilement qu'elle a été de 1,200 fr. ; et réciproquement, le propriétaire ne gagnerait rien à prouver qu'elle a été de moins de 1,000 f. (B., N° 295).

250. — Mais lorsque les édifices construits depuis longtemps ont perdu de leur valeur, on a égard à l'état où ils se trouvent, et l'on réduit sur le prix total une somme proportionnée à la diminution présumée de valeur occasionnée par la vétusté. C'est ainsi que l'on

fixe la vraie valeur des constructions à l'époque de l'estimation dont parle l'art. 19 de la loi du 6 août.

251. — Le propriétaire ne pourrait pas s'opposer à ce qu'on fît entrer dans le prisage la valeur de la pierre, du sable et des bois fonciers, qu'il aurait permis de prendre sur la tenue pour les constructions. Il serait présumé, jusqu'à la preuve du contraire, avoir fait don de ces matériaux, qui devraient ainsi entrer dans l'estimation. « Il n'y a, dit Baudouin, » qu'une stipulation expresse dans le bail qui puisse, » en ce cas, priver le superficiaire de la reprise de ces » objets (N° 295). »

§ VIII

De l'Opération des experts et du Cahier de prisage.

252. — Au jour et à l'heure qui ont été fixés lors de la prestation de serment, les experts et les parties se rendent au lieu convenu, qui est ordinairement la principale maison de la tenue. Les experts ouvrent leur procès-verbal, se font remettre les titres, et commencent leur opération sur la montrée des domaniers. Si ceux-ci refusaient de faire la montrée, elle serait faite par le congédiant. Lorsque les édifices sont fermés, et que le colon en refuse l'entrée, on obtient sur référé une ordonnance qui autorise à faire ouvrir les portes (Arrêt du 12 germinal an XI, Table, *Dom.*, *c.*, N° 430).

253. — On commence l'expertise par la description des édifices et de leurs accessoires, comme murs, puits, fours, jardins, etc. On passe ensuite aux terres labourables et aux prairies.

254. — La description doit se faire dans le plus grand détail. Il est d'usage de faire connaître la forme, les dimensions et les matériaux des murs, des toits, des cloisons, des pavés, des terrasses, des planchers, des doubles, des poutres, des portes, des fenêtres et autres ouvertures, des foyers, des cheminées, des escaliers, dont on compte les degrés, des puits, dès lavoirs, des routoirs, etc.; quant aux jardins, terres labourables et prairies, on indique la contenance de chaque objet, on fait connaître les dimensions, les matériaux et la façon des clôtures, le nombre et l'essence des bois convenanciers, la qualité, l'âge et l'espèce des émondes des bois fonciers, l'espèce de la récolte actuelle, en cas de culture et, en cas de jachères, l'espèce de la dernière récolte.

255. — Il est extrêmement important de ne rien omettre dans la description de ce qui doit être estimé, parce que l'on pourrait, en certains cas, argumenter de ce qu'un objet n'est pas indiqué au cahier, pour soutenir qu'il n'a pas été prisé. Afin que rien ne leur échappe, les experts se partagent ordinairement le travail. L'un d'eux se charge de mesurer et de détailler les objets, tandis qu'un autre prend note sous sa dictée de ce détail et de ce mesurage. Pendant ce temps, le troisième veille à ce qu'on n'oublie rien. Ce n'est qu'après avoir pris ainsi une note ou bordereau exact que les experts s'occupent sur les lieux mêmes de l'évaluation.

256. — L'expert du congédié émet ordinairement son opinion le premier sur le prisage à donner aux objets; l'expert du congédiant fait ses observations, et donne aussi son évaluation. On s'explique et le

tiers prononce en cas de dissentiment. Il adopte l'une des estimations, ou il amène ses confrères à un terme moyen.

257. — On se borne, pour l'instant, à poser les bases du calcul que l'on remet à un autre moment. S'il s'agit d'une maison, par exemple, on se contente de noter sur les bordereaux que le mètre carré de maçonnerie, de couverture, etc., est évalué à telle somme.

258. — Les experts rédigent sur les lieux le commencement de leur procès-verbal; ils y indiquent le nombre des vacations qu'ils ont employées à prendre la description et le mesurage, et à faire l'estimation; puis ils fixent le lieu, le jour et l'heure où ils procèderont aux calculs et à la rédaction de la description et de l'estimation. Ce jour arrivé, chacun des experts fait séparément ses calculs. Il multiplie, par exemple, le mètre de maçonnerie, de couverture, etc., par la somme à laquelle chaque mètre a été évalué, et il fait un total de l'estimation de tous les objets. On vérifie les calculs en comparant les résultats, et l'on rectifie les erreurs lorsqu'il en est échappé.

259. — L'estimation est toujours bien moins détaillée que la description. On se borne ordinairement à indiquer l'évaluation de chacun des objets dont se compose la tenue, c'est-à-dire de chaque édifice, de chaque pièce de terre.

A ne consulter que les principes et l'intérêt des parties, il semble que l'estimation devrait être à peu près aussi détaillée que la description, et il y aurait, à exiger cela des experts, le double avantage de s'assurer que l'estimation a réellement été faite en détail, et de mettre les parties à même de vérifier si les experts ont estimé tous les objets qu'ils ont décrits, s'ils ont donné une estimation juste à chacun, et s'il ne leur est pas échappé quelque erreur dans les calculs.

Il est à présumer que la crainte de prolonger des expertises, déjà très-dispendieuses, a seule empêché d'exiger que l'estimation fût consignée en détail dans le procès-verbal. Ce motif est très-louable ; mais il faut considérer d'un côté que, comme l'estimation est toujours censée faite en détail, l'obligation de la donner aussi en détail n'allongerait que la rédaction du procès-verbal ; d'un autre côté, que, comme les procès-verbaux contiennent toujours une description très-minutieuse, on ne les allongerait pas sensiblement en y donnant plus de détails sur l'estimation. Un cahier de prisage serait-il beaucoup plus long, parce qu'on aurait ajouté à la description d'un édifice que l'on a estimé à telle somme le mètre carré de maçonnerie, à telle somme le mètre de couverture, etc. ? et à la description d'une pièce de terre, que l'on a estimé le mètre de fossé ou de talus à telle somme, telle et telle espèce de bois convenanciers à telle somme, les améliorations de défrichement et de culture du mètre carré de terrain à telle somme, etc. ?

Ces détails donneraient aux parties et aux juges les moyens de vérifier l'opération des experts, qui se croiraient ainsi obligés d'y apporter plus d'attention.

260. — Quoi qu'il en soit, un arrêt du 16 juillet 1812 a jugé que les souches des bois taillis appartenant de droit au domanier, les souches et renaissances avaient pu, dans un procès-verbal des droits du do-

manier, être estimées cumulativement sous le nom générique de bois de droit. (Journ., tom. 4, p. 578).

Un autre arrêt du 2 avril 1838 (J., t. 12, p. 429) a jugé que les experts ne peuvent se borner à une évaluation non détaillée des fumiers en terre en fixant leur valeur à tant par hectare; mais qu'ils doivent déterminer leur valeur réelle suivant la culture et le temps où chaque champ a été fumé. Rien de plus juste, sans doute; mais il ne faudrait pas en conclure que les experts sont tenus de consigner au cahier les bases détaillées de leur estimation.

261. — Lorsque l'expert du congédiant et celui du congédié ne se sont pas accordés sur l'estimation, on déclare dans le cahier qu'il y a dissentiment, et l'on indique sans les nommer l'opinion de chacun. On sent qu'il n'y aurait pas lieu à faire mention de ce dissentiment s'il provenait du tiers expert, parce que celui-ci, qui n'est que départiteur, n'a point d'avis à émettre, lorsque ses deux confrères se trouvent d'accord.

262. — On mentionne dans le procès-verbal et on fait signer par les parties toutes les déclarations ou réquisitions que celles-ci ont faites dans le cours de l'opération.

263. — Il importe extrêmement au congédié d'assister à l'expertise. Il existe une foule d'objets relativement auxquels il peut y avoir du doute sur le point de savoir s'ils sont ou ne sont pas remboursables. Lorsque les experts rencontrent ces objets, ils doivent bien les estimer, en faisant connaître leur opinion sur leur nature remboursable ou non remboursable; mais quand ils ne s'y portent pas d'eux-mêmes, le congédié doit les requérir de le faire; s'il y manquait, on pourrait

peut-être, par la suite, argumenter du silence qu'il aurait gardé pour décider que les objets omis ne devaient pas être prisés. On sent, du reste, que le défaut de réquisition fournirait un argument plus fort contre le colon qui aurait assisté à l'expertise, que contre celui qui ne s'y serait pas présenté.

264. — Lorsque, durant le cours du prisage, il s'élève des difficultés entre les parties sur le point de savoir s'il y a lieu à indemnité pour dégradations du colon, si tel objet doit entrer en prisage ou bien s'il est une innovation, les experts ne sont pas compétents pour décider ces questions; mais ils doivent mettre la justice à même de prononcer, en donnant aux parties tous les apurements qu'elles demandent. Ils doivent surtout estimer provisoirement les objets dont le remboursement est contesté, et qu'on nomme pour cette raison *objets débatifs*. Ils indiquent que ces objets ont été le sujet d'une réclamation de la part du congédiant.

265. — Il est à propos que celui-ci déclare aux experts qu'il s'oppose à l'estimation des divers objets qu'il considère comme non remboursables ; mais s'il négligeait cette précaution, il ne serait pas pour cela déchu du droit de réclamer; il lui suffirait de faire ses réserves, soit dans le procès-verbal d'offres, soit dans la quittance que lui consentirait le colon.

266. — Le procès-verbal est écrit par l'un des experts et signé par tous; s'ils ne savent pas tous écrire, il est écrit et signé par le greffier de la justice de paix du lieu où ils ont procédé. (Art. 317 du Code de procédure).

La minute du rapport est déposée au greffe du tribunal qui a ordonné l'expertise. Les vacations des experts sont taxées au bas de cette minute par le juge de paix ou par le président du tribunal, et il en est au besoin délivré exécutoire contre la partie poursuivante. (Art. 319).

Il a été jugé par la Cour de cassation, le 8 avril 1845, que le consentement des parties n'autorisait pas à effectuer le dépôt du cahier dans l'étude d'un notaire de leur choix, et que le notaire qui recevait ce dépôt était passible de peines disciplinaires.

Mais lorsqu'à défaut de consentement en justice de paix, le congément a été jugé par un tribunal de première instance qui a nommé les experts et les a renvoyés prêter serment devant le juge de paix, le procès-verbal de prisage doit-il être déposé au greffe du tribunal ou à celui de la justice de paix ?

Il n'est pas douteux pour nous que le dépôt doit être fait au greffe de la justice de paix et nous croyons que c'est ce qui se pratique toujours. Le système contraire aurait pour résultat d'augmenter prodigieusement les frais et puis le juge de paix est le juge naturel des congéments : si le refus du défendeur fait porter la demande devant le tribunal, ce n'est qu'un incident après lequel l'affaire revient devant la juridiction ordinaire qui reçoit le serment des experts.

Que si la question pouvait souffrir difficulté, ce serait pour les tribunaux un motif de s'abstenir de désigner les experts et de renvoyer en justice de paix pour les nommer.

267. — Il est d'usage d'appliquer aux experts qui ont procédé à un congément les art. 159, 160, 161 et 162 du tarif. En conséquence, on alloue à chaque

expert, considéré comme architecte ou artiste, 6 fr. par vacation de trois heures ; et, lorsqu'il y a déplacement de plus de trois myriamètres, 4 fr. 50 par myriamètre, tant pour aller que pour retour, pour frais de voyage et de nourriture.

Dans l'usage, on ne réduit pas à 3 fr. les vacations des experts qui ne sont ni architectes ni artistes ; la loi est cependant formelle ; mais des notaires, des greffiers, des propriétaires (c'est parmi eux que l'on choisit ordinairement les experts) ne peuvent guère aussi être assimilés aux laboureurs et aux artisans, auxquels le tarif n'accorde que 3 fr. par vacation.

Le tarif présente une difficulté plus sérieuse sur les vacations des experts en matière de congément. L'art. 25 a une disposition particulière sur la taxe des experts en justice de paix. Si elle leur était applicable, ceux qui n'ont pas de profession ne devraient avoir que 2 fr. par jour, et ceux qui ont une profession, une indemnité égale à une journée de travail de leur état, sauf le cas où le juge considérerait qu'ils ont été obligés de se faire remplacer. Quant aux frais de voyage, il ne leur en serait dû qu'autant qu'ils opéreraient à deux myriamètres et demi de leur domicile ; et alors il leur serait alloué autant de fois une somme double de journée de travail qu'il y aurait de fois cinq myriamètres de distance entre leur domicile et le lieu où ils se seraient transportés.

Mais l'usage constant est de traiter les experts qui procèdent à un congément, quoique nommés par le juge de paix, comme ceux qui sont commis par un tribunal de première instance ; et si cette fixation leur est avantageuse, on doit convenir aussi qu'il y aurait des inconvénients à leur appliquer la disposition de l'art. 25 du tarif. Un homme capable de bien faire une estimation et de bien rédiger un procès-verbal difficile ne voudrait pas y vaquer pour 2 fr. par jour.

268. — Pour ce qui concerne les objets qui doivent être compris dans l'estimation, voyez les paragraphes 1 et 3 du chapitre 2e de la 3e partie.

§ IX

Du congément qui se fait sans prisage pour une somme convenue d'avance.

269. — Il arrive quelquefois que le propriétaire et le colon, traitant à l'avance sur le congément, conviennent que le domanier recevra pour valeur de tous ses droits une somme fixe qu'ils déterminent. Cette convention, qui n'a rien de contraire à l'ordre public et aux bonnes mœurs, est évidemment valable.

Carré est de cette opinion, car, en exposant les motifs d'un arrêt que nous rapportons ci-après, il fait remarquer que des tiers qui avaient acquis d'un colon, pendant la suppression du domaine congéable, n'avaient opposé leur contrat au foncier que tardivement, « et parce que, d'après la communication qui leur » avait été faite d'une ancienne baillée, ils avaient » appris que les propriétaires fonciers pouvaient les » rembourser de leurs droits réparatoires, moyennant » le paiement d'une modique somme de 150 francs. » (Page 422). »

270. — La Cour d'appel a jugé dans le même sens, le 16 septembre 1815, en décidant que, dans l'espèce qui lui était soumise, la faculté réservée au proprié-

taire de congédier le colon, moyennant une somme déterminée, était un droit personnel à lui et à *ses enfants*, et non transmissible à sa veuve et à des héritiers collatéraux. « Considérant, porte l'arrêt, que la
» clause de la baillée du 12 février 1787, par laquelle
» le propriétaire a stipulé le droit de congédier à
» l'expiration de cette baillée, moyennant une somme
» fixe de 720 fr. tournois, constitue un droit person-
» nel à lui et à ses enfants, non transmissible à sa
» veuve ni à ses héritiers collatéraux ; que cette divi-
» sion des droits en droits personnels et non trans-
» missibles et en droits transmissibles aux héritiers,
» a été constamment reconnue et observée en France ;
» que telle est la nature du droit personnel, que l'ac-
» tion exercée par la personne même à qui le droit
» appartient ne le fait pas vivre au-delà de l'existence
» de cette personne ; c'est ce qui résulte bien élaire-
» ment de l'art. 1122 du Code civil. » (Journ., t. 5,
page 454).

Il est évident que cet arrêt, dont le Journal de la Cour n'indique point l'espèce, a été rendu dans un cas où la condition de congédier pour une somme fixe n'avait été stipulée qu'au profit du propriétaire et de ses enfants ; autrement, il ne serait pas d'accord avec la disposition de l'art. 1122 du Code civil. Il paraît que la seule question à juger était celle de savoir si la demande en congément, que ce propriétaire avait lui-même formée, avait transmis à sa veuve et à ses héritiers collatéraux le droit de réclamer après son décès le bénéfice de la convention.

271. — Lorsque la somme à rembourser au colon est ainsi déterminée d'avance, il n'y a point lieu de

procéder à une estimation ; il suffit d'assigner en justice de paix pour voir ordonner le congément, et de faire ensuite des offres dans la forme ordinaire.

272.— Quelquefois aussi, en donnant un immeuble à domaine congéable, le bailleur stipule qu'en cas de congément ou de vente sur simples bannies, le colon ne pourra exiger que la valeur des améliorations qu'il aura faites depuis le bail à convenant.

Cette convention est encore valable ; mais, comme l'observe Baudouin, elle donne lieu à des procès interminables, par la difficulté de constater la consistance et la valeur des droits réparatoires à l'époque de l'acconvenancement.

273. — Il n'est pas sans exemple qu'en acconvenançant un héritage, le propriétaire se réserve sur les droits, en nature de *souche*, une somme qu'il détermine. Cette convention ne donne lieu à aucune difficulté. L'estimation se fait comme à l'ordinaire, et le propriétaire retient sur le prix des droits la somme qu'il s'est réservée.

Lorsqu'une tenue a été concédée à domaine congéable sous cette condition, les colons, dans leurs partages et dans leurs contrats de vente, doivent exprimer et rabattre sur le prix la somme appartenant au foncier. (B., N° 490).

§ X

Du Paiement, des Offres et de la Consignation.

274. — Le colon ne peut être obligé de quitter la tenue qu'après avoir été remboursé du montant de l'estimation de ses droits et des frais qui pourraient lui être dus.

A l'occasion de ce principe bien certain, une question importante se présente : quels sont les droits et les obligations du congédiant et du congédié, en ce qui concerne les offres et la consignation, lorsque le propriétaire a fait comprendre dans le prisage des objets que le colon prétend ne pas faire partie de la tenue ?

Suivant nous, rien de plus simple.

Le propriétaire doit offrir le prix de tout ce qu'il entend congédier. De son côté, le colon doit répondre qu'il consent à recevoir le prix de tels objets, mais qu'il refuse le remboursement de tels autres qui lui appartiennent fonds et droits. Dans cet état, il arrive de deux choses l'une : ou le propriétaire consent à diviser ses offres et alors il n'entre en jouissance que de ce qu'il paie, ses droits saufs pour le surplus ; ou bien, comme il en a le droit, il persiste à offrir le prix de tout ce qu'il croit dépendre de sa tenue et alors il consigne le montant du prisage. Si, plus tard, il est jugé que la prétention n'est pas fondée, le congément se trouve nul pour le tout, faute d'avoir été consommé par le paiement. Si, au contraire, il est reconnu que le colon a voulu retenir quelques objets dépendant de la tenue, il est condamné à payer des dommages et intérêts pour avoir mis obstacle à l'entrée en possession de tout le convenant.

Le tribunal de Saint-Brieuc s'est prononcé dans ce sens par un jugement de 1833, entre M. de Catuélan et le sieur Thoraval.

La Cour a jugé autrement dans deux circonstances où la question se présentait.

Un propriétaire avait fait estimer débativement des

objets qu'il prétendait dépendre de sa tenue, et que le colon soutenait ne pas en faire partie. Le prix de ces objets fût consigné avec le surplus de l'estimation. Le colon ayant prétendu que la consignation était nulle, il fut jugé par le tribunal de Lannion, le 27 novembre 1833, que le moyen n'était pas fondé, « parce que les » colons congédiés ont toujours la faculté de deman- » der la revue, s'ils pensent que leurs intérêts ont été » lésés et qu'ils peuvent ainsi réclamer les objets non » remboursables s'ils y ont droit. » La Cour confirma la décision le 26 mai 1834 et adopta les motifs des premiers juges.

Dans notre opinion, cette décision est mal motivée.

Un colon ne saurait être dépossédé sans jugement d'objets dont il se prétend propriétaire exclusif. Dire qu'il a le droit d'obtenir justice en demandant une revue, ce n'est pas résoudre la difficulté, car 1° la de- mande en revue n'empêche pas l'entrée en jouissance du congédiant ; 2° la revue ne peut porter que sur l'exactitude de l'évaluation des droits ; 3° enfin, la revue étant toujours aux frais de celui qui la provoque, il serait injuste de soumettre à la nécessité d'y recourir un domanier qui aurait été évincé sans droit de sa propriété.

Voici un second arrêt du 4 juillet 1835 qui ne nous semble guère moins contraire aux principes.

« Considérant que lors de l'estimation des droits » superficiels et réparatoires du convenant Laouénan, » Le Doare, colon, s'opposa à ce que les experts » estimassent ceux de quelques pièces de terre que le » demandeur prétendait faire partie de ce convenant, » et que, malgré cette opposition, les experts em-

» ployèrent dans leur cahier de prisage ; que ces
» prétentions opposées soulevèrent une question de
» propriété, qui rendit incertain le point de savoir si
» ces objets faisaient partie ou non du convenant, et
» fit qu'une partie du montant de l'estimation des
» droits constatés fut dès lors incertaine et non liqui-
» dée ; que c'était évidemment au congédiant, qui
» voulait se mettre en possession des objets contestés,
» à poursuivre la solution de cette question ; solution
» avant laquelle il ne pouvait contraindre le colon à
» recevoir la partie du prix d'estimation qui repré-
» sentait les droits réparatoires litigieux, puisque
» celui-ci, en les recevant, aurait nécessairement
» acquiescé aux prétentions de son adversaire ;

» Considérant qu'il est constaté au procès que les
» offres faites au domicile du coton et hors sa pré-
» sence, le 24 septembre dernier, par Guénégon,
» huissier, étaient du montant entier de l'estimation
» des experts ; que le 26 septembre dernier, le colon
» présent à la consignation dit à l'huissier qu'il con-
» sentait à recevoir le montant de l'estimation de tous
» et chacun des articles du cahier de prisage, qui
» étaient reconnus de toutes les parties comme dé-
» pendant du convenant Laouénan, et s'opposa à ce
» qu'il fût consigné ; que l'huissier n'en consigna pas
» moins toute la somme offerte ;

» Considérant que le congédiant n'avait aucun motif
» de ne pas obtempérer à la demande du domanier,
» et qu'il était même dans son intérêt bien entendu
» d'y déférer, puisqu'en le faisant il assurait l'effica-
» cité du congément en ce qui concernait ces objets,
» quelle qu'eût été la décision sur la garantie soulevée,

» Considérant que les offres suivies de consignation
» ne libèrent le débiteur qu'autant que le créancier,
» sans motif légitime, a refusé de les recevoir ;

» Considérant qu'aux termes de l'art. 2 de la loi du
» 6 août 1791, le domanier ne peut être expulsé que
» préalablement il n'ait été remboursé ; qu'aux termes
» de l'art. 22 de la même loi, le congément ne peut
» être effectué à une autre époque qu'à celle de la
» Saint-Michel. »

Une chose qu'il convient d'abord de remarquer, c'est
que ce dernier arrêt juge dans un sens diamétralement
opposé au premier : il annule le congément que l'autre
valide dans un cas identique.

Le colon, dit-il, aurait acquiescé aux prétentions de
son adversaire en recevant toute la somme offerte !
Non, s'il n'avait reçu que sauf réserves ; mais il avait
incontestablement le droit de refuser : seulement, il
devait subir les conséquences de son refus, si ce refus
se trouvait plus tard être mal fondé.

Le propriétaire, dit-il encore, aurait pu diviser ses
offres ! Sans doute, mais il n'y était pas obligé : l'article 1244 du Code civil l'autorisait à refuser de recevoir sa tenue par parties ; en effet, la remise de la
tenue constitue aussi bien un paiement que le remboursement des droits, qui doit être intégral.

275. — Mais le congédiant est-il obligé de payer
provisoirement, et avec réserve de réclamer, la valeur
des objets prisés débativement? Cette question est
très-importante, car, si le colon est insolvable, le propriétaire qui lui a fait un paiement intégral ne conserve
contre lui qu'un recours illusoire. « Je pense, dit à
» ce sujet Baudouin, et c'est le sentiment commun,

» que s'il s'élève des difficultés sur quelque objet qui
» soit argué d'innovation par le congédiant, et sou-
» tenu superfice remboursable par le congédié, ce-
» lui-ci peut en exiger le remboursement provisoire
» avant son expulsion. Nulle difficulté par rapport à
» l'édifice qui existe depuis plus d'un an, parce que
» la possession annale assure la provision au posses-
» seur; mais cette faveur ne saurait être refusée même
» pour les articles contentieux indifféremment, surtout
» quand le congédié offre d'en cautionner la percep-
» tion. Il suffit qu'en général les convenanciers ne
» puissent être congédiés qu'après le remboursement
» préalable de leurs améliorations, et que le seigneur
» n'ait pas encore fait décider que telle amélioration
» est illicite, pour qu'il n'ait pas le droit de jouir en
» même temps de la chose et du prix. »

Nous ne connaissons point d'autre décision sur
cette question; mais nous croyons voir, dans le passage que nous venons de citer, un moyen fort simple
de concilier la sécurité du propriétaire avec la nécessité d'un remboursement intégral. Il consisterait à
donner au congédiant le droit d'exiger une caution
pour la valeur des objets estimés débativement, et,
dans le cas où cette caution ne serait pas fournie, de
l'autoriser à consigner le montant des droits contestés:
à ce moyen, le congédiant ne courrait aucun risque,
le remboursement serait intégral, et les frais de la
consignation retomberaient sur la partie qui aurait
élevé des prétentions injustes. Cette opinion, qui se
rapproche beaucoup de celle de Baudouin, ne nous
paraît pas en opposition avec l'esprit de la loi. Nous
croyons même que Baudouin se fût exprimé d'une

manière plus formelle sur le droit d'exiger une caution, s'il avait écrit sous l'empire de la loi du 6 août, qui prescrit d'effectuer le remboursement avant la Saint-Michel. Comme il n'y avait pas autrefois d'époque fixe pour terminer le congément, il dépendait toujours du congédiant de faire prononcer sur les objets débatifs avant d'en opérer le remboursement, et c'était un moyen sûr de n'avoir pas à redouter l'insolvabilité des colons.

276. — Lorsque le congédiant rembourse la totalité du prisage, sans distraction des objets contestés, il doit faire consigner ses réserves dans le procès-verbal d'offres ou dans la quittance : en négligeant cette précaution, il se rendrait sans doute non recevable à réclamer ultérieurement, à moins qu'il n'y eût fraude ou dol de la part du domanier. D'après l'art. 17 de la loi du 6 août, c'est devant le tribunal que la demande en restitution doit être portée.

277. — On peut demander si le congédiant qui réclame la valeur des objets estimés débativement, est fondé à diriger son action par voie solidaire contre tous les codomaniers, ou s'il doit se borner à réclamer la part de chacun dans le prix des objets en litige. Il est certain, d'un côté, que le propriétaire a une action solidaire contre les codomaniers pour toutes les actions qu'il intente au sujet de ses droits fonciers (C., p. 63), et c'est bien en sa qualité de propriétaire foncier qu'il demande la restitution des objets estimés débativement. Mais il faut convenir, d'un autre côté, que, dans la plupart des cas, la solidarité mettrait les colons solvables dans un grand embarras; après la distribution du prix des droits, il ne leur demeurerait

qu'un recours illusoire contre leurs consorts, à moins qu'ils ne fussent autorisés à demeurer saisis de la part revenant à ceux-ci, jusqu'à ce que la contestation fût vidée. C'est là, suivant nous, une nouvelle raison d'adopter l'opinion que nous venons d'émettre. Il est cependant un cas où la solidarité de l'action en restitution du propriétaire ne souffrirait pas de difficulté : c'est lorsque le remboursement est fait à un seul des codomaniers ; mais alors, pour se soustraire à la responsabilité, le colon à qui on ferait les offres pourrait, en recevant la valeur des droits non contestés, déclarer qu'il exige que le prix des objets débatifs soit consigné.

278.— Le foncier peut retenir, par compensation, sur le prix des droits, les sommes liquides qui lui sont dues par le colon. (Art. 1289 et suivants, C. civil.) Baudouin (N° 200) semble ne lui accorder ce droit que pour les arrérages de la rente convenancière ; cependant il y a même raison pour toutes les sommes liquides qui lui sont dues à d'autres titres, bien qu'en cas d'opposition entre ses mains, il n'ait de privilége, sur le montant du prisage, que pour les arrérages de la rente et les droits résultant de sa qualité de foncier.

279. — Lorsque le domanier consent à recevoir, on le paie et l'on prend quittance de lui ; mais il arrive souvent que son refus oblige à notifier le cahier, à faire des offres réelles et quelquefois même à consigner.

Il est alors d'usage d'indiquer dans la notification du prisage le jour et l'heure auxquels on se présentera au domicile du colon pour y faire des offres réelles ; cependant cette indication n'est nullement nécessaire.

280. — Dans certains lieux, on assigne le colon devant un notaire ou devant le juge de paix pour y recevoir le montant de l'estimation ; mais quand le colon ne se présente pas, il faut, à peine de nullité, que les offres soient réalisées par répétition à sa personne ou à son domicile, par le ministère d'un huissier. (Art. 1258 du Code civil ; arrêt du 10 ventôse an XI, Jurisprudence, page 12).

Quand le colon qui accepte les offres déclare qu'il ne sait ou ne peut signer, l'huissier a-t-il qualité pour constater l'acceptation, ou faut-il, dans ce cas, que la quittance soit rapportée par un notaire ?

En raisonnant par analogie, on devrait, ce semble, décider que l'attestation de l'huissier ne suffit pas pour faire preuve de l'acceptation. En effet, les notaires sont placés bien plus haut que les huissiers dans la hiérarchie des officiers publics, et cependant leurs actes ne font foi que quand ils sont rapportés par deux notaires, ou par un notaire assisté de deux témoins ; mais, en combinant les art. 1317, 1318 du Code civil et 843 du Code de procédure, on ne peut guère douter que le procès-verbal ne soit suffisant pour constater que le colon a reçu.

281. — Les offres et le remboursement se font valablement à un seul des consorts. (Arrêt du 2 prairial an XII, Journ., tom. 1, page 691).

Mais le colon qui a reçu pour ses codomaniers est-il tenu de leur remettre leurs parts sans obtenir d'eux une garantie pour la restitution à effectuer dans le cas où des objets, qui n'ont été prisés à leur profit que débativement, viendraient par la suite à être déclarés non remboursables ?

La négative nous semble évidente, car autrement le colon qui a reçu et qui est tenu solidairement de la restitution, se verrait gravement compromis si les cointéressés se trouvaient insolvables. C'est aussi l'opinion de l'auteur de la Table des Arrêts, *Domaine cong.*, N° 260.

Nous pensons qu'il en devrait être de même pour la restitution qu'une demande en revue du foncier pourrait rendre nécessaire, s'il était décidé que ce dernier a une action solidaire pour répéter le trop payé. *(Infrà)*, N° 333).

282. — Lorsque le colon persiste dans son refus de recevoir, il faut consigner.

La Cour d'appel a jugé plusieurs fois qu'un congément est nul faute d'une consignation régulière, et quoique des offres valables aient été faites au colon qui a refusé sans motif de les accepter. (Arrêts des 10 ventôse an XI, Journ., t. 2, page 168, 19 juillet 1814, Journ., t. 5, page 284).

283. — Pour qu'une consignation soit valable et suffisante, ce n'est pas toujours assez qu'elle soit de la totalité de la somme due. Si l'on avait offert plus qu'il n'était dû, il faudrait consigner tout ce qui a été offert. (Arrêt du 28 avril 1813, Journal, tome 5, page 77).

Un procès-verbal d'offres constatait que l'on avait offert une somme de 2,884 fr. 70, montant du prisage. Le procès-verbal de consignation annonçait l'intention de déposer la même somme, mais on avait été conduit par une erreur de calcul à consigner 2,989 fr. 70. Le tribunal de Lannion jugea, le 27 novembre 1833, que la consignation n'en était pas moins valable et sa décision fut confirmée par arrêt du 26 mai 1834.

Cette décision nous paraît parfaitement juste, mais nous ne saurions en dire autant de la précédente.

284. — Le congément n'étant parfait que par la consignation, il faut qu'elle soit effectuée au plus tard le 29 septembre. (Arrêt du 10 ventôse an XI.)

Bien plus : ce jour et celui du lendemain passés, on ne signifierait pas valablement le procès-verbal de dépôt et la sommation de retirer la chose consignée. Cette notification est la consommation de la consignation ; c'est elle qui lui donne une existence légale par rapport au colon. Un arrêt du 16 floréal an X (Journ., t. 1, p. 713) a annulé un congément, parce que le procès-verbal de consignation n'avait été signifié que dix jours après la Saint-Michel. « La con- » signation, dit l'arrêt, est un mode de libération qui » tient lieu du paiement qui devait être fait directe- » ment au créancier : celui-ci doit donc être instruit » qu'elle a été effectuée dans le même délai où le » paiement direct devait l'être, afin de pouvoir aus- » sitôt disposer de la somme consignée, comme et » quand il aurait pu le faire, si elle lui avait été comp- » tée. Enfin, la notification de la quittance faisant » seule la preuve que le créancier est désintéressé » vis-à-vis de son débiteur, dès qu'elle est trop tar- » dive, le premier est fondé à soutenir que l'autre ne » s'est pas libéré quand il devait le faire, comme il » l'aurait été à refuser le remboursement après l'ex- » piration du délai.

» Suivant l'art. 22 de la loi du 6 août 1791, rela- » tive aux domaines congéables, le congément ne

» peut être exécuté au plus tard qu'à l'époque du
» 29 septembre (vieux style), pour avoir lieu à l'é-
» chéance de l'année où il est provoqué; ce terme est
» de rigueur. L'art. 21 de la même loi porte que le
» domanier ne pourra être expulsé que préalablement
» il n'ait été remboursé. Conséquemment, la preuve
» de la libération, comme le paiement direct, doit être
» faite au terme fixé.

» Si, en matière de retrait lignager, pour lequel
» le remboursement devait être effectué dans un délai
» fatal, la notification de la quittance de consignation
» pouvait, suivant nos anciennes maximes coutu-
» mières, être différée au lendemain de l'échéance,
» en assimilant sous ce rapport l'exercice d'un con-
» gément, le foncier doit au moins notifier au colon
» l'acte qui prouve qu'il a consigné le lendemain du
» jour qu'il l'a fait, lorsqu'il ne consigne que le der-
» nier jour du délai. »

C'est sur cette autorité que nous nous fondons
pour dire que la sommation de retirer la somme consignée peut encore être faite utilement le 30 septembre, jour avant lequel d'ailleurs le colon ne saurait
être obligé de déguerpir.

Nous devons cependant faire remarquer qu'un
arrêt du 3 juillet 1821 (Journ., t. 7, p. 213) semble
peu favorable à cette opinion.

« Considérant, y est-il dit, que les art. 21 et 22 de
» la loi citée exigent impérativement que le congément
» ne puisse être exercé à d'autre époque de l'année
» qu'à celle de la Saint-Michel, 29 septembre, et que
» le domanier ne puisse être expulsé que préalable-
» ment il n'ait été remboursé; qu'il en résulte que si

» le domanier n'est pas remboursé à l'époque précise
» de la Saint-Michel, son expulsion ne peut plus avoir
» lieu, et il doit être maintenu en jouissance ;

» Considérant que l'art. 1259 du Code civil exige,
» pour la validité de la consignation, qu'en cas de non
» comparution de la part du créancier, le procès-verbal
» du dépôt lui ait été notifié avec sommation de retirer
» la chose déposée ;

» Considérant que les appelants n'ont point com-
» paru au procès-verbal de consignation ; qu'ils n'ont
» été instruits que le 3 octobre, par la signification du
» procès-verbal de l'huissier et de la quittance du re-
» ceveur, que la somme de 649 fr. 60, montant du
» prisage, était déposée à la caisse des consignations ;
» que ce n'est qu'à compter du 3 octobre que le rem-
» boursement a été véritablement effectué ; mais qu'a-
» lors le délai fatal de la St-Michel, dans lequel les
» appelants devaient être remboursés, conformément
» à la loi, était expiré ; qu'ainsi le congément n'a pu
» avoir lieu, les appelants n'ont pu être valablement
» dépossédés, et le jugement qui a déclaré la consi-
» gnation valide et les intimés entièrement libérés est
» mal rendu. »

Nous croyons toutefois que la décision eût été différente si, au lieu d'être faite le 3 octobre, la sommation
avait été notifiée le 30 septembre.

285. — Bien que la loi ne dise pas quel délai il faut
donner dans l'assignation pour comparaître au bureau
des consignations, on sent qu'il faut absolument qu'il
y ait un temps suffisant pour que le colon puisse se
présenter. Il semblerait raisonnable d'accorder un
délai d'un jour franc entre l'assignation et le jour fixé

pour comparaître, plus un jour par trois myriamètres. (Art. 1037, Code de procédure).

Toutefois, le tribunal de St-Brieuc, par jugement du 2 janvier 1832, a déclaré valable une assignation notifiée le 28 septembre à six heures du matin, pour assister à la consignation le même jour à deux heures de l'après-midi ; il y avait trois myriamètres de distance. La Cour d'appel a aussi jugé, le 26 mai 1834, qu'il n'y avait pas nécessité de donner un délai de vingt-quatre heures.

286. — La nullité de la consignation ne se couvre pas par la procédure volontaire, comme la nullité d'exploit. (Arrêt du 28 avril 1813, Journ., t. 5, p. 77). Elle se couvre par l'acquiescement donné au congément.

287. — Du reste, les dispositions du Code civil et du Code de procédure, sur les offres réelles et la consignation, sont en tout applicables aux offres réelles et à la consignation en matière de congément.

288. — Le jugement sur la régularité ou la validité des offres n'est jamais qu'en premier ressort. (Arrêt du 3 juillet 1821, (Journ., tom. 7, pag. 213).

289. — Une question intéressante est celle de savoir si, lorsque le congément n'est pas consommé à la Saint-Michel par le remboursement des droits, la demande peut servir utilement pour la St-Michel d'une autre année. Cette question doit se résoudre par une distinction.

Si c'est par le fait ou par la négligence du congédiant que le prisage et le remboursement n'ont pas été effectués avant la St-Michel, tous les frais faits deviennent inutiles ; une nouvelle demande pour l'année suivante est indispensable. C'est ce qu'a jugé un arrêt du 16 septembre 1815. (Journ., tom. 5, pag. 455).

Si, au contraire, ce sont des contestations élevées par le colon, soit sur le fond du droit, soit sur la durée d'une assurance ou d'une période de tacite réconduction, qui ont empêché le propriétaire de terminer son remboursement, le congément doit être ordonné pour l'année suivante. Carré (pag. 294) cite un arrêt du 26 frimaire an XIV, qui a jugé qu'une instance étant liée sur une demande en congément, pour une époque fixe, on pouvait, la procédure ayant continué, ordonner que les parties plaideraient au fond, sauf à effectuer le congément à la Saint-Michel suivante. Le défendeur avait conclu à ce que le demandeur fût renvoyer procéder sur une nouvelle demande qu'il aurait à intenter pour cette dernière époque.

Les deux arrêts que nous venons de citer semblent parfaitement conformes à l'esprit de la loi ; mais une difficulté se présente : lorsque le prisage a eu lieu, nonobstant la contestation, et que le congément ne peut être exercé qu'une année après, doit-on effectuer le remboursement d'après ce prisage, ou doit-on, au contraire, faire procéder à une nouvelle estimation ? Comme la valeur des droits a pu changer dans le cours d'une année, les deux parties ont également le droit d'exiger un nouveau prisage. (C., pag. 293). Mais, sans doute, les frais de la nouvelle estimation demeurent à la charge de la partie qui, par ses mauvaises contestations, a rendu la première inutile.

290. — Le 12 germinal an XI, le tribunal d'appel a prononcé sur une question qui a quelques rapports avec celle que nous venons d'examiner.

Bertho avait formé une demande en congément contre Taillibouet, pour le 8 vendémiaire an X. Après avoir consenti au congément, le défendeur refusa de faire la montrée aux experts : on fut obligé d'obtenir une ordonnance de référé, qui permettait de faire ouvrir les édifices, et, quelque diligence que pût faire le congédiant, les experts ne terminèrent leur prisage que le 13 brumaire. Des offres furent faites et refusées; une assignation fut donnée devant le tribunal pour en faire juger la validité; mais le demandeur, craignant de voir prononcer la nullité de ses poursuites, forma, le 7 germinal, une nouvelle demande de congément, pour avoir lieu au 8 vendémiaire suivant, dans le cas où sa première demande serait rejetée. Effectivement, un jugement de première instance, du 9 fructidor an X, ordonna que le congément aurait lieu le 8 vendémiaire an XI. Deux autres jugements furent rendus, en exécution de celui-là, les 10 et 23 vendémiaire an XI. Taillibouet se porta appelant de toute la procédure. Il rappela qu'à l'époque où le congément avait été ordonné par le jugement du 9 fructidor an X, il y avait une instance liée entre les parties, à raison du congément de la même tenue; il en conclut que l'intimé n'avait pu former une autre demande, à raison du même objet, qu'après s'être désisté formellement de ses précédentes poursuites et avoir payé les frais auxquels elles avaient donné lieu. Ce moyen fut rejeté par un jugement dont voici les motifs :

« Considérant que, pour donner lieu à l'exception
» de litispendance, il faut que les deux demandes pré-
» sentent une identité parfaite, et concernent précisé-
» ment le même objet; que l'action aux fins de

» laquelle la première instance a été commencée en
» l'an IX, entre parties, avait pour objet le congément,
» à partir du 8 vendémiaire an X ; que la seconde de-
» mande intentée par Bertho, et qui a donné lieu à
» l'instance dans laquelle ont été rendus les jugements
» appelés des 9 fructidor an X et 13 vendémiaire
» suivant, tendaient au contraire à l'exercice du congé-
» ment pour l'époque du 8 vendémiaire an XI ;
» qu'ainsi, il y a une différence sensible dans l'objet
» de ces deux actions ;

    » Considérant que si l'appelant n'a pas reçu le paie-
» ment des frais de la première instance, c'est à lui-
» même qu'il doit en imputer la faute, et que l'omis-
» sion qu'il a commise à cet égard est encore répara-
» ble. » (Journ., tom. 2, pag. 169).

§ XI.

Des frais du Congément.

291. — L'art. 18 de la loi du 6 août porte :
« Les frais de la nomination d'experts, de leur pres-
» tation de serment, du prisage et de l'affirmation,
» seront supportés, à l'égard des baux actuellement
» existants, par le propriétaire foncier, et pour les baux
» qui seront faits à l'avenir, ils seront payés par ceux
» que les conventions en chargeront. »

Dans le ressort de l'ancien usement de Poher, les
frais de congément étaient autrefois à la charge du
colon. On a proposé à ce sujet les quatre questions
suivantes :

Premièrement. Dans le ressort de l'ancien usement

de Poher les frais de congément sont-ils encore à la charge du colon ?

Deuxièmement. Dans le cas où il existe une baillée antérieure à 1791 où la clause des frais de congément à la charge des colons se trouve textuellement écrite, ceux-ci doivent-ils les supporter ?

Troisièmement. A la charge de qui doivent être les frais de congément dans le cas où il existe une baillée postérieure à 1791, mais dans laquelle il n'est pas dit qui les supportera ?

Quatrièmement. *Quid* dans le cas où dans la baillée postérieure à 1791, il est dit *quitte et faite pour jouir suivant l'usement de Poher et en suivre toutes les règles et conditions ?*

Une consultation délibérée à Rennes, le 24 août 1829, par MM. Carré, Lesbaupin, Le Gorrec et Le Roux, émit l'opinion 1° que l'usement de Poher a été aboli par l'art. 18 de la loi de 1791, en ce qui concerne les frais de congément ; 2° que le colon doit les frais du congément quand une stipulation expresse antérieure à 1791 les a mis à sa charge ; 3° que ces frais sont dus par le congédiant lorsqu'une baillée postérieure à 1791 ne dit pas par qui ils seront supportés ; 4° enfin, qu'une baillée postérieure à 1791 qui renvoie aux règles et conditions de l'usement de Poher, équivaut à une stipulation formelle que le domanier paiera les frais du congément.

Nous regardons ces solutions comme bien conformes aux principes.

292. — L'art. 18 ci-dessus répute frais de congément ceux de la nomination d'experts, de la prestation de serment, du prisage et de l'affirmation.

Il faut nécessairement y ajouter, parce que cela est dans l'esprit de la loi, les frais de dépôt, retrait et notification du prisage, et des offres réelles qui, dans le droit actuel, remplacent la formalité maintenant inusitée de l'affirmation.

Mais lorsque le défendeur refuse de consentir au congément, et que l'affaire est ainsi portée devant le tribunal de première instance, le colon supporte les frais de ses mauvaises contestations : cela est de toute justice ; il supporte également les frais des offres réelles, de la consignation, de la demande en validité et du jugement, lorsque, sans motif, il a refusé d'accepter les offres régulières et valables du congédiant. (Art. 1260 du Code civil).

293. — Les colons prétendent qu'il doit leur être payé une indemnité pour le temps qu'ils ont passé à la montrée de leurs droits. L'art. 18 de la loi ne leur accorde point cette indemnité ; mais dans l'usage, on ne la leur refuse pas. « La partie congédiée étant » assignée, dit Baudouin (N° 317), et devant être » présente pour la montrée de ses superfices, je pense » que ses journées lui sont dues, quoique dans quel- » ques cantons elle ne les exige pas. » L'usage a fixé cette indemnité à 3 fr. par jour, et on l'offre au colon avec le remboursement du principal. Lorsqu'il y a plusieurs colons dans la tenue, on ne paie de journées à chacun que pour le temps qu'il a passé à la montrée de ses droits particuliers. Comme il peut s'élever des difficultés sur la fixation de l'indemnité et sur le nombre de jours pour lesquels elle est due, il est prudent d'insérer dans le procès-verbal que l'on offre telle somme pour journées, *sauf à parfaire*. (Art. 1258 du Code civil).

294. — Nous passons à ce qui concerne les frais de congément pour les baux postérieurs à la loi.

Il est d'abord évident que, par ces mots, *les baux qui seront faits à l'avenir*, le législateur n'a entendu parler que des baux en premier détachement, et nullement des baillées d'assurance ou de congément qui seraient consenties pour des tenues acconvenancées avant le 6 août 1791.

295. — Quant aux baux à convenant postérieurs, les frais, comme le dit la loi, doivent être supportés par ceux que les conventions en ont chargés. Mais dans l'absence de stipulation, nous pensons avec les auteurs de la consultation ci-dessus, que les frais doivent être supportés par le propriétaire. Nous fondons cette opinion, premièrement, sur ce que les parties ne s'étant pas expliquées sur ce point, elles doivent être présumées avoir entendu s'en rapporter à l'usage. (Art. 1159 du Code civil) ; secondement, sur ce que le congément et le remboursement sont pour le propriétaire une acquisition et que, d'après l'art. 1593 du Code civil, les frais d'actes et autres accessoires à la vente sont à la charge de l'acheteur.

§ XII

Des Effets de la demande en Congément.

296. — Baudouin (N° 283) établit comme une maxime constante, que le propriétaire foncier peut se désister de la demande en congément, *jusqu'au remboursement exclusivement.* Nous en avions conclu que les colons qui auraient l'intention de provoquer leur remboursement ne devraient pas se croire dispensés de former leur demande avant le 29 mars, par le motif que le propriétaire foncier leur aurait fait signifier une citation en congément ; car le foncier venant à se désister de sa demande, ils pourraient ne plus se trouver dans le délai pour le citer en remboursement.

Nous avions de plus émis l'opinion que le principe, présenté comme absolu par Baudouin, était aujourd'hui soumis à deux exceptions : la première, pour le cas où le colon a fait consigner dans le jugement la déclaration d'entendre lui-même provoquer son remboursement ; la seconde, motivée sur le texte de l'art. 23 de la loi de 1791 pour le cas où le prisage des droits a déjà eu lieu.

La cour de Rennes est allée plus loin. Sans tenir compte d'un usage abusif, elle a décidé, le 9 juillet 1842, que le jugement qui ordonne un congément constitue un contrat judiciaire qui est obligatoire pour le demandeur comme pour le défendeur.

Grâce à cet arrêt, conforme aux véritables principes, il n'est plus douteux aujourd'hui que le congément une fois jugé, il ne faille le consentement de tous les intéressés pour dispenser de l'effectuer.

297. — On a demandé si lorsque le congément de la totalité d'une tenue a été poursuivi et jugé contre un seul des colons, les autres tenanciers sont en droit d'exiger qu'il soit exercé ou qu'on leur paie des dommages et intérêts. L'affirmative ne fait pour nous l'objet d'aucun doute : pourquoi le jugement qui pourrait être opposé à tous les colons ne pourrait-il pas aussi être invoqué par tous ? L'art. 1121 du Code civil que

l'on a cité à l'appui de l'opinion contraire, n'est applicale qu'à une stipulation volontairement faite par une personne que l'on ne représente à aucun titre. Or, en matière de congément, le domanier assigné est le représentant légal et forcé de tous les autres.

Nous croyons même qu'après avoir demandé le congément contre l'un des domaniers, on ne pourrait pas se dispenser de congédier ses consorts en leur faisant abandon des droits fonciers de ce qu'ils possèdent dans le convenant. Cet abandon partiel porterait atteinte au principe de l'indivisibilité de la tenue, principe d'autant plus rigoureusement obligatoire pour le demandeur, que celui-ci l'a en quelque sorte invoqué quand il s'est dispensé d'appeler tous les détenteurs.

298. — Lorsque le congément a été provoqué par le cessionnaire d'une faculté qui ne l'effectue pas, le propriétaire foncier est-il responsable du fait de ce cessionnaire envers le colon défendeur en congément? Nous ne voyons point de raison solide d'en douter. Le cessionnaire d'un droit de congédier est le mandataire, le représentant du propriétaire foncier : si donc il cause quelque préjudice au détenteur des droits, il oblige son cédant à réparer le tort causé. Celui-ci doit s'imputer d'avoir remis son pouvoir en de mauvaises mains. En exerçant le congément par l'intermédiaire d'un tiers, il ne peut se soustraire aux obligations qui naîtraient d'une demande qu'il aurait formée personnellement : il a seulement son recours contre le cessionnaire qui l'a compromis.

Mais lorsque le colon contre lequel le congément a été jugé au profit du cessionnaire d'une baillée, veut se prévaloir du droit consacré par l'art. 23 de la loi du 6 août, contre qui doit-il diriger ses poursuites ? C'est évidemment contre le cessionnaire pour ce qui concerne la vente préalable des superfices. Il y aurait peut-être plus de difficulté à décider de la même manière pour la vente subsidiaire du fonds ; cependant, nous sommes fort éloigné de regarder comme certaine, comme probable même, la nullité de la vente du fonds qui ne serait poursuivie que contre le cessionnaire. Il existe des motifs graves pour décider que le colon défendeur peut exercer contre le tiers porteur de la faculté de congédier tous les droits qu'il pourrait exercer contre le propriétaire dont ce tiers est le représentant. Rien ne semble plus conforme à l'esprit des principes qui régissent le domaine congéable, à celui surtout qui consacre la réciprocité entre le colon et le foncier : ce dernier ne peut-il pas poursuivre la vente des droits contre un simple détenteur qui n'est pas domanier ?

299. — La demande en congément n'empêche pas que, jusqu'au remboursement, le colon ne continue d'être fermier du fonds et propriétaire des droits réparatoires : il continue donc sa jouissance comme si le congément n'était pas demandé.

300. — Mais peut-il continuer également les améliorations qu'il avait auparavant le droit de faire, et qui ne sont pas nécessaires soit pour entretenir la tenue en bon état, soit pour recueillir les fruits du fonds ?

Carré semble supposer que non. En effet, après avoir dit (pag. 292) que le prisage ne doit pas être commencé avant les six mois, il ajoute « qu'autrement » le défendeur aurait lieu de se plaindre qu'on gêne » sa jouissance, et qu'en fixant précipitamment la va- » leur de ses édifices et superfices, on le prive du

» droit que lui donne la loi de les améliorer *au moins*
» *jusqu'au commencement des six mois* qui précé-
» deraient le jour de son expulsion, et d'être remboursé
» des améliorations qu'il pourrait y faire *jusqu'alors.*»

Nous partageons pleinement cette opinion, parce qu'il est évident que Carré n'entend parler que des améliorations autres que celles qui sont nécessaires pour mettre la tenue en bon état, et pour en retirer les fruits qu'elle est susceptible de produire.

C'est aussi ce qu'avaient proposé d'établir Lanjuinais et Varin, dans leur projet de loi sur le domaine congéable. On lisait dans l'art. 29 du tit. 1er : « Après
» le congément provoqué par le foncier ou par le co-
» lon, celui-ci continuera d'avoir la liberté de faire
» toutes les améliorations de culture et les réparations
» d'édifices existants ; mais, dès ce moment, il ne
» pourra reconstruire les édifices tombés en ruines,
» ni en bâtir de nouveaux, abattre aucun bois, si ce
» n'est pour lesdites réparations ; il ne pourra aussi
» dessaisonner les terres ; mais il continuera d'en
» jouir en bon père de famille, et de suivre l'ordre
» de la nature ; le tout à peine d'être condamné aux
» dépens, dommages et intérêts qui seront vus ap-
» partenir. »

Baudouin (N° 277) dit sur le même sujet : « Du-
» rant l'instance de congément, le domanier continue
» la jouissance, laboure et répare en bon père de
» famille, parce que, propriétaire de ses droits jus-
» qu'au remboursement, il peut en exercer tous les
» actes légaux, et l'amélioration est la fin principale
» de la tenue convenancière. »

Nous pensons aussi, comme Baudouin, que depuis

la demande en congément, le colon peut continuer de jouir, de labourer et de réparer en bon père de famille ; mais il paraîtrait conforme à la justice et à l'intérêt de l'agriculture, de lui interdire, à partir de cette époque, les plantations, les constructions ou réédifications que, d'après les clauses de son bail, il pourrait avoir eu le droit de faire jusque là. Cette jurisprudence, qui serait très-avantageuse aux propriétaires fonciers, ne ferait aucun tort aux colons. Ceux-ci sont obligés d'avancer, en matériaux et en travail, tout ce qu'ils ajoutent au montant du prisage. Il n'est pas rare, à la vérité, qu'ils parviennent à se faire rembourser beaucoup plus que les améliorations n'ont coûté ; ils font souvent de mauvaise besogne que les experts, trompés par les apparences, prisent au-delà de sa valeur ; mais, outre que c'est une surprise que la loi ne doit pas favoriser, il y a quelquefois du mécompte dans le calcul des colons ; il arrive fréquemment que les experts trompent leurs espérances et leur allouent moins qu'ils n'ont dépensé réellement. Si l'on ajoute que les prétendues améliorations qu'ils font depuis la demande, donnent lieu à une foule de procès longs et dispendieux, on sera peut-être porté à penser avec nous qu'on ne leur causerait aucun préjudice en les privant du droit que leur refusait le projet de loi de MM. Lanjuinais et Varin.

Cependant l'usage le plus général paraît être de ne faire aucune distinction entre les améliorations faites avant et depuis la demande en congément. Seulement, il est facile de comprendre que les tribunaux n'accueillent qu'avec défaveur les réclamations formées pour des améliorations postérieures à la citation, lorsqu'il est appris que ces améliorations augmentent la somme à rembourser, sans augmenter la valeur de la tenue dans la même proportion.

301. — On peut dire, au sujet des dégradations, quelque chose de semblable à ce que nous venons de dire des améliorations. Quelquefois, pour le seul plaisir de nuire au congédiant, le colon dégrade la tenue qu'il doit quitter ; bien qu'il souffre le premier de ces détériorations, qui diminuent d'autant la valeur de ses superfices, une pareille méchanceté n'est pas tolérable, et l'on doit condamner le colon à réparer les dégâts qu'il n'a faits que dans le dessein de nuire au congédiant. C'est un point sur lequel nous reviendrons, en traitant des droits du domanier sur les édifices et superfices.

§ XIII

Des Effets du Congément.

302. — Dès le lendemain du 29 septembre, et sauf l'exécution de l'art. 1777 du Code civil, le colon doit, sous peine de dommages et intérêts, abandonner les droits dont il a été remboursé : ni la demande d'une revue formée par lui ou contre lui, ni une contestation élevée sur les objets estimés débativement, ne pourraient l'en dispenser.

303. — Lorsqu'il refuse de se retirer, on l'assigne, sans essai de conciliation, devant le tribunal, pour voir juger les offres et la consignation valables, et s'entendre condamner à délaisser la tenue, sous peine d'être expulsé par autorité de justice et même contraint par corps. (Art. 2061, Code civil).

304. — Quand son refus d'accepter les offres fait présumer qu'il ne voudra point sortir, on peut, dès avant le jour de la Saint-Michel, l'appeler devant le tribunal, pour voir juger les offres valables, autoriser la consignation et s'entendre condamner à délaisser la tenue au 29 septembre, à défaut de quoi, il pourra être expulsé par justice et même contraint par corps. Comme cette demande n'empêche pas que la consignation ne doive être effectuée avant la Saint-Michel, si l'on n'a pas assez de temps pour obtenir un jugement qui autorise à consigner, il faut faire d'abord la consignation, et l'on assigne ensuite devant le tribunal, en notifiant la sommation de la retirer.

305. — Les formalités de l'expulsion sont simples. Après la notification du jugement et la sommation de l'exécuter, l'huissier, accompagné de deux assistants, se transporte dans la maison du colon congédié, et fait mettre dehors tous les meubles qui s'y trouvent. Il rédige un procès-verbal semblable à celui qui est exigé pour la saisie-exécution ; il le signe avec les assistants, et il en laisse copie. Il n'est pas nécessaire qu'il établisse un gardien des effets mis hors de la maison ; il doit seulement, à peine de nullité, être présent à toute l'opération. (Arrêt du 12 ventôse an XI, Journ., t. 2, p. 167).

306. — Le congément a le double effet de libérer le colon congédié de toutes les obligations dont sa jouissance était grevée, et d'affranchir les droits réparatoires de toutes les charges auxquelles le colon les avait assujétis. Ainsi, à partir du congément, le domanier cesse de devoir la redevance convenancière, les dîmes et les corvées qui en faisaient partie, et les

rentes qu'il pouvait être tenu de payer à l'acquit du propriétaire. Nous traiterons au § 5, chapitre 1er de la 4e partie, des effets de la résolution des charges créées sur les superfices par rapport aux créanciers du colon.

307. — Il a toujours été de principe que le bail des droits convenanciers consenti par le colon, était résolu de plein droit par le congément. C'était autrefois une conséquence de la maxime *resoluto jure dantis, resolvitur jus accipientis*, maxime que l'on appliquait aux baux dans une foule de cas où il n'est plus permis de l'invoquer. (Art. 595, 1673 et 1743, C. civil). Comme le congément est un véritable rachat des superfices, on pourrait argumenter de l'article 1673 pour soutenir qu'il ne résout plus le bail: l'art. 16 de la loi du 6 août viendrait encore à l'appui de cette thèse.

Il est pourtant certain que l'ancien principe est toujours suivi : il a même été consacré par un arrêt du 21 juin 1813 (Journ., t. 5, pag. 100), et ce n'est pas sans raison, comme nous l'avions d'abord pensé. En effet, si le colon est propriétaire des superfices, il n'est que simple fermier du fonds : il ne peut donc en céder la jouissance que pour le temps pendant lequel il pourrait en jouir lui-même. Or, la jouissance du fonds emporte celle des droits qui n'en sont que l'accessoire. Il ne faut pas seulement voir dans le domanier congédié un propriétaire évincé par l'exercice de la faculté de rachat, il faut y voir encore un fermier dont le bail est expiré.

308. — Au surplus, de ce que le congément résout le bail, il ne faut pas conclure qu'il en soit de

même de la cession conventionnelle des superfices que le colon consent au fermier. Le bail à convenant n'étant pas alors résolu *ex naturâ contractûs*, les droits de l'acquéreur sont réglés par les art. 1743 et suivants du Code civil. (Voir ci-après, 4e partie, chap. 2, § 5.)

309. — Le fermier expulsé par l'effet du congément a droit à des dommages et intérêts s'il n'est pas prouvé qu'il a connu la nature congéable de la chose et, par conséquent, le danger de l'éviction. Cette preuve faite, il ne peut reprocher au bailleur de n'avoir pas prévenu l'éviction en prenant une assurance. (B., N° 325). Cela est peut-être cependant plus conforme à l'usage qu'aux principes, car il semble que la reconnaissance dèvrait résulter des termes mêmes du bail. Toujours est-il que la preuve ne saurait être faite par témoins quand il n'y a pas un commencement de preuve par écrit. (Art. 1341 et 1348, Code civil.) Il est inutile d'ajouter que la connaissance qu'il s'agit de justifier doit avoir existé à l'époque de la passation du bail ; si elle n'avait été acquise que depuis, on ne pourrait en argumenter.

310. — Le fermier doit rendre les choses dans l'état où il les a prises ou dans celui où il avait promis de les laisser. Il paie en argent ce qu'il ne fournit pas en nature et profite des améliorations qu'il a faites, car, à moins d'une stipulation bien expresse, la renonciation qu'il aurait faite serait présumée n'avoir eu pour objet que de dispenser le bailleur de rembourser lui-même ces améliorations. (B., N° 326).

311. — Le congédiant qui fait juger le congément contre le domanier lui-même n'entre point dans les

discussions auxquelles peuvent donner lieu les améliorations et dégradations. C'est toujours au colon qu'il s'adresse lorsque le fermier dégrade la tenue après l'estimation, ou qu'il tarde de l'abandonner après le remboursement.

312. — Lorsque le propriétaire foncier congédie séparément les portions divisées de la tenue, il éteint proportionnellement la rente convenancière. Quand le congément est exercé par un cessionnaire, celui-ci supporte une partie de la rente, en proportion de ce qu'il congédie.

313. — Mais ce congément d'une ou de plusieurs portions divisées de la tenue, laisse subsister entre ces diverses portions les servitudes qui sont nécessaires à la jouissance respective des colons. Quant aux servitudes purement conventionnelles, que la nature des choses ne rend pas indispensables, elles s'éteignent de plein droit respectivement à la portion de la tenue congédiée séparément. Baudouin cite pour exemple de ces servitudes l'obligation d'entretenir un fossé, de réparer seul un chemin commun, le droit de laver ou de rouir dans un étang, de battre dans une aire, et de puiser au puits non commun de la portion d'un autre colon. L'extinction de ces droits ne donne lieu à aucun recours, à aucune garantie, (B., N° 328.)

314. — Les servitudes acquises par le domanier sur un fonds voisin continuent d'exister après la cessation du bail, lorsqu'elles sont nécessaires à l'exploitation de la tenue.

« Considérant qu'un colon peut acquérir, par la » prescription, des servitudes sur les terres dépen-

» dant de la même tenue ou d'un domaine étranger,
» pour l'utilité de ses droits superficiaires ; qu'ainsi,
» le sieur Themay a été autorisé à obtenir, par une
» longue possession , un droit de passage et d'éche-
» lage sur la propriété du sieur Lesaulnier, pour la
» réparation de la couverture de sa maison ;

» Considérant que les servitudes établies entre les
» colons pour leur commodité respective, ou dans
» l'intérêt de quelques-uns des domaniers, s'éteignent,
» il est vrai, par le congément partiel du convenant
» qui résout leurs conventions particulières, mais que
» les servitudes nécessaires pour la jouissance con-
» tinuent néanmoins de subsister après la résiliation
» du bail ; que l'intimé ne pouvant réparer son bâti-
» ment, sans exercer les droits qu'il invoque, il en a
» donc conservé la possession depuis l'acquisition de
» l'appelant, devenu propriétaire d'une partie du fonds
» de la tenue, ainsi qu'il en jouissait auparavant. »
(Arr., 28 août 1826.)

315.— Il arrive quelquefois que, par des partages
ou par des contrats de vente, les colons exemptent
une ou plusieurs portions de la tenue de concourir
au paiement de la rente. Ces conventions peuvent
donner lieu à une foule de difficultés, lorsque la tenue
vient ensuite à être congédiée par portions. Entrons,
à ce sujet, dans quelques détails.

316. — Comme les arrangements dont nous parlons sont étrangers au propriétaire foncier, en cas de
congément, ils ne doivent ni nuire ni profiter soit à
lui, soit au cessionnaire qui le représente ; par conséquent, le congédiant doit toujours supporter une partie
de la rente proportionnée à la partie de la tenue qu'il

congédie, et cela que le congément porte sur la portion qui a été exemptée ou qu'il porte sur celle qui a été surchargée par les colons. Respectivement au congédiant, une ventilation est donc toujours nécessaire.

317. — Mais que doit-on décider par rapport aux colons ? Supposons, par exemple, le cas où la partie congédié est celle que les colons ont chargée d'acquitter une part de rente plus forte que celle qu'elle aurait dû naturellement supporter. Les colons des autres portions qui, par suite de la ventilation faite avec le congédiant, se trouveront obligés de payer une partie de la portion de rente mise à la charge du colon congédié, pourront-ils exercer un recours contre lui ? Baudouin décide cette question affirmativement.

318. — Il examine ensuite ce qu'il y aurait à décider dans le cas opposé, c'est-à-dire, dans celui où la portion congédiée est celle que les colons ont exemptée de concourir au paiement de la rente. Il demande si le colon, congédié de cette portion, a un recours contre ses codomaniers non congédiés, pour obtenir que, jusqu'à ce qu'ils ne soient eux-mêmes expulsés, ils lui tiennent compte de la portion de la redevance que le congédiant devra leur payer par suite de la ventilation, et si le même colon congédié peut traiter directement avec le congédiant, pour transmettre à celui-ci son exemption de concourir au paiement de la rente. Il décide ces deux questions négativement, et il nous semble qu'en cela il n'est pas d'accord avec lui-même : en effet, si les colons non congédiés ne doivent pas souffrir de ce que le congément exercé contre leur consort met à leur charge une plus forte partie de la redevance, ils ne doivent pas

non plus, ce semble, profiter de ce que le congément de leur consort les libère d'une partie de la portion de rente qu'ils devaient. S'ils peuvent demander
une indemnité dans le premier cas, ils doivent en
payer une dans le second. Et pourquoi profiteraient-ils
d'un congément auquel ils sont étrangers? Comment
croire surtout qu'ils puissent faire payer une partie de
la rente au tiers qui, en congédiant une portion de
droits exempte de concourir à ce paiement, a traité
avec le colon pour jouir de cette exemption? Ce tiers
ne doit-il pas avoir tous les droits que le colon avait lui-
même, et qu'il aurait pu transmettre à un acquéreur?

Du reste, il n'y a point de jurisprudence sur ces
questions; et il est, dans la plupart des cas, très-difficile de les résoudre d'une manière satisfaisante. Cela
tient principalement à ce qu'il est presque toujours
impossible de s'assurer si, en faisant de semblables
arrangements, les parties songeaient à un congément
qui se ferait partiellement, et si, en cas qu'elles y son-
geassent, elles entendaient ou n'entendaient pas que
le colon congédié reçût purement et simplement le prix
de ses droits, sans avoir de réclamations à former ou
à souffrir.

§ XIV.

De la Revue.

319. — Le congédiant ou le congédié qui se croit
lésé par la première estimation, peut en demander une
seconde à laquelle on donne le nom de *revue*. Ce droit,
qui prend sa source dans l'art. 262 de la Coutume de
Bretagne, a été conservé par l'art. 18 de la loi du 6 août.

320. — La revue n'est, comme le nom l'indique, que la révision de la première expertise; mais un arrêt du 2 avril 1838 indique de la manière suivante les points sur lesquels elle doit porter :

« Considérant que la revue en matière de domaine » congéable est une expertise nouvelle, substituée à » la première et devant prévaloir sur celle-ci ; qu'elle » a pour but de réparer les erreurs échappées aux » premiers experts, et que ce serait en atténuer les » effets, contre toute justice et l'intérêt des parties, » que de la réduire à un simple contrôle des estima- » tions déjà faites ; que là ne peuvent se borner les » fonctions des experts en revue ; mais qu'ils doivent » encore, s'il y a lieu, rectifier les mesurages et esti- » mer les droits remboursables qui auraient été omis » lors de la première expertise, sauf à ne les priser » qu'en débatif, s'il s'élève entre le congédiant et le » congédié des difficultés sur le point de savoir si ces » droits appartiennent au colon ; que, voulût-on trou- » ver une ressemblance parfaite entre l'instance de » revue et celle d'appel, il ne serait pas encore vrai » de dire que la demande du colon congédié, de faire » estimer lors de la revue des objets dont ne se se- » raient pas occupés les experts du congément, cons- » tituât une demande nouvelle, puisque, par la de- » mande même du congément, les premiers experts » sont appelés à estimer tout ce qui est rembour- » sable ; qu'enfin l'expertise en revue est le moyen » le plus naturel de réparer les omissions commises » au préjudice du congédié, qui n'a pas usé de la ri- » gueur de son droit en faisant casser, pour nullité, » le premier prisage. »

321. — On ne pouvait autrefois renoncer à la revue avant le prisage. (Du Parc Poullain, Principes, t. 4, p. 191 ; Le G., p. 98.) Nous tenons pour certain qu'il en est autrement aujourd'hui. Ce n'est plus en vertu de la Coutume de Bretagne que l'on peut demander la revue, c'est en vertu de l'art. 18 de la loi du 6 août ; et il est dans l'esprit de cette loi de permettre, entre les propriétaires et les colons, toutes les conventions qui ne sont pas contraires à l'ordre public et aux lois. La renonciation à la revue est évidemment de ce nombre ; elle doit même être accueillie avec faveur, parce qu'elle prévient les frais et les longueurs d'une nouvelle estimation. Il convient cependant d'observer qu'en renonçant avant le prisage à la faculté de provoquer la revue, on constitue réellement les experts arbitres, et que, par conséquent, cette renonciation n'est valable qu'autant qu'elle est faite par des personnes qui ont la capacité nécessaire pour transiger.

322. — Lorsque le prisage est terminé avant la Saint-Michel, le colon qui demande ou veut demander la revue, ne peut plus faire de réparations aux superfices : l'expertise a mis fin à son droit sous ce rapport. Dans une affaire où le colon se mettait en devoir de réparer après le prisage, nous conseillâmes de lui notifier une sommation de s'en abstenir, avec déclaration que faute à lui d'obtempérer, on se réservait de faire juger que la revue ne devait pas avoir lieu. Nous croyons cette fin de non recevoir fondée.

323. — Nonobstant le droit qu'il a de demander la revue, le congédiant peut se mettre en possession et disposer en maître des superfices par lui acquis ;

mais lorsqu'il a fait sur la tenue des changements qui rendent la vérification de la première estimation impossible ou seulement difficile, est-il en droit de provoquer une revue, tandis qu'il est encore dans l'année?

La négative nous semble certaine : il doit être présumé avoir renoncé à un droit dont l'exercice est devenu par son fait ou impossible ou difficile.

Dans une affaire où nous plaidions, le tribunal de St-Brieuc rejeta cette exception par un jugement du 30 juin 1829 ; mais les changements faits sur la tenue par le congédiant étaient presqu'insignifiants, et cette circonstance fut donnée comme motif de la décision qui parut ainsi reconnaître le principe.

En autorisant la revue, le jugement ordonna que les émondes de deux ou trois chênes, coupés depuis le congément, seraient portées dans la seconde estimation au même prix que dans la première. Le peu d'importance de l'objet rendait sûrement cette décision très-sage ; mais nous croyons qu'à n'envisager la chose qu'en pur point de droit, la précaution prise par le tribunal ne pourrait se concilier avec les principes. Nous n'insistons sur ce point que parce qu'il nous fournit l'occasion d'indiquer une question qui paraît intéressante. Le congédiant pourrait-il, après avoir fait des changements sur la tenue, poursuivre un prisage de revue, en consentant à ce que la nouvelle estimation ne portât que sur les objets auxquels il n'a pas touché ?

La négative est évidente pour nous. La revue doit porter sur la totalité des droits ; elle n'autorise à réclamer que dans le cas où les totaux des deux estimations diffèrent. On ne peut donc la demander pour quelques objets seulement, et celui qui l'a rendue impossible pour une portion ne saurait la provoquer pour l'autre

324. — L'art. 18 de la loi du 6 août n'indique point dans quel délai l'action en revue doit être intentée. Carré (pag. 273) dit qu'elle n'était admise autrefois que sous la condition d'être formée dans l'an et jour *de l'estimation.* Le Guével et Baudouin disent, au contraire, qu'il suffit de l'intenter dans l'an et jour *du remboursement.* Il n'est pas douteux, suivant nous, que cette dernière opinion ne soit la plus conforme à la loi. On sent d'abord que le délai ne doit pas commencer à courir de la clôture du cahier de prisage, car les parties peuvent n'avoir pas de suite connaissance des résultats de l'estimation. Ce serait donc tout au plus à partir de la notification du procès-verbal que le délai devrait courir. Mais Baudoin prouve très-solidement (N° 287) que l'année ne commence que du jour du remboursement. Cela n'empêche pas que la revue ne soit susceptible d'être demandée avant le remboursement, et à l'instant même de la conclusion du prisage ; il en est de la revue, dit Baudoin, comme de l'appel d'un jugement, qui peut être formé avant la notification, bien que le délai ne commence à courir que de cette notification.

Mais l'année pour demander la revue court-elle contre les mineurs qui congédient ou sont congédiés? Il y avait autrefois plusieurs raisons pour résoudre cette question négativement : en matière d'assiette et de partage, le temps pour demander la revue était suspendu pendant la minorité ; ensuite, la Coutume ne faisait pas courir les courtes prescriptions contre

13.

les mineurs. Nonobstant ces raisons, Baudouin décidait qu'en matière de congément, les mineurs devaient, comme les majeurs, provoquer la revue dans l'année du remboursement. Il motivait son opinion sur l'usage et sur la difficulté qu'il y aurait à vérifier après plusieurs années l'état où la tenue se trouvait à l'époque du congément. Aujourd'hui que la faculté de provoquer la revue est restreinte au domaine congéable, et que le Code civil fait courir les courtes prescriptions contre les mineurs, il n'existe plus de motif pour suspendre en faveur de ceux-ci le délai dans lequel la revue doit être demandée.

325. — D'après l'art. 17 de la loi du 6 août, *en cas de contestation sur l'estimation*, les parties doivent se pourvoir devant le tribunal de première instance. Carré (p. 247 et 275) paraît avoir conclu de cette disposition que la demande en revue doit toujours être portée devant le tribunal, et la Cour d'appel de Rennes, par arrêt du 31 mars 1835 (Journ., tom. 10, page 113), a jugé valable une demande formée en première instance sans préliminaire de conciliation.

Malgré ces autorités, nous sommes persuadé que tout ce que nous avons dit, N° 213, sur la demande en congément, est applicable à la demande en revue. Nous nous fondons sur ce qu'il y a identité de raisons pour les deux cas, sur ce que ces mots de la loi *en cas de contestation* ne doivent s'entendre que des difficultés relatives à la régularité de l'expertise ou à la question de savoir si tels ou tels objets devaient être compris au prisage, sur la grande économie de temps et de frais qui résulte de la marche que nous conseillons, et, enfin, sur ce que l'usage constant est en opposition avec le système admis par la Cour.

Au surplus, il est au moins certain que dans l'état il est plus prudent de commencer par citer en justice de paix ; un arrêt ne fait pas jurisprudence, et quand celui de 1835 devrait finir par faire règle, on ne se compromettrait jamais en n'assignant pas d'abord devant le tribunal. En effet, si le défendeur se présente devant le juge de paix pour consentir à la revue, il n'y a plus de recours possible contre son acquiescement Si, au contraire, il fait défaut ou ne comparaît que pour contester, l'affaire est naturellement portée devant le tribunal de première instance.

326. — Les art. 1166 et 1167 du Code civil autorisent les créanciers à exercer les droits et actions de leur débiteur, et même à attaquer en leur nom personnel les actes faits par celui-ci en fraude de leurs droits. Ces dispositions sont applicables à la revue. Aussi Baudouin reconnaît-il aux créanciers du congédié le droit d'intenter l'action en revue, à la charge d'en avancer les frais, sous le seul espoir d'en avoir la reprise par préférence sur l'excédant de la seconde estimation sur la première. (N° 286). Si, avant le prisage, le congédié avait renoncé à la revue, les créanciers ne pourraient attaquer cette renonciation qu'en prouvant qu'il y a eu collusion entre leur débiteur et le congédiant, pour diminuer à leur préjudice le montant de la somme à rembourser.

327. — Il arrive quelquefois que la revue donne un résultat favorable à celle des deux parties qui ne l'a point requise, et porte les droits à une valeur telle que cette partie paraît lésée par la première estimation.

On a demandé si, dans ce cas, la partie qui n'a point requis la revue peut en profiter. Carré établit solidement la négative (pag. 276). Il résulte de son opinion que, lorsque les deux parties sont également mécontentes de la première opération, toutes les deux doivent se réunir pour demander la revue, ou du moins que celle qui ne l'a point requise d'abord doit demander qu'elle se fasse à frais communs, pour pouvoir en profiter. (Voir un arrêt de la Cour de cassation, et une décision du ministre des finances, rendue dans le même sens, sur une question analogue; Sirey, t. 10, 2e partie, page 340).

328. — Carré (p. 286) conclut avec raison de son opinion que la partie qui a requis la revue peut toujours se désister de sa demande.

329. — Les frais de la revue sont toujours sans répétition à la charge de la partie qui l'a demandée. (Art. 18, loi du 6 août). Aussi le congédié qui est mécontent de l'estimation ne doit-il pas demander une revue, lorsque le premier prisage est susceptible d'être annulé pour vice de forme. Dans ce cas, en effet, le nouveau prisage doit encore se faire aux frais du congédiant; et cependant les frais en seraient supportés par le congédié, si celui-ci, reconnaissant tacitement la régularité de la première opération, se bornait à demander une revue.

Mais si l'on décidait, contre l'opinion de Carré, que la revue peut profiter à celui qui ne l'a point requise, les frais en devraient être supportés exclusivement et sans reprise par la partie qui s'en prévaudrait en définitive.

Du reste, on ne considère pas comme frais de revue

le droit d'enregistrement à payer pour l'excédant de la seconde estimation sur la première : ce droit est dû par le congédiant, lors même que la revue a été demandée par le congédié. (B., N° 291.)

330. — La demande en revue ne suspend pas l'exercice du congément ; elle ne dispense ni le congédiant de rembourser les droits, ni le congédié d'abandonner la tenue au jour Saint-Michel. (C., page 282.)

331. — Il est de principe que le second procès-verbal prévaut toujours sur le premier, quand même l'estimation portée dans celui-ci aurait été unanime et que, dans le second, l'un des priseurs n'aurait point partagé l'avis des deux autres. Baudouin (N° 290) rapporte un arrêt du 19 juillet 1749, qui l'a ainsi jugé. C'est aussi ce qu'a décidé un arrêt de Rennes du 9 août 1834.

332. — Baudouin (N° 291) pense que le supplément que le congédiant peut être obligé de payer par suite de la revue, ne porte pas intérêt. « Le prisage pri- » mitif, dit-il, étant un titre légal, le congédiant est » possesseur de bonne foi. » Cette opinion, qui ferait une exception à l'art. 1652 du Code civil, semble mal fondée : la demande en revue ne rend pas le congédiant non recevable à argumenter de sa bonne foi. (Art. 1682.) C'est d'ailleurs comme acquéreur et non comme possesseur de mauvaise foi que le congédiant est tenu des intérêts.

333. — Le propriétaire foncier a-t-il une action solidaire vers tous les colons pour obtenir la part du prix que la seconde estimation l'autorise à répéter ?

C'est une question que nous serions porté à résoudre négativement, parce que lors de la revue, le congément, qui est déjà consommé, semble avoir rompu le lien de la solidarité. On pourrait cependant argumenter en sens contraire de ce que la demande en revue, comme celle en congément, se forme valablement contre un seul des domaniers.

TROISIÈME PARTIE

DES DROITS ATTACHÉS A LA QUALITÉ DE COLON.

CHAPITRE Ier

De la jouissance du Fonds.

334.— Le colon, fermier du fonds, a le droit d'en jouir; mais il doit en user en bon père de famille, conformément à la destination que le bail autorise à présumer. (Art. 1728, Code civil). De là résultent les conséquences suivantes :

1° Il ne peut sans autorisation ouvrir des carrières sur le fonds, même pour réparer les édifices de la tenue. (Art. 598, Code civil);

2° Il ne peut défricher les bois taillis, surtout pour laisser le terrain inculte ;

3° A la veille du congément, il ne peut retirer, par une culture extraordinaire, les sucs destinés par la nature aux productions successives de plusieurs années. (B., N° 251) ;

4° Il doit couper les émondes et les taillis en temps et saison convenables, sans anticiper l'époque des coupes. Cela ne s'applique pas cependant avec rigueur aux épines, ronces et menus bois de cette espèce, dont il dispose lorsqu'il le juge à propos. (C., pages 231 et 235).

335. — Le droit du colon à la jouissance du fonds fait naître en matière d'expropriation pour cause d'utilité publique, des difficultés dont nous avons donné la solution suivante conjointement avec deux confrères.

Le droit à l'indemnité ayant son principe et sa mesure dans le préjudice causé, c'est aussi dans la proportion du préjudice respectivement éprouvé que l'indemnité doit être partagée entre le propriétaire et le colon.

Le propriétaire perd la valeur capitale du fonds et des bois fonciers qu'on lui ôte : c'est de cela qu'il doit être dédommagé.

Le colon perd ses droits convenanciers et la jouissance du fonds : il a donc deux titres différents à l'indemnité.

L'évaluation de la perte du foncier ne saurait, en droit, donner lieu à aucune difficulté : c'est un simple travail d'experts.

Il semble qu'il en devrait être de même pour la perte du colon. Cependant l'ignorance, ou une interprétation erronée des principes, a fait élever des doutes sur les bases qu'il convient d'appliquer à l'estimation des superfices et surtout de la jouissance.

On doit fixer la valeur des droits réparatoires en les prisant *par le menu*, comme s'il s'agissait d'en exercer le congément. Ce mode de prisage fait bien éprouver une perte à l'État, parce que les superfices estimés ainsi présentent presque toujours une évaluation supérieure à la valeur réelle, mais cette perte est une conséquence nécessaire de la nature de la chose expropriée. Le colon qui aurait pu se faire rembourser de la même manière par le foncier, ne serait pas pleinement dédommagé s'il obtenait moins de l'État.

Lorsqu'il s'agit d'évaluer l'indemnité due à raison de la privation de la jouissance, on a deux choses à considérer : le revenu dont le colon est privé, et le temps pendant lequel il aurait eu le droit d'en jouir.

Si l'État pouvait s'emparer d'un domaine congéable sans indemnité, le colon dépossédé n'aurait point de recours contre le foncier : il cesserait de payer la rente ; ce serait son seul dédommagement. Dans le cas où la tenue ne serait expropriée qu'en partie, il n'aurait droit qu'à une réduction proportionnelle de la rente ; c'est que, respectivement à lui et au foncier, l'éviction est le résultat d'une force majeure dont aucun d'eux n'est responsable envers l'autre. (Art. 1722 du Code civil.)

Mais l'expropriation pour cause d'utilité publique, résultat de la force majeure respectivement au propriétaire et au domanier, est, de la part de l'État, un fait volontaire pour lequel il est dû une juste indemnité, c'est-à-dire, une indemnité égale au préjudice causé. Le domanier auquel on enlève la jouissance du fonds en totalité ou en partie, n'est donc pas obligé de se contenter d'un dédommagement égal à la rente ou à la portion de la rente qui, de lui au foncier, représente le produit du fonds. Il a le droit de réclamer de l'État le revenu réel de ce qu'on lui ôte, parce que le droit de le percevoir pour une rente au-dessous de sa valeur, est un droit acquis dont la privation constituerait une perte. Il est clair seulement que ce revenu doit être réduit de tout le montant de la redevance qui en est le prix, et que le domanier cesse de payer après l'éviction. Il est juste encore que sur l'indemnité ainsi réduite, l'on diminue l'intérêt de la somme remboursée pour les superfices; car autrement, ces superfices étant pris en considération dans la fixation du produit de la tenue, l'État paierait la jouissance d'un capital dont le domanier ne serait pas privé.

Mais si le colon est en droit d'exiger qu'on lui paie le revenu réel dont on le prive, il est bien certain, d'un autre côté, qu'il ne saurait le demander que dans la proportion du temps pendant lequel il aurait été fondé à le percevoir. Dans ce cas, comme dans tous les autres, la perte totale est égale à la perte annuelle multipliée par le nombre des années durant lesquelles elle doit se répéter. C'est vainement que le domanier viendrait objecter qu'il faut tenir compte de ce que la jouissance des colons cesse moins souvent que celle des fermiers à l'expiration du temps fixé par les baux. Cette circonstance, toute de fait, et résultat d'une convention postérieure expresse ou tacite, ne saurait influer sur l'application des principes. Il suffirait, pour le sentir, de remarquer que si l'on voulait avoir égard à ce que la jouissance des colons est susceptible de se prolonger au-delà du terme fixé par la convention ou par la loi, il faudrait nécessairement déterminer la durée de cette prolongation éventuelle, et l'on se trouverait alors en présence d'un problème insoluble, puisqu'on manquerait des données nécessaires pour le résoudre. La loi repousse un pareil système : à ses yeux, une jouissance précaire est censée devoir finir à l'époque où l'une des parties a le droit de la faire cesser.

Tels sont les principes qui doivent présider au partage de l'indemnité entre le propriétaire et le colon. Ils ont été méconnus d'une manière manifeste quand on a considéré les domaniers comme devant être dédommagés de la privation de jouissance pour un temps plus long que celui de la durée de leurs baux. Cette erreur est devenue une injustice criante quand on a soumis le propriétaire à fournir ce surcroît d'indemnité sur le prix de son propre fonds. Une pareille aberration est réellement inconcevable ; car lors même que l'on admettrait, contre toute raison, qu'une simple éventualité est pour le domanier le principe d'un droit, il resterait toujours à rechercher si c'est contre le propriétaire ou contre l'État. Or, ce ne serait jamais contre le propriétaire : premièrement, parce que la dépossession étant pour lui l'effet de la force majeure, il ne saurait en être responsable (art. 1722 du Code civil) ; secondement, parce qu'ayant le droit d'expulser à la fin de la jouissance légale, l'éventualité en question n'existe pas pour lui ; troisièmement enfin, parce que, s'il était obligé d'abandonner une portion du prix de son fonds pour dédommager son domanier, il n'aurait plus pour sa propre chose la juste indemnité qui lui est promise par la loi.

Si, quand il s'agit de fixer l'indemnité due pour dépossession d'un domaine congéable, on établissait deux évaluations tout-à-fait distinctes, l'une pour le propriétaire et l'autre pour le colon, chacun de ceux-ci pourrait, sans s'occuper de ce qu'on propose à l'autre, discuter pour son compte particulier la suffisance des offres qu'on lui fait.

Mais, le plus communément, on ne fait pour chaque

tenue qu'un seul procès-verbal. Il peut alors s'élever des débats sur le point de savoir comment doit se diviser la somme offerte pour le tout. Cependant, si le procès-verbal dans lequel on a réuni ce qui concerne le propriétaire et le domanier, indique les portions de chacun, il est encore possible de se borner de part et d'autre à discuter son droit particulier : celui dont l'indemnité n'est pas fixée conformément aux règles ci-dessus, peut se contenter de soutenir contre l'Etat qu'elle n'est pas suffisante.

On ne conçoit pas comment une estimation qui ne distinguerait pas les droits du colon de ceux du foncier, pourrait être régulière, car elle n'offrirait point les détails nécessaires pour mettre les parties et la justice à même d'en vérifier et d'en apprécier les bases. Toutefois, si une pareille estimation avait été une fois admise, soit par les intéressés, soit par le tribunal, il y aurait lieu d'en répartir le résultat, et, pour y parvenir, l'on devrait évaluer, d'une part, la propriété des droits fonciers et, de l'autre, la valeur des superfices et la perte occasionnée par la privation de la jouissance du fonds. Le produit des deux évaluations particulières, comparé avec la somme à diviser, donnerait la proportion de ce qui doit revenir à chacun ; de sorte qu'il y aurait perte ou profit pour l'un et l'autre intéressés, suivant que l'indemnité allouée serait inférieure ou supérieure à la totalité du préjudice.

CHAPITRE II.

Des Droits réparatoires.

—

§ 1ᵉʳ

En quoi consistent les droits réparatoires.

336. — Pour se faire une idée juste de ce que l'on entend par droits réparatoires, il faut se reporter par la pensée au temps qui a précédé la première culture, la première mise en valeur du fonds : tout ce que la main de l'homme a ajouté de valeur à ce fonds inculte, est compris sous la dénomination de droits réparatoires ou édifices et superfices. Ainsi, sont des droits réparatoires :

1° Les maisons construites sur la tenue, les granges, les écuries, les étables, les fours, et autres bâtiments ;

2° Les aires à battre, les murs, les talus, les fossés, les barrières, les puits, les fontaines, les étangs, les réservoirs d'eaux pour laver ou pour rouir les lins, les chemins pratiqués pour le service particulier de la tenue ;

3° Le premier défrichement des terres, les labours et engrais, le tissu des prairies, les canaux d'irrigation ;

4° Tous les bois autres que les arbres fonciers, c'est-à-dire, les émondes des arbres susceptibles d'être émondés, les arbres fruitiers, les bois *puinais*, qui consistent principalement dans les neuf espèces énumérées en l'art. 5, tit. 23 de l'ordonnance des eaux, bois et forêts : *saulx, morsaulx, épines, puines, seur* ou *sureau, aulnes, genêts, genèvres* et *ronces.* On peut y joindre le coudrier, le houx et le bouleau. (Le G., p. 117). Les bois taillis avec leurs souches sont aussi réputés bois convenanciers. (B., N° 304; Le G., pag. 118).

337. — Il s'est élevé il y a quelques années une multitude de difficultés sur le sens de ces expressions *premier défrichement des terres,* que nous avons empruntées aux anciens auteurs. Les colons voulaient leur donner une interprétation à laquelle personne n'avait encore pensé et qui aurait eu pour résultat de rendre les congéments impossibles dans presque tous les cas, en portant à 60 ou 80 fr. l'indemnité due par hectare pour les labours. Il est aujourd'hui inutile d'entrer dans l'examen de cette prétention, que la cour a proscrite par un arrêt du 29 août 1839 dont voici les motifs :

« Considérant que, pour admettre que lors du con-
» gément on doit estimer les frais de premier défri-
» chement de toutes les terres productives, il faudrait
» supposer qu'il n'existe que des concessions en pre-
» mier défrichement, et que dans l'origine toutes les
» terres acconvenancées étaient incultes, ce qui n'est
» pas admissible ; que la prétention de Kerausquer
« étant contraire à ce qui s'est généralement et cons-
» tamment pratiqué jusqu'à présent, ne saurait être
» accueillie qu'autant qu'elle reposerait sur un fon-
» dement solide ; que, pour justifier cette innovation,
» on se borne à citer l'art. 27 de l'usement de Cor-
» nouailles, qui porte que si les domaniers ont fait
» des prairies ou *quelques autres améliorations*
» *utiles sur le fonds, ils doivent être réparés;*

» mais que, pour bien comprendre le véritable sens
» de cet article et en apprécier la portée, il faut le
» rapprocher de l'article 9 du même usement, qui
» autorise le colon *à faire sans la permission du*
» *foncier tous édifices utiles et nécessaires, comme*
» *haies, fossés, vergers, jardins et prairies ;* que
» l'art. 27, en disant avec toute justice que le domanier
» serait indemnisé de la valeur de ces travaux à sa
» sortie, ne statue rien relativement aux défrichements
» primitifs et antérieurs à la baillée ; que nul texte
» des autres usements ne s'explique à cet égard ; que
» si quelques auteurs bretons, énumérant les droits
» réparatoires, y comprennent les frais de premier
» défrichement, aucun d'eux n'a précisé ce qu'il fallait
» entendre par premier défrichement, ni signalé
» comme abusif l'usage contre lequel on réclame au-
» jourd'hui ; que Baudouin dit seulement qu'on com-
» met une injustice en ne remboursant pas le tissu
» des prairies.

» Considérant que dans l'espèce, indépendamment
» des frais de premier défrichement prisés en déba-
» tif, les experts ont estimé, suivant l'usage ordinaire,
» le tissu permanent des prairies, les travaux d'ap-
» planissement, enrigolement et façon ; qu'ils ont
» également estimé sur les autres terres divers objets,
» conformément à ce qui se pratique habituellement,
» sous les dénominations de suites, veillons, super-
» ficie, genêts, et brandons, etc. ;

» Que Kerausquer ne maintient pas que, depuis
» les concessions, il ait été fait des prairies ou défri-
» chements ; que les premiers juges ont donc à tort

» alloué une somme de 722 fr. 55 c. pour frais de
» premier défrichement. »

Nous adoptons sans réserve cette décision, dans le sens de laquelle nous avions consulté plusieurs fois.

338. — Baudouin fait remarquer (N° 308) qu'en prisant les droits d'une prairie, on ne doit pas se borner à estimer uniquement l'herbe qui s'y trouve, ou les canaux d'irrigation ou d'écoulement. Le tissu permanent des prairies est une amélioration due à la main de l'homme. Pour l'obtenir, il a ordinairement fallu applanir le terrain, l'ouvrir, l'ensemencer, etc. : il doit donc être estimé en congément. (Usement de Cornouailles, art. 27). C'est aussi ce qu'a jugé l'arrêt du 29 août 1839.

339. — Mais Baudouin dit (N° 305) que les genêts et ajoncs ne sont estimés qu'après un an, parce qu'avant cet âge, ils sont d'une valeur presque nulle. C'était la disposition des art. 26 de Cornouailles et 21 de Rosmar; mais, dès que les gènêts et ajoncs ont une valeur, quelque petite qu'elle soit, ils doivent être estimés ; ils sont toujours une amélioration.

340. — Un pressoir, immeuble par destination, c'est-à-dire, attaché au fonds pour l'exploitation de ce fonds, fait partie des droits convenanciers, et doit être estimé et remboursé en congément. (B., N° 302). On peut dire la même chose des auges de pierre ou de bois à l'usage du pressoir.

341. — Carré décide (pag. 228) que les pailles et engrais amoncelés, les foins et fourrages de l'année doivent être considérés comme droits réparatoires, et prisés sur la demande du congédiant.

Dans l'ancienne jurisprudence, on ne considérait

point ces divers objets comme droits réparatoires, et le colon les enlevait avec le reste de son mobilier, lorsqu'il était congédié. (B., N° 301 ; Le G., p. 125; Carris, sur Rohan, pag. 8). Cependant un arrêt du 26 messidor an X jugea qu'il en devait être autrement pour les pailles et marnis, d'après l'art. 19 de la loi du 6 août, et, en conséquence, il annula un congément parce qu'au lieu de priser les pailles, foins et fumiers avec les autres droits, les experts en avaient renvoyé l'évaluation après la Saint-Michel.

Nous avions critiqué cette décision, qui donnait une interprétation erronnée aux mots *labours et engrais* de l'art. 19 de la loi du 6 août. Un arrêt postérieur du 31 juillet 1834 (Journ., tom. 9, pag. 617) a consacré notre opinion.

« Considérant que s'il est d'usage, lors du congé-
» ment, d'estimer les pailles et foins et de les rem-
» bourser au domanier congédié, il ne faut pas en
» conclure que ces objets fassent partie des droits
» proprements dits ; qu'ils sont de véritables récoltes
» ou des débris de récoltes, appartenant au domanier
» congédié au même titre qui en donne la propriété
» aux fermiers ordinaires. »

Du reste, si l'usage dont parle l'arrêt est bien constant en quelques lieux, il est fort éloigné d'être général : nous ne l'avons du moins jamais vu suivre dans les cantons du littoral, où le congédié dispose de ses pailles et engrais. Cela n'empêche pas que, dans notre opinion, le foncier n'ait partout le droit que l'article 1778 du code accorde au propriétaire d'une ferme. L'art. 16 de la loi de 1791 ne nous laisse aucun doute là dessus.

14.

D'après presque tous les auteurs, les foins et fourrages sont compris dans l'art. 1778 sous la dénomination de pailles et engrais.

342. — De ce que les pailles et engrais ne sont pas des droits réparatoires et ne doivent être remboursés qu'en vertu des dispositions du Code civil, résultent deux conséquences.

Premièrement, le colon, qui peut demander le remboursement de tous ses droits réparatoires, ne pourrait pas exiger que le propriétaire lui remboursât les pailles et engrais de l'année. L'art. 1778 n'impose pas une obligation au propriétaire, il lui confère seulement une faculté.

Deuxièmement, les pailles et engrais n'étant pas des droits réparatoires, il n'est pas rigoureusement nécessaire qu'ils soient prisés et remboursés avant le jour Saint-Michel, comme les édifices et superfices. On sent même que cela ne serait guère possible, attendu qu'on n'en peut constater la valeur et la quantité qu'après la récolte et au moment même où le colon quitte la tenue. Il convient cependant que le propriétaire fasse connaître à l'avance l'intention où il est de les rembourser.

§ II.

Des Droits du colon sur les édifices et superfices.

343. — Le domanier, propriétaire des droits réparatoires, peut en disposer comme bon lui semble : il a *jus utendi et abutendi.*

344. — Il peut donc les affermer, les hypothéquer, les aliéner à titre gratuit ou onéreux. Il ne pourrait

même renoncer valablement à aucun de ces droits. (Art. 3 de la loi du 5 août; arrêt du 13 décembre 1813, Journ., tom. 5, page 175; C., pag. 192). Il peut couper les bois convenanciers, laisser les édifices en ruines, les clôtures sans réparations, les champs sans culture. Cependant, si ces dévastations étaient poussées au point de donner au propriétaire de justes sujets de crainte pour la sûreté de sa rente, celui-ci aurait une action, soit pour contraindre le colon à remettre ces choses dans un état tel que ses droits fussent garantis, soit pour obtenir la faculté de congédier avant l'expiration de la baillée. (B., N° 247).

345. — Les autres domaniers de la même tenue pourraient agir eux-mêmes pour demander que les droits fussent rétablis dans un état qui assurât le paiement de la rente. Leur qualité naîtrait de l'intérêt qu'ils ont à prévenir l'insolvabilité de leur codébiteur solitaire. (B., N° 472). Il est seulement de principe que le colon ne peut jamais être contraint a reconstruire un édifice tombé en ruines par vétusté. (Carris, sur l'art. 12 de l'usement de Rohan).

346. — Le colon assigné en congément ne peut ni détruire, ni dégrader ses droits convenanciers : outre qu'il ne faut pas favoriser la méchanceté, il est de maxime que le propriétaire qui consent à en payer la valeur, peut retenir les constructions et les plantations faites sur son fonds, soit par un fermier, soit par un possesseur évincé; et le pacte de rachat des améliorations, qui est de l'essence du bail à convenant, est une raison de plus pour interdire au colon assigné en congément la faculté de détruire ces améliorations. (B., N° 248).

347. — Il en serait de même des innovations que le domanier aurait faites sur la tenue, et que le propriétaire offrirait de rembourser. (B., N° 271). Mais le congédiant ne pourrait se plaindre de la destruction de ces innovations, qu'autant qu'elle aurait eu lieu depuis sa déclaration d'entendre les conserver : à défaut de cette déclaration, on présumerait que le colon ne les a détruites que dans la persuation qu'on ne voudrait pas les rembourser.

348. — Au reste, comme le colon est propriétaire des édifices et superfices, pour qu'il puisse être inquiété à raison des dégradations qu'il s'est permis depuis la demande en congément, il faut que ces dégradations soient d'une certaine importance, ou qu'il résulte des circonstances qu'elles n'ont été faites que dans l'intention de nuire, *animo nocendi.*

349. — Par arrêt du 16 mars 1812 (1re chamb., Journ., tom. 4, pag. 424), il a été jugé qu'il existe entre les codomaniers d'une tenue une espèce de société, en vertu de laquelle l'un d'eux ne peut faire, sans le consentement des autres, aucune innovation sur la tenue, lors même qu'il soutiendrait ces innovations avantageuses. L'espèce de cet arrêt n'est pas rapportée au Journal. Un autre arrêt du 25 novembre 1811 (Journ., tom. 4, pag. 292), a jugé qu'un des colons ne peut porter atteinte aux droits des autres, ni changer en aucune manière le mode de jouissance sans l'assentiment de ses consorts. Il s'agissait d'une lande dont un des colons avait abattu les fossés. Il fut condamné à les rétablir, mais il faut remarquer que la lande était indivise entre tous les colons.

On peut demander à ce sujet si des colons qui pos-

sèdent par indivis, peuvent se contraindre respectivement à faire des réparations aux droits qui sont à la
veille d'être congédiés. Il nous semble que l'affirmative ne devrait être admise que dans le cas où le demandeur offrirait de faire l'avance de la somme à dépen-
ser, dont il aurait ensuite reprise avec intérêts et
privilége.

§ III.

Des Améliorations et des Innovations.

350. — Le colon a le droit de faire sur la tenue les
améliorations qui ont pour objet de la fertiliser, de
l'entretenir ou de la rétablir dans son ancien état ; il
peut ainsi faire des vergers et des semis, planter des
arbres fruitiers, faire des jardins et des prairies, en-
graisser et ensemencer les terres, etc.

351. — Les améliorations que la loi interdit au
colon sont désignées sous le nom d'*innovations* ou
de *novalités*. Elles ne se font légitimement qu'avec
le consentement du propriétaire.

Par exemple, le colon ne saurait, sans le consentement du foncier, agrandir les bâtiments existants, ni
en édifier de nouveaux ; il lui est seulement permis de
reconstruire, avec des matériaux de même nature, les
édifices qui sont tombés, sans leur donner une forme
et des dimensions plus dispendieuses que celles qu'ils
avaient primitivement : faire davantage, ce serait grever le fonds.

352. — Lorsqu'il existe des traces d'anciennes
constructions dont il n'est pas possible de déterminer
les matériaux, la forme et les dimensions, le colon ne

doit pas reconstruire avec une grande dépense ; il ne peut faire que des logements ordinaires et proportionnés à l'importance de la tenue. Les questions auxquelles peuvent donner lieu les constructions de cette nature, sont nécessairement abandonnées à la sagesse des tribunaux, qui les décident d'après les circonstances.

353. — En accordant aux colons le droit de reconstruire les édifices ruinés, Rosmar (art. 15), et après lui Baudouin (N° 260), supposent que ces reconstructions ne peuvent se faire que sur les anciens fondements. L'art. 12 de l'usement de Rohan en avait une disposition expresse. Nous pensons cependant, avec Le Guével (page 114), que le foncier n'aurait ni intérêt ni qualité pour réclamer, à raison de ce que la reconstruction serait faite sur un emplacement différent. Il pourrait seulement prendre ses sûretés, afin d'empêcher qu'on n'argumentât par la suite de l'existence des anciens fondements, pour en conclure qu'on a encore le droit de construire.

354. — Les domaniers ne peuvent faire ni des murs, ni des talus où il n'y en avait pas ; ils ont seulement le droit de réparer ceux qui existent, et de relever ceux qui sont tombés, en leur donnant les dimensions qu'ils avaient auparavant.

355. — Il en est de même, en thèse générale, pour ce qui concerne les fossés. Si l'on accordait la faculté indéfinie d'en élever, le colon pourrait morceler la tenue en petites parcelles, et faire payer au propriétaire une quantité de fossés qui seraient inutiles et souvent nuisibles. (Gatechair, Carris ; arrêt de 1649). Baudouin dit cependant que ce principe souffre ex-

ception, dans le cas où l'on aurait acconvenancé un terrain déclos : il existe alors, dit-il, une présomption légale que le colon a été autorisé à se clore, et il est à remarquer qu'il ne restreint pas cette présomption au cas où tout le terrain donné à convenant est déclos ; il l'étend même aux terrains vagues qui font partie d'une tenue composée par ailleurs de terres closes et cultivées. En effet, à l'occasion du champart auquel l'usement de Cornouailles soumettait les colons, en cas de défrichement des terres incultes, il dit positivement (N° 50) que, lorsque des issues, des terrains vagues, ont été acconvenancés avec la tenue close qui les environne, les colons peuvent les clore et les labourer. Nous reviendrons sur cette question en parlant des défrichements, N° 358.

356. — Le droit accordé au colon de planter des arbres fruitiers et de faire des prairies et des jardins, n'est pas tellement illimité, qu'on dût accorder à un domanier le remboursement de toutes les dépenses de ce genre qu'il aurait faites sur la tenue. Nonobstant le principe général, un colon n'aurait pas le droit de convertir toute une tenue composée de terres labourables, en prairies, en jardins, en semis, en vergers plantés à terre perdue : ce ne serait plus user de la chose suivant la destination qui lui a été donnée par bail, ou suivant celle qui est présumée d'après les circonstances, à défaut de convention. C'est d'après la disposition de l'art. 1728 du Code civil que l'on déciderait ce qu'il a pu faire légitimement.

357. — Les colons ont incontestablement le droit de faire des semis et des pépinières sur la tenue ; les semis font partie des superfices et sont compris dans

le prisage des droits réparatoires; mais les plans dont les pépinières se composent, placés temporairement dans le fonds où ils sont réunis, pour être ensuite plantés à demeure en d'autres endroits, ne sont point immeubles, et ne font pas plus partie des droits réparatoires que les autres meubles et effets mobiliers du colon. (Pothier, Communauté, t. 1, p. 33 ; Duparc Ponllain, Princ., t. 2, p. 67). Ils ne doivent donc pas être remboursés en congément. Le domanier est obligé de les enlever en quittant la tenue; il ne pourrait pas même obtenir, en offrant une indemnité, qu'on lui laissât le temps nécessaire pour en tirer parti.

Carré, qui professe comme nous ces principes (page 244), dit cependant que « s'il était reconnu, ou
» que l'on parvînt à prouver que la plantation de la
» pépinière a eu lieu au vu et au su du propriétaire,
» sans observation ni protestation de sa part, et que
» le déplacement des arbres ne pût s'opérer utilement
» et sans danger dans les six mois qui précèdent le
» 29 septembre, il pourrait se faire que les juges
» considérassent le silence gardé lors de la plantation
» comme approbation tacite et renonciation à la fa-
» culté de faire extraire les plants à contre-saison.
» Alors, conciliant l'intérêt de l'agriculture et l'équité
» avec la rigueur des principes, ils pourraient accor-
» der au colon une prorogation de délai, strictement
» nécessaire pour l'enlèvement, à la charge à celui-ci
» d'une indemnité fixée par experts. » Ce tempérament peut paraître conforme à l'équité; cependant, comme le colon n'a fait qu'user de son droit en établissant une pépinière sur la tenue, le propriétaire n'a pu ni

se plaindre ni protester : il semble donc qu'on ne peut tirer aucun argument de son silence.

Il convient de dire ici que deux arrêts de Rennes, que nous ne connaissons pas, nous ont été indiqués comme consacrant une opinion qui diffère sur quelques points de la nôtre, en ce qui concerne les semis et les pépinières.

358. — Une question bien autrement importante est celle de savoir si le colon a le droit de faire sur la tenue des défrichements et des desséchements.

L'art. 2 de la déclaration du 6 juin 1768, sur les défrichements et desséchements, s'exprimait ainsi : « Il ne pourra être entrepris aucun défrichement ou » desséchement, dans quelque terrain que ce soit, que » par les propriétaires desdits terrains, par les sei- » gneurs à l'égard des terres abandonnées, *ou du* » *gré, consentement et concession desdits seigneurs* » *et propriétaires.* »

Girard, dans son livre des *Usements ruraux de la Basse-Bretagne*, suppose partout que les colons ne peuvent défricher sans autorisation. (Pages 42 et 87, et page 8 du Disc. prélim.

Dans une consultation imprimée, du 12 janvier 1794, délibérée par neuf des premiers jurisconsultes de Rennes, on lit (p. 8) que ce serait une innovation que d'accorder au colon la faculté de clore les terrains vagues. On suppose donc que le colon n'aurait pas le droit de défricher, car ce droit suppose presque nécessairement celui d'enclore.

Dans l'écrit que Le Quinio publia en novembre 1790, sous le titre d'*Elixir du régime féodal*, pour demander la suppression du domaine congéable, il

dit : « Le domaine congéable nuit à l'agriculture,
» puisqu'il arrête les défrichements et desséchements.
» Il arrête les défrichements et desséchements, parce
» qu'il n'est aucun colon qui veuille s'exposer à de
» pareilles dépenses. Elles ne lui seraient point rem-
» boursées dans l'appréciation de la tenue, lors du
» congément. *La chose faite s'estime et jamais ce*
» *qu'elle a coûté.* »

Cette dernière proposition ne paraît pas très-exacte,
puisque, comme nous l'avons vu, on estime les droits
réparatoires à la valeur présumée des matériaux et de
la main-d'œuvre, sans considération de ce qu'ils ajoutent au revenu de l'héritage.

Mais, quoi qu'il en soit, en répondant à l'écrit de
M. Le Quinio, dans l'intérêt des propriétaires fonciers,
M. Desnoës, jurisconsulte très-versé dans la jurisprudence du domaine congéable, ne prétendit pas que l'on
eût eu tort de soutenir que les défrichements et les
desséchements étaient interdits aux colons. Bien qu'il
entrât dans son système de présenter le sort des domaniers comme très-avantageux, il ne leur attribue
pas le droit de faire des défrichements et des desséchements.

« A l'égard des défrichements et desséchements,
» dit-il, le colon n'ayant que la jouissance préciaire du
» fonds, il n'y a que le propriétaire qui puisse auto-
» riser des travaux aussi dispendieux. Les dessèche-
» ments surtout ne peuvent être entrepris par des
» colons, ni même souvent par des propriétaires, parce
» que se sont des frais au-dessus des forces des uns
» et des autres.

» Les défrichements ne sont pas tout-à-fait si coû-

» teux ; ils pourraient cependant devenir très-onéreux
» au foncier. Il y a en Bretagne beaucoup de terres
» incultes, connues sous le nom de *landes*. Le défri-
» chement de ces terres, ordinairement remplies d'eau,
» coûte beaucoup, et les engrais encore davantage.
» Après y avoir fait deux ou trois récoltes passables,
» on est obligé de les abandonner, parce que la terre
» est déjà épuisée.

» Si le colon avait la liberté indéfinie de défricher
» tous les terrains dépendant de la tenue, il entoure-
» rait de fossés des terres qu'il ne mettrait point en
» valeur, ou bien il défricherait des terres dont il re-
» cueillerait les trois premières récoltes, les seules
» dont on puisse retirer quelque profit ; et lors du con-
» gément, il se ferait payer des fossés inutiles, et les
» frais d'un défrichement qui ne profiterait en rien au
» propriétaire. Il faut donc que ce dernier donne son
» consentement aux défrichements, si on veut lui en
» faire supporter les frais, ou que le domanier les fasse
» pour son compte, sans pouvoir rien répéter lors du
» congément, s'il n'a pas obtenu l'agrément du fon-
» cier. »

Baudouin professe une opinion toute différente :
dans une foule d'endroits, il parle des défrichements,
et nulle part il ne dit qu'ils soient interdits aux colons.
Bien plus : il leur attribue formellement le droit d'en
faire. « C'est à lui, dit-il, en parlant du domanier,
» qu'il appartient d'entreprendre les défrichements et
» desséchements, de profiter des exemptions de dîme
» et des priviléges que la déclaration du roi, du 6 juin
» 1768, y a attachés. *Son bail convenancier ren-*
» *ferme pour cette entreprise un consentement*

» *suffisant du propriétaire tel que l'exige l'art. 2*
» *de cette loi.* » (N° 471).

Dans ce conflit d'opinions, nous pencherions à adopter celle de Baudouin, que nous trouvons la plus conforme aux principes et à l'intérêt de l'agriculture.

On s'accorde généralement à reconnaître que l'objet primitif du bail à convenant fut le défrichement des terres incultes qui existaient anciennement dans la Bretagne. Ces terres appartenaient à des propriétaires qui, n'ayant pas les moyens de les mettre en valeur, les concédèrent à des cultivateurs qui entreprirent de les défricher. (B., N°s 4 et suiv.) Aussi Le Guével place-t-il au nombre des droits réparatoires *le premier défrichement des terres mises en valeur.* (Pag. 6). Carris dit, sur l'usement de Rohan (pag. 5) : « Maisons, murs, etc., tout cela appartient au colon, » *même ce qui a coûté pour ouvrir premièrement* » *les terres labourables*, faire rigoler et améliorer » les prés, ainsi qu'il a été jugé par arrêt, et tout cela » s'estime en congément. »

L'art. 27 de l'usement de Cornouailles contient une pareille disposition pour ce qui concerne les prairies. Baudouin la rapporte (N° 308) en des termes qui s'appliquent évidemment à tous les terrains mis en valeur.

Cela posé, comment est-il possible d'admettre que les défrichements qui ont donné naissance au bail à convenant, qui en ont été l'objet primitif, soient cependant des améliorations défendues au domanier? Comment concilier d'une manière satisfaisante le droit compétent au colon de se faire rembourser les frais de premier défrichement des terres mises en valeur, avec la défense de défricher? Comment admettre en même

temps que l'amélioration des terres étant la fin principale du bail à convenant, le colon doit être remboursé
des dépenses qu'il a faites pour améliorer et que, cependant, la première de toutes ces améliorations,
celle sans laquelle toutes les autres sont impossibles,
lui est défendue par son titre, ou doit tomber en pure
perte lorsqu'il est congédié ?

Le colon n'a, dit-on, qu'une possession précaire, et
il pourrait grever la tenue en faisant des défrichements !
Cela est vrai, mais la possession du colon, quoique
précaire, diffère essentiellement de celle du fermier : il
est propriétaire des édifices et superfices et, à la différence du fermier, il a le droit de se faire rembourser
les améliorations permises qu'il fait sur le fonds.

Les défrichements, sans doute, augmentent la
somme à rembourser ; mais ils augmentent aussi la
valeur du fonds. Il se peut que, dans certains cas, ils
coûtent plus qu'ils ne rapportent ; mais, outre qu'il est
naturel de penser que ce cas n'est pas le plus ordinaire,
il faut remarquer, d'un côté, qu'il doit arriver rarement
que le colon entreprenne des défrichements onéreux ;
d'un autre côté, que des dépenses de cette nature, qui
consistent uniquement dans la main-d'œuvre, ne pouvant guère s'évaluer à la somme qu'elles ont coûtée, il
est presque impossible qu'elles s'élèvent au-dessus de
la plus-value que les travaux donnent à la tenue.

Ajoutons à tout cela le grand intérêt de l'agriculture,
qui, dans une contrée où la population augmente tous
les jours, exige impérieusement que l'on tire parti de
tous les terrains susceptibles d'être mis en valeur. Un
propriétaire pourra faire des dépenses pour défricher
les terres incultes de sa métairie, mais il n'en fera point

pour augmenter la valeur du fonds de sa tenue ; il en retirerait trop peu d'avantages. Interdire les défrichements aux colons, ce serait donc équivalemment condamner à une éternelle stérilité les terres incultes qui sont possédées à titre de convenant.

Bien que ce que nous venons de dire paraisse, jusqu'à un certain point, applicables aux desséchements comme aux défrichements, il est visible que les dépenses de desséchement pourraient être contestées au colon avec beaucoup plus d'avantages que celles de défrichement : outre qu'elles sont bien plus considérables, et que les desséchements exigent ordinairement la construction de digues très-coûteuses, il semble que les entreprises de desséchements tiennent moins à la nature du domaine congéable que celles de défrichement.

359. — Nous avons parlé plus haut du changement que la demande en congément peut apporter à la faculté de faire des améliorations.

360. — Il n'est point d'innovations qui ne puissent être légitimées par un consentement général ou spécial du foncier.

La clause du bail en premier détachement, qui permet indéfiniment de clore et de bâtir, légitime toutes les constructions du colon, pourvu qu'elles ne soient point excessives.

A moins d'une stipulation contraire bien formelle, le droit d'innover dure autant que la jouissance du colon et n'expire pas avec l'assurance dans le cas de tacite réconduction.

361. — Le foncier a le droit de demander la destruction de toutes les innovations aux frais du colon;

celui-ci peut même être condamné à des dommages et intérêts pour le préjudice que peut avoir éprouvé le foncier ; mais, dans tous les cas, il enlève, sans détériorer le fonds, les matériaux provenant de la démolition.

362. — Si le propriétaire préfère conserver les innovations, il en doit le remboursement comme des autres améliorations. Il n'en était pas ainsi autrefois : le foncier pouvait conserver les augmentations, en offrant de payer les matériaux comme matières brutes et sans main-d'œuvre. (B., N° 271). C'était la conséquence de ce principe rapporté par d'Argentré : *Quod inscio domino inædificatum est, jure communi, tollere licet colono ; volens dominus non ampliùs quàm materiæ pretium, sine ullo manûs pretio refundit.* Mais l'art. 555 du Code civil, qui a changé le principe, a détruit la conséquence.

363. — Il arrive souvent que les propriétaires fonciers, au lieu de demander la destruction des novalités, se contentent d'exiger des reconnaissances authentiques, ou sous signature privée, que les innovations ne devront point être prisées en congément. Ces reconnaissances sont ce qu'on appelle quelquefois *lettres de non préjudice*. On ne peut contraindre les propriétaires de s'en contenter. (B., N° 265 ; Le G., page 111).

364. — Si pourtant, dans un édifice permis, il s'agissait seulement d'une partie qu'on pût considérer comme construite trop somptueusement, l'équité demanderait que le propriétaire se contentât de la déclaration du colon de renoncer à exiger le remboursement. (B., N° 266).

365. — Une possession paisible de trente ans légitime les innovations, et autorise à en demander le remboursement, lorsque des lettres de non préjudice ne rendent pas cette possession précaire.

366. — On a demandé si la prescription est interrompue par des lettres récognitoires que le colon a fournies pendant le délai de la prescription, et dans lesquelles il n'a pas mentionné les innovations? Baudouin (N° 269) résout cette question affirmativement, pour le cas où les déclarations sont dénégatives des innovations, comme quand le colon a déclaré que la maison n'a qu'un seul étage, quoiqu'il y en ait ajouté un second. Il la résout négativement, pour le cas où le titre nouveau est seulement omissif, comme lorsqu'on y garde le silence sur les augmentations, sans rien dire qui en exclue l'existence.

Cette dernière solution nous semble trop générale. Nous l'admettrions bien pour les simples changements faits à quelques-uns des objets de la tenue ; par exemple, pour une augmentation du nombre ou de la grandeur des ouvertures, pour un étage même qui serait ajouté à un édifice ; mais si le colon avait omis dans sa déclaration un bâtiment construit sans droit, ou seulement un mur, un talus, un fossé, etc., le silence qu'il aurait gardé sur ce point nous paraîtrait équivalent à un aveu formel que l'objet omis n'est pas une amélioration licite. Le colon qui fournit une reconnaissance pour empêcher le changement des choses, et qui doit, par ce motif, rapporter les dimensions des bâtiments jusqu'aux pieds et pouces (Hévin Consul. 104ᵉ ; B., Nᵒˢ 121 et 122), ne doit-il pas être censé avoir reconnu la non existence légale de toutes les innovations qu'il ne déclare pas ? La prescription, dit l'art. 2248 du Code, est interrompue par la reconnaissance que le possesseur fait du droit de celui contre lequel il prescrivait. La jurisprudence apprend qu'il suffit de la plus légère reconnaissance *minima agnitio*. Mais n'est-ce donc pour avouer le droit que le propriétaire aurait de réclamer contre les innovations, que de lui en dissimuler l'existence dans une déclaration qui a pour objet de lui faire connaître l'état des choses ? Le propriétaire n'a-t-il pas dû croire que la tenue était telle qu'on la décrivait ? N'y aurait-il pas enfin de l'injustice à admettre le colon à défendre ses innovations, en prouvant l'inexactitude de sa propre reconnaissance ?

Un jugement du tribunal de Saint-Brieuc, du 21 décembre 1824, consacre la distinction admise par Maudouin, même pour le cas où il s'agit d'un bâtiment construit sans droit.

Un autre jugement du même tribunal, du 10 mai 1825, décide qu'une déclaration est non-seulement *omissive*, mais *négative* d'une construction, lorsque les débornements donnés à un autre édifice excluent l'idée que cette construction existât à l'époque de la déclaration.

L'auteur de la Table des Arrêts, N° 595, croit notre opinion préférable à celle de Baudouin.

367. — Lorsque le foncier a lui-même remboursé les innovations faites sur la tenue, il est censé les avoir approuvées; elles sont ensuite comprises de plein droit au nombre des droits réparatoires dans le bail qu'il passe avec un autre colon.

Mais l'acquéreur d'une foncialité est-il fondé à critiquer les innovations faites avant son acquisition, lorsque le contrat ne lui en confère pas expressément le droit? L'affirmative ne fait pour nous l'objet d'aucun doute : le cessionnaire doit, à défaut de stipulation contraire, jouir de tous les accessoires de sa propriété. (Art. 1613, Code civil.) Ce cas ne saurait être assimilé à celui dont il est parlé *suprà* N° 88 et dans lequel il ne s'agit que d'une indemnité mobilière, due à cause du fonds, mais qui n'est pas une dépendance du fonds.

368. — Mais, quoique ces édifices aient été prisés dans un congément exercé par un cessionnaire, le foncier n'est pas moins recevable à les contester : le congédiant doit s'imputer d'avoir remboursé des objets qui n'étaient pas remboursables ; seulement il a le droit de joindre à sa possession celle du précédent colon, pour compléter le temps de la prescription. C'est une raison pour que le congédiant s'assure bien, par l'examen des titres, que tous les objets sont susceptibles d'être remboursés. Baudouin (334) lui accorde cependant un recours vers le domanier expulsé pour les innovations remboursées sans droit. Il paraît même supposer que ce recours doit durer autant que l'action qui compète au propriétaire ; mais il est permis d'en douter : le congédiant représentant le propriétaire par rapport au congédié, il semble que, de même que le remboursement fait par le propriétaire est présumé une approbation des innovations, de même aussi le remboursement fait par le cessionnaire du foncier devrait mettre le congédié à l'abri de toutes recherches. Baudouin pense qu'il en est autrement; mais, sans combattre entièrement son opinion, nous

croyons que le colon congédié devrait au moins être à l'abri de tout recours un an après sa sortie de la tenue. Après un an, on n'admet pas d'action contre le fermier sorti pour dégradations ou défaut de réparations.

§ IV.

Des Actions attachées à la propriété des droits réparatoires.

369. — Le colon, propriétaire absolu des droits réparatoires, peut intenter, pour les défendre, toutes sortes d'actions réelles, possessoires ou pétitoires, de bornage, de servitude, etc. Il n'a besoin pour cela ni du consentement, ni de l'assentiment du foncier.

370. — Mais comme la plupart des actions réelles intentées au sujet de la tenue par le colon ou contre le colon, peuvent intéresser le propriétaire, il convient d'indiquer les cas où le domanier peut agir seul, ceux où il doit être assisté du propriétaire, et ceux enfin dans lesquels il doit demeurer étranger au procès.

371. — Il faut d'abord distinguer les contestations qui ne s'agitent qu'entre des détenteurs de la tenue, et les contestations qui s'agitent entre des détenteurs de la tenue et des tiers.

Les colons d'une même tenue ont souvent entre eux des discussions au sujet du bornage de leurs portions respectives, d'un édifice, d'un mur, d'un fossé qu'ils se disputent, d'une servitude réclamée pour une portion de la tenue sur une autre portion, enfin, de la répartition à faire entre eux de la redevance convenancière. Dans tous ces cas, le grand principe de la solidarité des colons et de l'indivisibilité de la tenue rend ces contestations étrangères au propriétaire, qui n'a ainsi ni qualité, ni intérêt pour s'en mêler.

372. — Au contraire, les contestations qui s'élèvent entre des colons et des tiers intéressent toujours le propriétaire d'une manière plus ou moins directe. Supposons, par exemple, qu'un colon revendique contre un tiers un fossé qu'il prétend faire partie de ses droits ; il est clair que le jugement qui le déboute de sa prétention décide implicitement que le fonds sur lequel le fossé est établi ne dépend pas de la tenue. On peut dire évidemment la même chose d'une action de bornage, ou de la demande d'une servitude pour la tenue ou sur la tenue, formée par le domanier contre un tiers ou par un tiers contre le domanier.

Mais, entre ces actions qui intéressent à la fois le propriétaire et le colon, il y a une distinction importante à faire : le colon réunit en lui deux qualités bien distinctes ; il est fermier du fonds et propriétaire des édifices et superfices.

373. — Comme fermier du fonds, il ne peut exercer aucune action réelle ; comme propriétaire des édifices, il peut former toutes les actions nécessaires pour les défendre ou pour en revendiquer la possession et la propriété.

Cela posé, lorsque la contestation a pour objet une servitude réclamée pour la tenue ou sur la tenue, le colon n'a pas de qualité pour plaider : la servitude est un droit ou une charge du fonds dont le domanier n'est que le détenteur précaire. C'est la jouissance du fonds et non la propriété des droits qui se trouve compromise. On devrait décider la même chose d'un bornage ou d'une action possessoire ou en revendication qui ne concernerait qu'une portion du fonds sur laquelle le colon n'aurait pas de droits réparatoires.

374. — Mais toutes les fois que la propriété ou la possession de quelques-uns des édifices et superfices se trouve en discussion, le colon a intérêt et qualité pour agir sans l'assistance du foncier. Ainsi, par exemple, lorsqu'un tiers lui conteste la propriété ou la possession d'un édifice, d'un puits, d'un mur, d'une portion de terrrain qu'il a mise en valeur, etc., il peut intenter toutes les actions réelles qui compéteraient au propriétaire lui-même.

Toutefois, comme des contestations de cette nature intéressent toujours le propriétaire du fonds sur lequel les droits réparatoires sont établis, il y a deux observations à faire sur ce que nous venons de dire :

Premièrement, il peut se faire que la discussion s'agite, en l'absence du colon, entre le tiers et le foncier; dans ce cas, le jugement rendu sans collusion contre le foncier peut être opposé au domanier. C'est la conséquence de ce principe que l'accessoire suit le sort du principal : *œdificium solo cedit*. Le colon peut seulement, dans le cas où il serait évincé d'un objet que le propriétaire lui aurait concédé, exercer contre lui un recours en garantie ou en indemnité.

Deuxièmement, le propriétaire a le droit d'intervenir dans ces contestations où il est intéressé. Le tiers, qui plaide contre le colon, peut même demander qu'il soit mis en cause, afin de pouvoir lui opposer le jugement à intervenir, qui sans cela n'aurait aucune force contre lui.

375. — Conformément aux principes que nous venons de développer, il a été jugé, par un arrêt du 18 janvier 1819 (Journ., t. 6, p. 174), qu'un colon était sans qualité pour contester en privé nom la propriété d'une carrière, lorsque le foncier mis en cause avait demandé son renvoi hors d'assignation. Il pouvait seulement, d'après l'arrêt, réclamer contre le foncier une indemnité en cas d'éviction, si le terrain où était située cette carrière faisait effectivement partie de la tenue, ou des dommages et intérêts dans le cas où il aurait été autorisé par lui à l'exploiter.

376. — Le 24 juillet 1823, la Cour a prononcé sur une autre question relative aux actions qui compètent au domanier.

Un sieur Le Nagard était colon convenancier de la tenue Le Brohès. Un sieur Leroi, propriétaire de moulins qui dépendaient anciennement de cette tenue, l'attaqua comme ayant usurpé sur lui plusieurs journaux de terres en prairie. Un compromis fut souscrit par les parties, et le 16 août 1820, il intervint une sentence favorable à Le Nagard. Leroi demanda la nullité du compromis et du jugement arbitral. Il se fonda sur ce que Le Nagard, simple domanier, était sans qualité pour compromettre sur le fonds de la tenue, d'où résultait, suivant lui, un défaut de lien, qui rendait le compromis nul à l'égard de toutes les parties. Un jugement par défaut du tribunal de Pontivy, en date du 6 août 1822, accueillit cette demande.« Considérant, porte le jugement, que le com-
» promis est un contrat synallagmatique ; que le
» contrat synallagmatique est sans effet à l'égard de
» toutes les parties, s'il est nul à l'égard de l'une

« d'elles; que la nullité du lien, pour l'une des par-
» ties, donne à l'autre ou aux autres le droit de pro-
» poser la nullité de ce lien; qu'en conséquence, la
« nullité d'une sentence arbitrale rendue en vertu
» d'un compris nul, peut être demandée par toutes
» les parties qui ont signé audit compromis ;

» Considérant qu'un domanier, qui n'est que pro-
» priétaire édificier, ne peut compromettre sur les
» contestations touchant la propriété du fonds sans le
» concours ou l'autorisation du propriétaire foncier :
» que dans l'espèce, Le Nagard, simple domanier de
» la tenue Le Brohès, étant sans qualité pour répondre
» seul à la demande formée par Leroi, relativement
» à la propriété foncière de quelques journaux de
» prairies réclamés par ce dernier, comme faisant
» partie de sa terre de Roduel, le compromis passé
» et par suite la sentence arbitrale rendue sur cette
» contestation se trouvent frappés de nullité. »

Sur l'opposition, ce jugement fut confirmé sur plai-
doiries contradictoires, le 13 juillet suivant, par le
motif « que Le Nagard n'avait agi qu'en qualité de
» propriétaire édificier ; que son allégation d'être
» propriétaire foncier du terrain en conteste n'était
» appuyée d'aucune preuve ; que l'aveu rendu par
» Le Nagard ne pouvait militer en sa faveur, puisque
» c'était pour Leroi *res inter alios acta*, et qu'on
» ne peut se former un titre à soi-même ; qu'en qua-
» lité de propriétaire édificier, Le Nagard ne pouvait
» compromettre sur la propriété des terres dont le
» fonds appartient à M. de Carcado ; que le défaut
» de qualité de Le Nagard entraîne la nullité du com-
» promis souscrit par lui, et par suite la nullité de la

» sentence arbitrale. » Le Nagard s'étant porté appelant, a été déclaré sans griefs par arrêt du 21 juillet 1823. (Art. 1003, Code de procédure).

377. — Le domanier peut-il intenter l'action possessoire contre le propriétaire foncier qui aurait usurpé ses droits? Non, dit Baudouin (N° 468), parce que, respectivement au foncier, les droits réparatoires sont mobiliers et la détention du colon précaire.

Il semble que cette opinion est absolument dénuée de fondement.

Premièrement, la maxime que les édifices et superfices sont meubles respectivement au foncier, ne reçoit d'application que dans le cas où celui-ci exerce les droits attachés à la foncialité, et point du tout dans ceux où il cherche à usurper la propriété du colon. C'est une distinction que Baudouin fait lui-même en plusieurs endroits et notamment au N° 47.

Deuxièmement, la détention du colon n'est précaire que pour le fonds de la tenue qui appartient au propriétaire ; car le colon a la propriété pleine et entière des édifices et superfices.

D'ailleurs, en refusant au colon l'action possessoire contre le foncier, Baudouin lui en accorde une autre (N° 468) qui n'en diffère que de nom, et qu'il appelle *action de spoliation*.

378.—Nous sommes donc au fond d'accord sur ce point, et, à une seule exception près, les principes de Baudouin sur les actions qui compètent au colon, nous paraissent être les mêmes que ceux que nous venons de développer.

Cet auteur dit comme nous (N° 467), que le colon n'a pas qualité pour réclamer une servitude qu'il pré-

tendrait lui être due sur un fonds voisin. « Ce droit
» incorporel, dit-il, est parfaitement distinct de la
» superficie, qui seule appartient au domanier; il fait
» partie du fonds dont le colon ne jouit que précaire-
» ment. C'est donc au foncier que compète cette action,
» et dès que la contestation s'élève sur le fond du
» droit, le domanier doit mettre le propriétaire en
» cause, et se borner à lui demander une indemnité
» en cas d'éviction. »

Mais Baudouin pense (N° 466) que le colon a qualité pour défendre à l'action qui lui serait intentée
pour souffrir une servitude sur sa tenue, et, en cela,
nous ne partageons pas son opinion. Bien que le droit
de se défendre soit toujours favorable, nous ne voyons
pas pourquoi le domanier, qui ne peut pas plaider
pour demander une servitude, pourrait plaider pour
en contester une ; si la servitude réclamée lui était
onéreuse, celle qu'il aurait le droit de demander lui
serait avantageuse : son intérêt est donc le même,
soit qu'il s'agisse de demander , soit qu'il s'agisse de
défendre. D'un autre côté, le motif qui, d'après Baudouin, lui interdit d'agir pour demander, lui interdit
également d'agir pour contester : en effet, si la servitude qu'il aurait à réclamer est due au fonds et non
aux superfices, la servitude demandée sur sa tenue
est due par le fonds et non par les superfices. Cela
est tellement vrai, que les édifices et superfices pourraient être détruits en totalité sans que la servitude
cessât de subsister. N'est-ce pas le cas d'appliquer
la maxime : *Ubi eadem ratio, ibi idem jus.*

CHAPITRE III

Du Droit d'abandonner les édifices et superfices pour se libérer des arrérages.

379. — L'art. 26 de la loi de 1791 porte : « Pour-
» ront, les domaniers, éviter la vente de leurs meubles
» et la vente subsidiaire de leurs édifices et superfices,
» en déclarant au propriétaire qu'ils lui abandonnent
» leurs édifices et superfices, auquel cas ils seront
» libérés envers lui. »

Autrefois, l'abandon des droits convenanciers, de
même que l'exponse ou déguerpissement des débiteurs de rentes foncières, ne libérait les délaissants
que des levées à écheoir ; ce n'est que depuis la loi
du 6 août qu'il décharge le colon des arrérages
échus.

380. — Comme l'abandon est une aliénation volontaires des superfices, celui-là seul peut faire exponse
qui a la capacité nécessaire pour aliéner un immeuble.

381. — Le colon peut aujourd'hui faire l'abandon
à toutes les époques de l'année sans distinction. Une
assurance qu'il aurait prise, une renonciation formelle
qu'il aurait faite à cette faculté, n'élèveraient pas une
fin de non recevoir contre l'exercice de ce droit. (B.,
Nº 252).

382. — Le colon doit abandonner la totalité de la
tenue ; s'il ne la possédait pas toute entière, il faudrait
qu'il s'entendît avec ses codomaniers, car le propriétaire n'est pas obligé d'accepter un abandon partiel.
(B., Nº 253).

383. — Mais qu'arriverait-il si les autres colons re-fusaient de faire exponse ?

Ce cas a été prévu pour le bail à rente, et il y a même raison pour le bail à convenant.

« Le créancier de la rente, dit Pothier (Contrat de
» bail à rente, N° 176), le créancier de la rente, à qui
» l'un des possesseurs a déguerpi la portion de l'héri-
» tage qu'il possédait, peut, en refusant ce déguerpis-
» sement, conserver sa rente entière contre les autres
» possesseurs qui n'ont pas déguerpi. Il doit pour cela
» leur dénoncer le déguerpissement qui lui a été fait
» et le refus qu'il fait de l'accepter, et leur déclarer
» qu'il les subroge en ses droits pour se mettre en
» possession de la partie déguerpie, dans laquelle cha-
» cun d'eux doit avoir une portion proportionnée à la
» part dont ils sont tenus entre eux de la rente. »

Carré (pag. 330) dit que l'ancienne jurisprudence a toujours appliqué ces principes au bail à convenant, et il remarque avec raison que la loi du 6 août ne les a sans doute pas proscrits, puisqu'au lieu de restreindre la faculté de faire exponse, elle a, par dérogation au droit commun, attaché à l'exercice de cette faculté la libération des arrérages échus antérieurement et non payés.

384. — Mais il ajoute que le colon qui forcerait ainsi, non le propriétaire, mais les codomaniers, de prendre sa portion des édifices et superfices, ne se libé-rerait de la rente que pour l'avenir, et resterait obligé envers ses codomaniers au paiement des arrérages échus. La raison en est simple, c'est que ses consorts, obligés de payer toute la dette à cause de la solida-rité, ne doivent pas souffrir de la néglicence qu'il a

mise à s'acquitter. L'art. 26 ne déroge au droit commun que contre le propriétaire ; il suppose le cas d'un abandon total qui ne préjudicie aucunement à des tiers ; et surtout à des tiers envers lesquels le colon s'est obligé, car, en partageant la tenue et en jouissant de la portion qui lui est échue à charge d'une partie de la rente, il a contracté l'engagement de libérer ses consorts des arrérages qui lui incombaient et qui étaient une charge de sa jouissance. (C., pag. 333).

Ces raisons sont péremptoires, et il n'est pas douteux qu'un abandon partiel, non accepté par le propriétaire, ne laisse subsister l'obligation du colon vers ses consorts pour les arrérages antérieurs à l'abandon qu'il les forcerait d'accepter.

385. — Le colon qui, avant d'abandonner les droits, les dégraderait par malice, serait passible de dommages et intérêts. Mais, pour que l'abandon soit recevable, il n'est pas nécessaire que la tenue soit remise dans l'état où elle se trouvait à l'époque de l'acconvenancement. (B., N° 254). Le colon n'est plus obligé comme autrefois de fournir une déclaration avant de déguerpir.

386. — Comment et aux frais de qui l'exponse doit elle être faite ?

La loi ne s'explique pas sur ces deux questions, qui doivent ainsi se décider par les anciens principes en matière de déguerpissement. Quand le foncier y consent, l'exponse peut être faite de gré à gré par acte authentique ou sous signature privée. En cas de refus, le colon la dénonce au propriétaire par un acte d'huissier, signé de lui ou d'un mandataire spécial. Mais le propriétaire, qui est intéressé à ce qu'il en reste minute dans un dépôt public, peut assigner devant le tribunal pour en faire décerner acte. Le colon, qui sait que le propriétaire ne se contentera pas d'une simple dénonciation par exploit, doit faire rapporter acte de sa déclaration devant notaire et la faire signifier ensuite.

387. — Il suffit, pour la validité de l'abandon, qu'il soit fait pour le tout à l'un des fonciers indivis. (Argument des arrêts rapportés N° 411). Cependant les anciens principes exigeaient que le déguerpissement fût fait à tous les copropriétaires de la rente foncière.

388. — La question de savoir si l'abandon est régulier ne présente pas aujourd'hui autant d'intérêt qu'autrefois, parce qu'il libère des levées échues comme des levées à écheoir. Mais à présent, comme sous l'ancienne jurisprudence, les dépens faits contre le colon jusqu'à l'abandon demeurent à sa charge.

389. — Le déguerpissement se fait aussi aux frais du colon. (Duparc Poullain, Princ., t. 2, p. 105; art. 1248, Code civil). Le domanier doit même payer les frais de retrait et de notification du jugement. Il semble seulement que le droit de mutation doit demeurer à la charge du propriétaire.

390. — L'exponse produit les mêmes effets que le congément, en ce qui concerne la nécessité pour le colon d'abandonner les droits et la résolution des charges imposées sur ces droits; elle peut être retractée, tandis qu'elle n'a pas été acceptée expressément ou tacitement par le propriétaire.

CHAPITRE IV

**Du Droit de demander le remboursement des édifices
et superfices.**

391. — Le droit de demander le remboursement
des édifices et superfices est une innovation introduite
en faveur des colons par l'art. 11 de la loi du 6 août;
elle a été déterminée par le désir d'établir un système
de réciprocité entre les propriétaires et les domaniers.

392. — Cette innovation est évidemment entachée
de rétroactivité en ce qu'elle s'applique aux baux antérieurs à la loi, baux dans lesquels la renonciation
des colons au droit de se faire rembourser leurs superfices était toujours une condition sous-entendue.
Beaucoup de propriétaires avaient autorisé des constructions qui n'avaient à leurs yeux d'autre inconvénient que de rendre le congément plus onéreux et
qu'ils se seraient bien gardés de permettre s'ils avaient
prévu la nécessité de les payer un jour malgré eux.
Plusieurs se sont vus, depuis la nouvelle loi, forcés de
renoncer à leur propriété pour se dispenser d'un congément qui aurait coûté trois ou quatre fois la valeur
de la tenue consolidée.

Il était dur, dit-on, pour les colons, de ne pouvoir
quitter de la tenue qu'en faisant exponse ! Mais ils ne
subissaient que la loi à laquelle ils s'étaient sciemment
et volontairement soumis. Il leur était, d'ailleurs,
permis de vendre leurs droits. Leur position n'était
donc pas *intolérable*, comme l'a déclaré la cour dans
un arrêt du 15 avril 1811 ; elle ne constituait donc

pas un *servage*, comme l'a dit Tronchet dans son rapport sur la loi du 9 brumaire an **VI**.

Mais ce qui est bien plus étonnant qu'une loi évidemment dictée par des considérations politiques, c'est l'interprétation que la jurisprudence lui a donnée. Le législateur avait vu un lien *intolérable*, un véritable *servage* dans la position que l'ancien droit faisait au colon : pour y remédier, il n'avait pas craint de donner à ses dispositions un effet rétroactif qui devait être ruineux pour une foule de propriétaires ; et bien, après cela, la jurisprudence est venue décider que cette position était si peu *intolérable*, qu'elle constituait si peu un *servage*, que le colon pouvait aujourd'hui s'y placer, sans porter atteinte à sa liberté, en déclarant dans un acte qu'il renonçait à demander son remboursement, c'est-à-dire, en exprimant une chose qui était sous-entendue dans tous les baux anciens !

Aujourd'hui, en effet, il est de jurisprudence certaine, constatée par une foule d'arrêts, que le domanier peut valablement renoncer à perpétuité à la faculté de se faire congédier.

Dans notre opinion, il résulte de ces arrêts que la loi du 6 août n'aurait pas dû établir la réciprocité pour les baux anciens, et de la loi du 6 août que la jurisprudence n'aurait pas dû autoriser à y renoncer *à perpétuité* dans les baux postérieurs.

Nous disons *à perpétuité*, car nous croyons que la renonciation devrait toujours être valable, si elle était limitée à trente ans, et qu'elle vaudrait même pour trente ans, si elle était stipulée pour un temps indéfini.

Effectivement, le défaut de réciprocité dans la faculté de demander le congément n'a jamais pu être considéré comme odieux, comme intolérable, qu'en ce qu'il était indéfini ; mais limité à trente ans, il n'a rien de dur, rien qui gêne l'exercice de la liberté. Toutes les raisons que l'on a données pour établir la validité de la renonciation indéfinie, militent avec bien plus de force pour une renonciation limitée. D'ailleurs, le législateur a consigné dans nos Codes une disposition qui fournit un argument très-fort en faveur de cette opinion.

L'Assemblée nationale avait considéré la défense de rembourser les rentes foncières comme incompatible avec la liberté. Le Code a consacré ce principe, en déclarant dans l'art. 530 que toute rente foncière *est essentiellement rachetable ;* mais il ajoute qu'il est permis de stipuler que la rente ne pourra être remboursée qu'après un certain terme, lequel ne peut jamais excéder trente ans. Nous ne voyons pas pourquoi cette disposition ne serait pas applicable au remboursement demandé par le colon. Les motifs qui ont fait autoriser le remboursement des rentes foncières, autrefois rachetables, sont précisément ceux qui ont fait accorder aux colons la faculté de provoquer le remboursement. « On ne peut, dit Por-
» talis, dans l'Exposé des motifs de l'art. 530, on ne
» peut supporter des charges ou des servitudes éter-
» nelles. L'imagination inquiète, accablée par la pers-
» pective de cette éternité, regarde une servitude ou
» une charge qui ne doit pas finir comme un mal
» qui ne peut être compensé par aucun bien. Un pre-
» mier acquéreur ne voit, dans l'établissement de la
» rente à laquelle il se soumet, que ce qui la lui rend

» profitable. Ses successeurs ne sont plus sensibles
» qu'à ce qui peut la leur rendre odieuse. » Voilà
précisément les considérations qui ont déterminé le
législateur à établir la réciprocité dans la faculté de
demander le congément, et si elles n'ont pas empêché
de permettre la renonciation au rachat des rentes
pendant trente ans, on ne voit pas pourquoi elles
s'opposeraient à la clause par laquelle le colon renon-
cerait à demander son remboursement pendant le
même laps de temps.

§ Ier.

Des Personnes qui peuvent demander le remboursement.

393. — La provocation du remboursement est,
de la part du colon, une aliénation volontaire des droits
réparatoires : elle suppose donc la capacité nécessaire
pour aliéner un immeuble. De là semble résulter les
conséquences suivantes :

1° Un mandataire ne peut provoquer le remboursement pour un colon, qu'en vertu d'une procuration
qui l'autorise à aliéner ;

2° Un mari ne peut, sans le secours de sa femme,
demander le remboursement des droits convenanciers
de celle-ci ;

3° Un usufruitier des droits réparatoires, qui doit
jouir *salvâ rerum substantiâ*, ne peut en provoquer
le remboursement ;

4° Un tuteur ne peut, sans l'autorisation du conseil
de famille dûment homologuée, poursuivre le remboursement des édifices et superfices du mineur.

16.

(Art. 457 et 458 du Code civil). Il en est de même du mineur émancipé.

394. — L'intervention de la femme, même formalisée avant les six mois qui précèdent la Saint-Michel, ne validerait pas la demande formée par le mari seul : il faut que la femme figure dans la citation en justice de paix. (Arrêt du 25 août 1826, J., t. 8, p. 286).

35. — Carré dit (pag. 259) que la demande en remboursement formée par un tuteur non autorisé serait valable, et que le mineur, devenu majeur, ne pourrait pas attaquer le remboursement qui aurait eu lieu par suite. D'un côté, dit-il, le tuteur peut sans autorisation consentir au congément provoqué contre le mineur ; d'un autre côté, en acquiesçant à la demande en remboursement formée par le tuteur, le propriétaire foncier devient véritablement congédiant. Le remboursement doit donc être aussi valable que s'il eût été poursuivi par le propriétaire foncier lui-même.

Le tuteur ne pourrait valablement aliéner les droits réparatoires du mineur sans autorisation ; mais en obtenir le remboursement, c'est les aliéner. Il est vrai que l'aliénation a lieu au profit du propriétaire foncier qui aurait pu poursuivre le congément ; mais ce propriétaire, qui n'a pas usé de son droit, est censé ne l'avoir pas eu. Il nous paraît d'autant plus certain que l'acquiescement du foncier ne régularise pas la demande, que la vente des droits réparatoires par un tuteur ou par un mineur émancipé a toujours été considérée comme un acte sujet à rescision, lors même qu'elle a été consentie au propriétaire foncier qui aurait eu le droit de congédier (B., N° 432).

A l'appui de notre opinion, nous tirerons un argument de deux arrêts, des 5 décembre 1809 (C., p. 295) et 20 mars 1843 (Journ., t. 5, p. 56.) Le premier a décidé qu'une demande en congément formée par un tuteur sans autorisation était irrégulière, et ne pouvait même être validée que par une autorisation obtenue plus de six mois avant l'époque fixée pour l'expulsion du colon. Si, ce que d'ailleurs nous ne croyons pas, un tuteur ne peut demander le congément sans autorisation, à plus forte raison, il ne peut pas non plus poursuivre le remboursement : il faut, en effet, plus de pouvoir pour aliéner que pour acquérir.

Le second arrêt a homologué une délibération de conseil de famille qui autorisait un mineur émancipé, assisté de son curateur, à se joindre à ses consorts pour former une demande en remboursement. Cet arrêt, motivé sur l'art. 437 du Code, ne suppose-t-il pas la nécessité de l'autorisation et de l'homologation?

On pourrait ajouter à tout cela que l'on compromettrait les intérêts des mineurs en autorisant les tuteurs à former de semblables demandes sans l'avis du conseil de famille. Nous pensons, en conséquence, que les demandes formées par les mandataires non spécialement autorisés, les maris, les usufruitiers, les communes et les tuteurs, seraient irrégulières, et que la nullité pourrait en être proposée par le propriétaire foncier.

396. — Les colons qui exploitent par eux-mêmes leur tenue peuvent seuls demander le remboursement de leurs droits : ce sont à la fois ceux qui souffriraient le plus de la privation de cette faculté, et

ceux qui naturellement doivent être les moins disposés à en abuser.

La restriction apportée par le législateur au droit de provoquer le remboursement a donné lieu à de nombreuses discussions. On a prétendu en premier lieu que, malgré le texte formel de la loi, les colons qui n'exploitent pas par eux-mêmes leur tenue sont recevables à demander le remboursement. Cette prétention, contraire au texte de la loi, mais appuyée sur l'opinion de plusieurs orateurs entendus dans la discussion de la loi du 9 brumaire an VI, a été proscrite par deux arrêts des 9 janvier et 26 mai 1809. (C., page 139).

397. — On a soutenu ensuite que la restriction ne s'appliquait qu'aux détenteurs d'héritages en culture, et que, par conséquent, les colons pouvaient demander leur remboursement pour des maisons qu'ils n'habitaient pas, pour des usines qu'ils ne faisaient pas valoir par eux-mêmes. Un arrêt du 15 mai 1809 a jugé, au contraire, qu'on ne peut demander le remboursement des droits d'une maison qu'autant qu'on l'habite soi-même.

398. — Une autre question est celle de savoir s'il est nécessaire d'occuper toute la maison, ou s'il suffit d'en occuper seulement une partie, pour être recevable à en provoquer le remboursement ? Cette question se présentait, du moins sous une de ses faces, dans l'espèce de l'arrêt que nous venons de citer : en effet, le demandeur en remboursement soutenait qu'il devait être réputé habiter la maison, parce qu'en la donnant à loyer, il s'y était réservé un petit cabinet, dans lequel toutefois il ne couchait pas. La Cour

n'eut aucun égard à cette circonstance, dont elle ne parle même pas dans son arrêt.

399. — Mais si le demandeur, au lieu de louer la presque totalité de la maison, en s'y réservant seulement un petit cabinet, avait, au contraire, occupé la totalité de cette maison, à l'exception du petit cabinet qu'il aurait loué à un étranger, la Cour aurait probablement décidé que le colon occupait la maison et que, par conséquent, la demande en remboursement était recevable. Carré (pag. 142) est de cet avis ; il pense que l'arrêt serait sans application pour le cas où des personnes demeureraient dans une maison considérable, et l'occuperaient toute entière, à l'exception d'un étage qu'elles auraient loué. Mais il croit qu'il en devrait être autrement pour les héritages ruraux, et que les colons qui ne les exploiteraient pas en entier devraient être déclarés non recevables : il ajoute toutefois qu'il est probable que, dans le cas où le domanier exploiterait une partie considérable de la tenue, on accueillerait sa demande en remboursement. Nous ne voyons pas, en effet, de raisons solides pour établir une distinction entre les maisons et les héritages ruraux.

400. — D'autres questions se présentent, lorsque les droits réparatoires appartiennent à plusieurs domaniers.

Pour éclaircir ces questions, aussi difficiles qu'importantes, il faut établir une première distinction entre le remboursement poursuivi conjointement par tous les colons, et le remboursement demandé par un des colons ou par plusieurs.

401. — Lorsque le congément est demandé par tous les colons, il ne peut y avoir de difficulté que dans

le cas où chacun de ces colons n'exploite pas la portion qui lui appartient.

Il arrive alors de deux choses l'une : ou que la tenue est exploitée par un ou plusieurs des colons, qui jouissent alors de leurs portions comme domaniers et de celle de leurs codétenteurs comme fermiers, ou que quelques-uns des colons afferment leurs portions à des tiers non domaniers.

402. — Dans le premier cas, le remboursement peut être demandé, quoique chaque colon n'exploite pas sa portion : une espèce de fiction fait considérer le domanier qui exploite le tout comme couvrant seul toute la tenue. Cela n'a rien qui répugne aux principes, parce que la division de la tenue est étrangère au propriétaire, auquel on ne peut pas l'opposer et qui, par conséquent, ne peut pas s'en prévaloir. C'est, d'ailleurs, une conséquence du système de réciprocité établi par la jurisprudence entre les propriétaires et les colons.

403. — Mais, lorsque quelques-uns des domaniers afferment leurs portions à des tiers qui ne sont pas colons, le remboursement peut-il être demandé? Carré le pense, lorsque, parmi les domaniers, il en est un ou plusieurs qui exploitent leurs portions. Il paraît même supposer que des arrêts, que nous citerons bientôt, l'ont ainsi jugé.

On lit, en effet, dans celui du 28 mars 1834, « qu'un » des colons exploitant la tenue peut seul exercer l'ac- » tion en remboursement, sans que le propriétaire » foncier soit admissible à argumenter du droit des » autres codomaniers qui gardent le silence ou *qui* » *n'exploitent pas par mains.* »

Cette décision ne nous paraît pas juste. Et, en effet, la jurisprudence qui, comme nous le dirons bientôt, admet la validité de la demande formée par un seul des colons, étant nécessairement fondée sur une fiction qui fait considérer ce colon comme seul propriétaire des droits, comme couvrant seul toute la tenue, il faut, ce semble, décider que la demande n'est pas admissible, lorsque ce colon n'exploite pas la totalité de la tenue. Autrement, on accorderait à la fiction plus d'effet qu'à la réalité, puisque, si la tenue appartenait en entier au colon qui réclame, il faudrait qu'il l'exploitât en entier pour être fondé à en demander le remboursement. Cela nous paraît évident.

404. — On lit dans un arrêt du 9 septembre 1826 (Journ., t. 8, p. 295) :

« Considérant, d'une part, que si la loi dispose » que les colons qui exploitent eux-mêmes leur tenue » peuvent seuls demander le remboursement de leurs » droits, elle n'exige pas que tous les colons exploitent » ensemble la tenue, et qu'il doit suffire que ceux des » colons qui exploitent eux-mêmes cette tenue soient » au nombre des demandeurs en remboursement, et, » d'autre part, que lorsque les colons demandeurs » en remboursement, ou l'un d'eux, exploite la plus » grande partie, il paraîtrait peu raisonnable et trop » rigoureux de rejeter leur demande, parce qu'une » petite portion de la tenue ne serait pas exploitée » par eux ;

» Que toute l'instruction suivie en première ins-» tance représente partout les Le Gal, père et fils, » comme exploitant la tenue Lozergue ;

» Que s'il était vrai, comme le maintiennent les

» appelants sous le cours de l'appel seulement, que
» Thomas Lebourvellec, époux de Jeanne Le Gal,
» fût seul en jouissance de cette tenue comme fermier,
» cette circonstance ne pourrait rendre la demande
» non recevable, parce que Lebourvellec et femme
» sont du nombre des colons, et qu'ils sont intervenus
» en temps utile pour se joindre aux demandeurs
» originaires ;

» Qu'en supposant encore que Le Babinnec ait été
» mis en possession de deux pièces de terre à lui
» vendues par les colons, et qu'il en eût conservé la
» jouissance après la rétrocession, outre qu'il devait
» être considéré comme un des colons de la tenue,
» puisque les droits superficiaires étaient la seule
» chose que les intimés pouvaient lui transmettre, il
» est certain que les colons demandeurs en rembour-
» sement, ou celui d'entre eux qui exploitait lui-même,
» seraient restés en jouissance de la presque totalité
» de la tenue, puisque les deux pièces de terre dont
» il s'agit n'en forment qu'une très-faible portion ;

» D'où suit que les faits dont on demande à faire la
» preuve ne sont pas pertinents et admissibles. »

Si nous comprenons bien cette décision, elle confirme l'opinion que nous avons émise, avec cette mo-
dification que la tenue doit être considérée comme
possédée par les colons, lorsqu'ils possèdent réellement le tout à l'exception d'une *petite portion*.

Pour en finir sur ce qui concerne la condition d'exploiter par mains, nous dirons :

1° Qu'il suffit d'exploiter à l'instant de la demande,
quand la jouissance par mains n'aurait commencé qu'à
la Saint-Michel précédente, et que le colon n'aurait

résilié un bail non expiré que pour se placer dans la condition exigée par la loi ;

2° Que le propriétaire est présumé posséder tout ce qu'il ne donne pas à loyer, à ferme et à moitié.

Ainsi, il est censé habiter une maison qu'il ne loue pas, encore qu'il ne l'occupe pas personnellement et qu'il n'y loge que des domestiques, des journaliers, des effets mobiliers.

Ainsi, encore, il est censé exploiter des terres qu'il fait labourer par des domestiques ou des journaliers, ou dont il se borne à recueillir les fruits naturels.

405.—Passons maintenant au cas où le remboursement n'est poursuivi que par un ou plusieurs des colons.

Il est d'abord certain que si ceux des domaniers qui provoquent le remboursement ne le poursuivent que pour leurs portions, leur demande ne doit pas être accueillie : le principe de l'indivisibilité de la tenue et le système même de la réciprocité s'opposent à ce que le propriétaire foncier puisse être contraint à rembourser partiellement.

Vainement dira-t-on qu'un ou plusieurs des colons peuvent être congédiés de leur portion dans la tenue, sans que leur consort le soit également. Il n'y a point même raison. La tenue ne consiste pour chaque colon que dans la portion qu'il possède : peu lui importe donc que ce soit cette portion seule ou bien la tenue entière que l'on congédie. Mais il importe beaucoup au propriétaire foncier qu'on ne l'oblige pas à morceler la tenue par des remboursements partiels. Il n'y a de parité entre la position du colon et celle du propriétaire que dans le cas où, par suite d'arrangements entre les cofonciers, ce dernier est devenu propriétaire d'une portion déterminée de la foncialité; mais alors la tenue se réduit pour lui à la portion qui lui a été affectée, et il peut être contraint de rembourser les droits dont cette portion se trouve chargée, par le colon même qui posséderait autre chose dans la tenue. (C., p. 149).

Il est également évident que si le foncier avait consenti, pour les diverses portions, des assurances dont la durée serait combinée de manière que la jouissance de tous les colons ne dût jamais finir à une même époque (N° 188 ci-dessus), il résulterait de ce fait une division qui rendrait le principe inapplicable, parce qu'autrement le propriétaire n'aurait qu'à s'entendre avec l'un des domaniers pour mettre les autres dans l'impossibilité d'user de leur droit.

406.— Une question plus importante et plus difficile que celles qui précèdent, consiste à savoir si l'un ou plusieurs des colons peuvent demander le remboursement de toute la tenue sans le concours et contre le gré de leurs consorts.

La négative a été jugée par deux arrêts des 29 avril 1825 et 9 septembre 1826, mais quatre arrêts des 15 avril 1811, 3 mai et 16 juin 1813 et 28 mars 1831, ont résolu la question par l'affirmative.

S'ils s'étaient bornés à juger que pour la régularité d'une demande en remboursement, il n'est pas nécessaire qu'elle soit formée à la requête de tous les domaniers, et qu'il suffit qu'en cas de contestation, il soit prouvé qu'elle a eu lieu du consentement de tous, la Cour n'aurait décidé qu'une question de forme; mais, d'après les considérants de ces décisions, le remboursement de toute la tenue est valablement poursuivi par un seul colon agissant, non-seulement sans le concours, mais encore contre le gré de ses consorts. On lit, en effet, dans l'arrêt du 15 avril 1841, « qu'exiger le concours de tous les cotenanciers, ce » serait rétablir dans toute sa force *le servage* qu'a » voulu détruire la loi du 6 août, puisque les tenanciers » non exploitant pouvant n'avoir aucun intérêt dans » les droits réparatoires, *se porteraient facilement* » *à refuser leur assentiment.* »

Nous sommes obligé d'en convenir, cette jurisprudence nous paraît contraire à tous les principes.

Dans l'arrêt du 3 mai 1843, elle est motivée sur le raisonnement suivant : « Un seul des propriétaires » fonciers peut demander le congément de toute la » tenue ; pour qu'il y ait réciprocité, il faut donc qu'un » seul des colons puisse aussi demander le rembour- » sement de toute la tenue. »

Mais il n'y a nulle parité entre le cas ou l'un des fonciers poursuit seul le congément et celui où un colon poursuit seul le remboursement. Dans le premier, le demandeur ne change rien à la position de ses copropriétaires ; il devient seulement leur domanier à la place du colon congédié, ce qui ne gêne en rien l'exercice de leurs droits.

Au contraire, lorsqu'un colon poursuit seul le remboursement, il aliène la propriété de ses codomaniers, il change en une somme d'argent les droits immobiliers qu'ils avaient auparavant.

Un domanier possède quelquefois dans une grande tenue un édifice d'un revenu insignifiant, mais dont l'estimation *par le menu* donnerait un capital relativement important. Eh bien! il dépendrait de lui de forcer le propriétaire à exproprier, malgré lui et malgré eux, huit ou dix consorts qui ont le plus grand intérêt à conserver leur propriété et parmi lesquels se trouvent peut-être des mineurs, des femmes mariées et des débiteurs dont les droits sont grevés d'hypothèques. Voilà ce qu'il nous semble impossible d'admettre. L'art. 1670 du Code civil, relatif à la faculté de rachat, semble autoriser à décider qu'il faut le concours de tous les colons pour faire ordonner le remboursement de toute la tenue.

Carré, dont nous partageons pleinement l'opinion, remarque avec raison que du principe de l'indivisibilité de la tenue et du système de la réciprocité, il résulte bien que les propriétaires pouvant demander le congément contre un seul des consorts, on doit admettre aussi que les colons peuvent demander le remboursement contre un seul des fonciers. Mais il ajoute, et selon nous avec une égale raison, que c'est la seule conséquence que l'on puisse tirer de la réciprocité établie par la loi. Aller plus loin, c'est appliquer au fond du droit, dans un cas, ce qui, dans l'autre, ne concerne que la forme.

Carré fait remarquer que l'on n'est pas généralement d'accord sur la jurisprudence que la Cour s'est faite sur la question ; il est probable qu'il se serait prononcé plus hautement encore contre cette jurisprudence, s'il n'avait pas écrit antérieurement aux arrêts de 1825 et de 1826. (Voir dans le sens de notre opinion l'auteur de la Table des Arrêts, verbo *Dom. cong.*, N° 261).

La seule objection raisonnable qu'à notre avis on puisse faire contre notre sentiment, c'est que dans le cas actuel, comme dans celui prévu au nombre précédent, le propriétaire pourrait rendre le remboursement impossible en achetant l'opposition de l'un des domaniers. C'est là, sans doute, une difficulté sérieuse. Mais, en droit, le désir de prévenir la possibilité d'un abus ne saurait autoriser à violer la loi, et, en fait, l'inconvénient résultant de la collusion n'est rien, en comparaison de l'atteinte portée au droit de propriété par la faculté reconnue à un colon de disposer de ce qui appartient à ses consorts.

407. — Pour terminer sur ce point, nous dirons que s'il venait à être définitivement établi que l'un des colons a le droit de provoquer l'expropriation des autres, il ne serait pas du moins douteux que ceux-ci ne pussent prévenir leur expulsion en remboursant la part du demandeur qu'ils partageraient, et en répartissant entre eux la portion de rente dont elle est grevée. Cela résulte par analogie de ce que nous avons dit sur l'abandon des droits réparatoires. (N° 383).

408.— Deux arrêts, l'un de la Cour de cassation, du 17 avril 1845 et l'autre de la Cour de Rennes, du 10 août 1835, ont jugé que l'art. 11 confère le droit de demander le remboursement pour les baux postérieurs à la loi.

409. — Un propriétaire foncier poursuivi en remboursement opposa que la tenue avait été vendue fonds et droits pendant la suspension du domaine congéable; que la loi de l'an VI n'ayant pas d'effet rétroactif contre les tiers acquéreurs, il avait irrévocablement perdu la foncialité et n'avait conservé que l'ancienne rente, devenue foncière, réservée à son profit par la vente.

Sa prétention fut rejetée par un arrêt du 9 frimaire an XIII, par les motifs suivant :

« Considérant que l'intimé n'ayant pas concouru
» au contrat de l'an III, ne peut pas plus en profiter
» que ce contrat ne peut lui nuire ; que cet acte n'est
» pas littéralement translatif de la propriété foncière,
» les termes fonds et droits n'y étant pas exprimés,
» ni autres termes équivalents ;

» Considérant d'ailleurs que la loi du 27 août 1792,
» toute favorable aux colons, n'était pour eux que
» facultative, et qu'ils ont pu renoncer à son bénéfice ;
» qu'ils peuvent, à plus forte raison, y renoncer sous
» l'empire de la loi du 9 brumaire an VI, qui a réta-
» bli le droit commun dans les termes duquel le pro-
» priétaire a constamment demeuré ;

» Considérant qu'il n'a jamais fait connaître, en
» temps utile, l'intention d'abdiquer la propriété
» foncière de la maison dont il s'agit ; que, pendant
» le règne de la loi de 1792, il n'a fait aucune décla-
» ration de s'y soumettre, aucun acte dont on puisse
» inférer qu'il y ait pris droit, soit directement, soit
» indirectement. »

Cette décision nous paraît peu conforme aux principes.

La vente avait transmis la foncialité qui appartenait au vendeur et que le vendeur n'avait pas réservée.

Un acte dont l'effet était de priver le propriétaire de ses droits, était bien un acte qui pouvait lui nuire.

Enfin, si la loi du 1792 n'était que facultative, c'était, comme le dit bien l'arrêt, *pour les colons*, et, dans l'espèce, l'acquéreur n'avait jamais été colon.

§ II.

De la Demande en remboursement, du Jugement et du Prisage.

410. — Le remboursement n'étant autre chose qu'un congément provoqué par le colon, les principes qui régissent le congément proprement dit sont presque tous applicables au remboursement. La jurisprudence constante de la Cour d'appel a d'ailleurs établi entre les domaniers et les propriétaires un système de réciprocité qui rend encore cette application plus générale.

Ainsi, le colon peut demander le remboursement, quand le propriétaire foncier pourrait demander le congément. Comme un foncier ne peut congédier un domanier d'une partie seulement de ses droits dans la tenue, on ne peut non plus forcer le propriétaire à rembourser partiellement. La demande en remboursement doit être signifiée à la même époque, dans les mêmes formes et devant les mêmes juges que celle en congément. Le juge de paix se conduit de la même manière dans les cas de consentement, de refus ou de non comparution du foncier. Les experts se nomment, le prisage se fait, le cahier se dépose comme en matière de congément. Les parties peuvent également demander la revue.

Les effets du remboursement sont les mêmes que ceux du congément. Enfin, les frais du remboursement, comme ceux du congément, sont à la charge du propriétaire foncier. Le chap. 5 de la seconde partie est ainsi applicable à la demande en remboursement pour toutes les questions qui se correspondent.

411. — Lorsqu'il y a plusieurs propriétaires fonciers, la demande en remboursement est valablement formée contre l'un deux. Ainsi l'a jugé la Cour d'appel de Rennes par plusieurs arrêts, notamment par ceux des 27 février 1811, 19 février et 3 mai 1813. (J., t. 4, pag. 82 ; tom. 5, pag. 42 et 80).

Cette jurisprudence est fondée sur ce qu'il doit y avoir réciprocité entre le propriétaire et le colon, et sur ce qu'il a toujours été de principe que le congément pouvait être poursuivi contre un seul des domaniers. Nous croyons que ces décisions peuvent encore se justifier sous un autre rapport : on rendrait, dans bien des cas, la demande en remboursement impossible, si l'on soumettait les colons à assigner tous les propriétaires fonciers, que souvent ils ne connaissent pas. Ensuite, celui des propriétaires que l'on a jugé à propos d'assigner ne souffre réellement rien du choix qu'on a fait de lui ; s'il ne s'entend pas avec ses copropriétaires fonciers, qui sont naturellement mieux connus de lui que du domanier, il peut les appeler pour se joindre à lui, afin d'effectuer le remboursement.

412. — Dans le cas de demande en remboursement des droits réparatoires, c'est au propriétaire et non à l'usufruitier qu'incombe l'obligation de faire le remboursement, surtout lorsque l'usufruitier renonce à l'usufruit pour s'en dispenser. (Arrêt du 13 août 1813 ; Journ., tom. 5, pag. 142).

Mais si le propriétaire, assigné pour rembourser, voulait faire abandon, l'usufrutier pourrait-il l'en empêcher ? Non, sans doute : l'usufruitier aurait seulement le droit de faire le remboursement, et le capital par lui avancé serait dû à ses héritiers à la fin de l'usufruit, sauf le droit qu'aurait encore le propriétaire de renoncer au fonds pour se libérer. Tout cela semble résulter de l'art. 609 du Civil.

Quoique le remboursement doive être effectué par le propriétaire, on peut le demander contre l'usufruitier qui possède ; celui-ci n'aurait pas même le droit de se faire mettre hors de cause en indiquant le propriétaire qu'il serait seulement fondé à appeler en garantie.

413. — Lorsqu'il n'y a point d'appel du jugement qui ordonne le congément, le remboursement du montant du prisage doit être ordonné par provision. (Arrêt du 17 avril 1812 ; Journ., tom. 4, pag. 473.)

414. — Le tribunal civil connaît de la demande en remboursement des droits convenanciers, lorsque le propriétaire foncier, cité devant le juge de paix, a proposé des exceptions qui ont obligé de renvoyer l'affaire devant les juges de première instance. (Arrêt du 17 juillet 1818 ; Journ., tom. 6, pag. 130).

415. — La demande d'une somme de 1,000 fr., formée pour omission faite dans l'estimation des droits réparatoires d'une tenue, est de la compétence du juge de paix ; mais elle doit être portée devant le tribunal, lorsque le propriétaire laisse défaut en bureau de paix. (Arrêt du 21 juillet 1818 ; Journ., tom. 6, page 131).

416. — Le maintien du propriétaire, contesté par le colon, que des objets dépendants de la tenue n'ont pas été estimés, n'empêche pas que le montant du prisage ne doive être remboursé provisoirement, surtout lorsque le colon déclare renoncer à tous les objets

17.

dépendants de la tenue qui n'auraient pas été prisés. (Arrêt du 17 avril 1812 ; Journ., tom. 4, pag. 473).

Mais le foncier est-il obligé de payer provisoirement le prix des objets qui n'ont été estimés que *débativement* ?

Dans le cas de congément, l'obligation de rembourser avant la Saint-Michel les objets contestés a, pour ainsi dire, sa sanction dans la déchéance qui résulterait du défaut d'exécution. Dans le cas de remboursement poursuivi par le colon, au contraire, le foncier n'a point à craindre d'annuler une procédure qui se poursuit contre lui. Sous ce rapport, les deux cas diffèrent essentiellement : il faut donc dire, ou que le foncier défendeur peut se dispenser de payer provisoirement, ou qu'il existe dans la loi quelque moyen de le contraindre au paiement par provision.

Cela posé, si l'on se rapporte au paragraphe suivant, on voit que le colon qui veut obtenir le paiement de ses droits est obligé de se faire autoriser par jugement à poursuivre la vente des édifices et du fonds. Or, il semble incontestable que, dans l'instance à laquelle cette demande donne lieu, le propriétaire a le droit de soutenir que tels et tels objets ne doivent pas être remboursés et que le tribunal ne peut le condamner à payer qu'après avoir statué sur cette prétention. Par conséquent, le propriétaire qui rembourse n'est pas, comme celui qui congédie, obligé de payer sauf reprise des objets qu'il maintient ne pas faire partie des droits remboursables.

§ III.

Des Poursuites du colon pour obtenir le paiement des droits.

417. — Le colon doit faire notifier le cahier de prisage au propriétaire, avec sommation d'en payer le montant. Cela fait, « à défaut de remboursement » effectif de la somme portée en l'estimation, le do- » manier pourra, sur un simple commandement fait à » la personne ou au domicile du propriétaire foncier, » en vertu de son titre, s'il est exécutoire, faire vendre, » après trois publications de huitaine en huitaine et » sur enchères, en l'auditoire du tribunal du district » (aujourd'hui de première instance), les édifices et » superfices, et subsidiairement, en cas d'insuffisance, » le fonds. » (Art. 23 de la loi du 6 août).

418. — Ces mots de l'article, *en vertu de son titre, s'il est exécutoire*, semblent imposer au colon l'obligation d'assigner le propriétaire pour le faire condamner à payer le montant des droits, lorsque le propriétaire refuse de le faire, et que l'estimation n'a pas été suivie d'un acte authentique qui fixe défini- tivement la valeur des droits à la somme portée dans le procès-verbal ou à toute autre somme. On sent, en effet, que l'on ne peut exécuter, ni en vertu du jugement qui ordonne le remboursement, puisque ce jugement ne fixe pas la valeur des droits, ni en vertu du cahier de prisage, puisque ce cahier n'est pas de sa nature un acte exécutoire, lorsque les parties n'ont pas conféré aux experts le pouvoir de prononcer comme arbitres et par voie de sentence arbitrale.

Aussi Carré suppose-t-il que le prisage doit être suivi d'un jugement qui condamne le propriétaire à payer, et le colon à abandonner les droits. L'art. 24 dit, comme nous l'avons vu, que la vente sur simples bannies doit être précédée d'un jugement de condamnation ou de résiliation du bail, et il n'est pas douteux que cette disposition ne soit applicable au cas prévu par l'art. 23. Carré le pense comme nous (pag. 320), puisqu'il renvoie aux art. 24 et 25 pour les formalités de la vente du fonds à la requête du domanier.

419. — Aucune disposition de la loi ne soumet le colon à faire saisir le fonds avant d'en poursuivre la vente : cette formalité n'est donc pas nécessaire. (Carré, p. 326). Il suffit d'avoir fait vendre précédemment les édifices et superfices, et cette vente ne doit pas, comme celle qui est faite à la requête du propriétaire, être précédée de la discussion des meubles du débiteur.

420. — Dans le projet de loi présenté à l'Assemblée constituante, l'art. 23 se terminait par ces mots : « Si le prix de la vente des édifices, superfices et du » fonds ne suffit pas pour le remboursement du do- » manier, il pourra se pourvoir par les voies de droit » pour le paiement du surplus. » Cette disposition a été remplacée dans la loi par celle qui autorise le foncier à se libérer, en abandonnant le fonds et la rente. Sur la conséquence à tirer de sa suppression, nous ne pourrions que répéter ce que nous avons dit N° 157, sur une question toute semblable.

§ IV.

De l'Abandon qui dispense le Propriétaire de rembourser.

421. — L'art. 23 de la loi du 6 août se termine ainsi : « Pourra néanmoins, le foncier, se libérer en

» abandonnant au colon la propriété du fonds et de » la rente convenancière. » Cet abandon peut se faire même après le jugement et le prisage.

Ici s'applique encore ce que nous avons dit plus haut, N° 393; l'abandon du fonds est une aliénation volontaire qui ne peut être faite que par celui qui a la capacité nécessaire pour aliéner un immeuble : la circonstance qu'il ne ferait que se joindre à des consorts majeurs, n'autoriserait pas un tuteur à concourir à l'abandon pour le mineur, sans une délibération du conseil de famille dûment homologuée. (C., p. 310 et 311).

422. — Le principe de l'indivisibilité de la tenue s'applique aussi au cas où le propriétaire abandonne le fonds pour se dispenser de rembourser les droits : il faut que l'abandon porte sur toute la tenue. (C., page 310).

423. — Carré décide avec raison (pag. 311 et suivantes), que le propriétaire a perdu le droit de faire abandon lorsque, sur une demande en remboursement, il s'est obligé à effectuer ce remboursement à une époque convenue et pour une somme déterminée, en stipulant que le colon restera dans la tenue jusqu'au paiement. Cette opinion ne paraît pas pouvoir souffrir de difficulté.

424. — L'usufruitier qui refuse de rembourser ne peut pas s'opposer à ce que le propriétaire abandonne pour se libérer.

425. — Le refus prolongé du propriétaire d'exécuter le remboursement auquel il s'est obligé, le soumet à des dommages et intérêts. (Arrêt du 23 février 1819, Journ., t. 6, p. 194). La Cour l'avait déjà

décidé le 25 août 1809, dans l'affaire entre Le Gars-meur et la dame Le Gonidec. Elle admit à articuler des dommages et intérêts, tout en dispensant le colon de payer la redevance à partir du jour où le remboursement aurait dû être effectué.

426. — Suivant Carré, le propriétaire qui, pour se dispenser du remboursement, abandonne le fonds et la rente convenancière, se libère même des frais de l'estimation qui a eu lieu sur la poursuite du colon. (Page 309).

Nous avons peine à partager cette opinion : le propriétaire qui supporterait les frais de l'estimation, s'il effectuait le remboursement, peut-il les rejeter sur le colon, en faisant un abandon tardif qui les rend inutiles ? Ne doit-il pas plutôt s'imputer de ne les avoir pas prévenus, en renonçant immédiatement après la demande ? Carré fonde son opinion sur la généralité de cette expression de l'article, le foncier *pourra se libérer* ; mais ne peut-on pas dire que ces mots doivent s'expliquer par ceux qui commencent l'article, et dans lesquels le législateur ne parle que *de la somme portée en l'estimation ?* Cette question s'est présentée au tribunal de Guingamp, dans une cause entre la veuve Le Garsmeur et la dame Le Gonidec, et elle a été jugée contre le foncier, par jugement du 23 avril 1821.

Deux jugements du tribunal de Saint-Brieuc, des 22 juin et 13 août 1827, mettent les dépens de l'instance à la charge du foncier qui abandonne, à l'exception des frais de la citation et du jugement définitif. Dans les deux affaires, l'abandon avait été fait avant le prisage et par conséquent la position du foncier était plus favorable que dans l'espèce prévue par Carré.

427. — Le propriétaire qui renonce au fonds et à la rente foncière perd-il le droit de réclamer les levées de cette rente arréragées avant la demande ? Nous ne le pensons pas.

Les levées échues de la rente constituent une créance mobilière qui ne fait point partie du fonds, et c'est cependant, à vrai dire, le fonds seul que le propriétaire abandonne, puisque la rente convenancière n'en est que l'accessoire, le fermage. Le propriétaire est assez malheureux de se voir obligé de renoncer à sa propriété pour l'avenir, sans qu'on le prive encore d'un droit mobilier, acquis avant la demande en remboursement, et qui n'est réellement que le prix d'un revenu que le colon a perçu. On sent bien que ce cas n'a aucun rapport avec l'abandon que le colon fait pour se décharger des levées échues ; si ce colon se trouve libéré, même pour le passé, sa libération n'est pas gratuite : il perd la propriété de ses droits, qui paient le propriétaire ; mais dans le cas où le foncier abandonne le fonds, il ne reçoit rien en échance. Le jugement du tribunal de Guingamp, que nous venons de citer, a résolu cette question dans le même sens que nous.

QUATRIÈME PARTIE

DES DROITS FONCIERS ENTRE COPROPRIÉTAIRES FONCIERS OU ENTRE PROPRIÉTAIRES FONCIERS ET DES TIERS, ET DES DROITS CONVENANCIERS ENTRE COLONS OU ENTRE DES COLONS ET DES TIERS.

428. — Presque toutes les questions que peuvent faire naître les droits fonciers et les droits convenanciers dans les rapports autres que ceux du propriétaire au colon ou du colon au propriétaire, se décident par le principe que les droits fonciers sont toujours immeubles, et que les droits convenanciers, qui le sont aussi de leur nature, sont cependant réputés mobiliers, respectivement au propriétaire.

CHAPITRE Ier

Des droits fonciers entre copropriétaires fonciers, ou entre des propriétaires fonciers et des tiers.

§ Ier

De l'Aliénation des droits fonciers.

429. — Quoique soumise à toutes les règles concernant la vente volontaire ou forcée des autres im-

meubles, l'aliénation des droits fonciers donne lieu à quelques questions particulières.

430.— D'abord, comme le propriétaire peut aliéner la rente convenancière avec le fonds, ou la rente sans le fonds, ou enfin le fonds sans la rente (B., N° 185, Le G., pag. 254), il peut y avoir quelquefois de la difficulté à décider si le propriétaire qui a vendu la rente, sans parler du fonds, a aussi vendu le fonds.

La négative serait constante en pur point de droit; mais la question se présente souvent avec des circonstances qui autorisent à présumer qu'il a été dans l'intention commune des parties que le fonds fît partie de la vente : les tribunaux jugent alors en faveur de l'acquéreur.

Voici une espèce dans laquelle une question de cette nature s'est présentée au Conseil d'État :

Le 24 thermidor an VI, l'administration du département du Morbihan avait adjugé au sieur Le Maçon *une tenue située au village de Logueltas, commune de Plœumeur, et possédée par Marie Rio, veuve Le Maire, suivant bail authentique, pour en payer par an sept minots de froment.* A l'art. 3 de l'adjudication, on lisait : « L'acquéreur ne pourra » être inquiété pour rentes et hypothèques antérieures » à son contrat, *ladite tenue* étant vendue quitte de » toutes charges. » Un tiers prétendit être propriétaire de la foncialité de cette tenue, et il la réclama contre le sieur Le Maçon, auquel il soutenait qu'elle n'avait pas été vendue avec la rente. Il fut débouté de sa demande par un arrêt du Conseil de préfecture du Morbihan, en date du 15 février 1814. Il se pourvut au Conseil d'État, où la décision du Conseil de préfecture fut confirmée le 15 novembre 1815, par le motif « qu'il résultait des termes de l'adjudication » que c'était bien la tenue elle-même, avec toutes ses » dépendances, qui avait été vendue au sieur Le Ma- » çon, et non pas seulement la rente qu'elle pro- » duisait. »

Dans cette espèce, la volonté de l'administration de vendre le fonds et la rente paraissait clairement exprimée ; mais il est beaucoup de cas où l'intention des parties est bien plus difficile à découvrir.

431. — Nous avons cité, N° 45, un arrêt de la Cour de Rennes qui résout dans un sens contraire à la jurisprudence du Conseil de préfecture des Côtes-du-Nord, une question très-importante relative aux ventes nationales de convenants dans lesquelles on n'a indiqué qu'une partie de la rente.

432. — Les tribunaux ont été appelés plusieurs fois à juger si le colon qui a racheté la rente du foncier est en même temps devenu acquéreur du fonds. La question se décide, comme dans les cas de vente ordinaire, d'après l'intention des parties, manifestée par les circonstances ; mais lorsque le remboursement, même volontairement accepté, a eu lieu sous l'empire de la loi du 27 août 1792, il existe une présomption de droit qu'il n'a pas transmis au colon la propriété du fonds que ce colon avait déjà et que le propriétaire, qui ne l'avait pas, était dans l'impossibité de trans-mettre. C'est aussi ce qu'a jugé, de la manière la plus formelle, un arrêt de Rennes du 6 mai 1845.

Le principe ne saurait être douteux. On sent cependant qu'il devrait céder à la preuve d'une intention contraire de la part des parties. Effectivement, lors de la publication de la loi du 9 brumaire an **VI**, on prévoyait depuis assez longtemps l'abrogation de celle de 1792 ; on pouvait donc traiter de cette prévision. Si les termes de l'acte présentaient de l'ambiguité, on devrait, en général, décider contre le colon, à moins que le prix payé pour la rente ne fût tellement supérieur au taux légal du rachat, qu'il fût évident qu'on ne l'aurait pas payé pour la rente seule. Dans l'espèce de l'arrêt ci-dessus, qui n'en fait pas mention, c'était une objection que l'on faisait contre le foncier : la somme payée excédait le taux légal d'un cinquième ; cela tenait à ce que la rente avait été remboursée au denier vingt-cinq, comme si elle avait été due en grain, quoiqu'elle le fût en argent. D'un autre côté, les termes de l'acte prouvaient jusqu'à l'évidence que les parties n'avaient traité que pour la rente,

433. — Il serait inutile de faire remarquer que la vente des droits fonciers oblige à la garantie de la chose vendue ; mais il est des cas où cette garantie se trouve due à l'acquéreur, quoique la foncialité ne lui soit pas contestée.

Quelquefois, par exemple, les colons d'une tenue ont ce qu'on appelle *droit de bois*, c'est-à-dire, la propriété des bois fonciers ; quelquefois aussi, comme nous l'avons vu, le propriétaire a renoncé à la faculté d'exercer le congément par un cessionnaire : dans ces cas et autres semblables, les droits qui constituent naturellement la foncialité ne sont pas intacts : l'acquéreur s'en trouve privé en partie, et nécessairement alors il lui est dû une indemnité pour la perte qu'il éprouve lorsque, par le contrat, il n'a pas été prévenu des clauses extraordinaires qui diminuent la valeur

des droits vendus. Il peut même, suivant les circonstances, demander la résiliation de la vente. (Article
1636 du Code civil).

Mais si le colon ne produisait à l'appui de ses prétentions que des actes sous signatures privées, dépourvus de date certaine, l'acquéreur pourrait soutenir
que les droits fonciers lui ont été transmis dans leur
intégrité, et alors ce ne serait pas lui, mais bien le
colon qui éprouverait une perte, et qui aurait une
indemnité à réclamer du vendeur. (B., N⁰ˢ 487
et 488).

Baudouin cite à cette occasion un arrêt du 11 mai
1750, dont la décision peut jeter quelque jour sur les
droits de l'acquéreur auquel on oppose ces actes sous
signatures privées.

Pierre Srion avait acquis les droits fonciers de sa
tenue, par un acte sous signatures privées, du 9 avril
1743, qui fut contrôlé le même jour. Peu de temps
après, un tiers voulut le congédier en vertu d'une
baillée, aussi sous signature privée, concédée par le
vendeur en 1738, mais qui n'avait été contrôlée que
le 10 avril 1743. L'arrêt jugea que la demande en
congément n'était pas recevable.

« La postériorité du contrôle de la baillée, dit Bau-
» douin, a pu influer sur la décision ; mais dans
» l'hypothèse même où l'enregistrement de la vente
» des droits fonciers n'eût pas été antérieur, le con-
» gément était inadmissible, puisque, par la réunion
» du fonds acquis aux superfices, il ne restait plus de
» droits convenanciers à congédier ; il n'existait plus
» de seigneur foncier au nom duquel on pût exercer
» le remboursement : ainsi, la faculté de congédier

» était anéantie chez le cessionnaire, comme elle l'é-
» tait chez le cédant, à l'époque où l'on en prétendait
» l'exercice. »

434. — Le vendeur des droits fonciers d'une tenue qui s'est soumis à remettre lors du paiement *les titres de propriété*, n'est pas par cela seul obligé d'en fournir au soutien de tous les articles composant le domaine. Ainsi l'a jugé un arrêt du 10 mars 1821.

435. — Lorsque la rente et le fonds ne sont plus dans les mêmes mains, le propriétaire du fonds peut exercer ou céder la faculté de congédier. Quand c'est lui qui congédie, il devient débiteur de la rente à la place du colon.

Il en est de même lorsque c'est le colon qui est devenu propriétaire de la rente : cela n'empêche pas de le congédier; mais le congément fait revivre à son profit la rente qui s'était éteinte par confusion, lorsqu'il s'en était trouvé à la fois débiteur et créancier. La rente lui est alors payée, soit par le propriétaire, soit par son cessionnaire, jusqu'au remboursement que le propriétaire peut effectuer à volonté. (Arrêts des 13 thermidor an IX et 11 prairial an X; Journ., t. 1er, pag. 63 et 77; C., pag. 297 et suiv.; B., n° 149).

§ II.

Du Partage des droits fonciers et des rentes convenancières.

436. — Les rentes convenancières, ou, pour mieux dire, les fonds dont ces rentes ne sont que les fermages, étant immeubles, se partagent comme les autres objets immobiliers, et d'après les mêmes règles.

Lorsqu'il s'agit de diviser le fonds d'une tenue

entre plusieurs fonciers dont chacun a une quotité déterminée de la rente, on désigne une partie proportionnelle du fonds et des édifices et superfices, sur laquelle chaque propriétaire exercera désormais privativement les actes de foncialité.

437. — Il n'est pas rare que les titres assignent aux divers cofonciers des redevances convenancières de nature différente, tantôt en ajoutant, avec le fonds à proportion, tantôt sans parler du fonds.

Dans ces cas, on remonte à l'époque de la division de la rente, ou, si elle n'est pas connue, à l'acte le plus ancien constatant cette division, et l'on partage le fonds d'après la proportion qui existait alors entre la valeur des diverses redevances.

On procède de la même manière dans les cas assez communs où le fonds d'une même tenue est reconnu appartenir à des propriétaires différents, quoique rien n'indique que les redevances qui leur sont dues aient jamais été réunies.

438. — Le partage du fonds entre les cofonciers ne donne pas à chacun d'eux le droit de congédier séparément les portions de tenue qui leur sont assignées, lorsqu'elles sont réunies dans la main d'un même colon ; mais chacun dispose de ses arbres, et jouit divisément de tous les droits fonciers dont l'exercice divisé ne nuit point à l'unité des superfices possédés par le même domanier. (B., n° 175).

439. — Il était autrefois d'usage, dans les partages et dans les instances en rescision pour lésion, d'estimer les rentes convenancières au denier vingt-cinq, sans égard aux commissions et aux bois fonciers.

Lorsque le colon payait à un tiers une rente foncière,

ou constituée à l'acquit du foncier, cette rente était réputée convenancière par rapport au propriétaire et au colon. En conséquence, on l'estimait au denier vingt-cinq.

Une rente convenancière aliénée par le propriétaire qui retenait la foncialité, devenait foncière et était évaluée comme telle au denier vingt. Le fonds demeuré entre les mains du propriétaire était présumé valoir le quart du capital de la rente au denier vingt, de manière que la réunion de la rente et du fonds donnait un capital égal au revenu de la rente, multiplié par vingt-cinq.

Dans le cas où le propriétaire, en réservant le fonds, ne transportait qu'une partie de la rente, on multipliait par vingt-cinq la portion retenue, et on y ajoutait le quart de la portion aliénée. Par exemple, on estimait 150 fr. ce qui demeurait au propriétaire qui, en retenant le fonds d'une tenue chargée d'une rente de 10 fr., avait aliéné la moitié de la rente. (B., N°ˢ 165 et suivants).

Cette manière de procéder, simple et peu dispendieuse, est encore usitée quelquefois ; cependant, elle a le plus grand des défauts, celui de ne pas conduire au but qu'on se propose, qui est de faire connaître la valeur réelle des objets estimés. La plus ou moins grande quantité de bois fonciers qui existent sur une tenue, l'avantage plus ou moins grand qu'il y aurait à provoquer le congément, et enfin la perte que l'on pourrait éprouver, si l'on était contraint au remboursement, sont des circonstances qui font varier à l'infini le rapport qui existe entre la redevance convenancière et la véritable valeur des droits fonciers.

Le fonds d'une tenue chargée d'une rente de 10 fr. peut valoir mille fois mieux que le fonds d'un convenant qui paie une redevance de 1,000 fr. Cela est évident, surtout depuis que les colons peuvent provoquer leur remboursement, puisque le propriétaire d'une rente convenancière de 1,000 fr. peut trouver de l'avantage à l'abandonner avec le fonds, pour se dispenser de rembourser des droits réparatoires, dont le prix excéderait prodigieusement la valeur qu'aurait la tenue après la consolidation.

440. — Lors donc qu'il s'agit d'estimer les droits fonciers d'un convenant, soit pour faire un partage, soit pour apprécier une demande en rescision pour lésion, il faut comparer le capital du revenu de la tenue, considérée comme une ferme ordinaire, avec ce qu'il faudrait débourser pour consolider. La différence est la véritable valeur de la rente et du fonds. Par exemple, une tenue vaudra 150 fr. de revenu et 3,000 fr. de capital, si après la consolidation elle peut produire un revenu de 300 fr., et qu'il doive en coûter 3,000 fr. pour le congément. Plus l'évaluation du revenu de la tenue et des droits à rembourser sera exacte, plus aussi on connaîtra exactement la valeur de la tenue et du fonds. Cette opération est longue et dispendieuse; mais elle est le seul moyen de parvenir à connaître la vraie valeur des droits fonciers.

Du reste, on sent que lorsqu'il s'agit de successions où il y a un grand nombre de tenues à partager, la méthode usitée n'a presque plus d'inconvénients : le fort aidant au faible, il s'opère une compensation qui établit l'équilibre.

441. — Lorsqu'un objet à domaine congéable a été

partagé ou aliéné comme héritage, l'indemnité à payer au possesseur évincé doit être égale à la valeur vénale de l'objet considéré comme héritage, diminuée de la valeur des droits estimés par le *menu*.

442.—Quelques tribunaux, et notamment celui de Lannion, quand il s'agit de la division des droits fonciers d'une seule tenue, au lieu d'en ordonner le partage en nature, en ordonnent la licitation par application de l'art. 827 du Code civil. C'est, on peut le dire, le seul moyen d'établir une égalité parfaite entre les intéressés, car il est impossible de diviser des droits fonciers d'une manière absolument exacte.

443. — Il arrive assez souvent que le colon, possesseur de le tenue, est en même temps propriétaire d'une quotité du fonds; lorsque le congément vient à être demandé par les autres propriétaires, il serait naturel et raisonnable d'estimer tous les superfices et de partager ensuite la tenue comme si elle était héritage, en payant au colon une quotité du montant du prisage égale à celle qu'il n'a pas dans le fonds. Ce serait le moyen d'attribuer exactement à chacun ce qui lui revient, chose impossible de toute autre manière. Les frais de prisage seraient répartis dans la proportion des droits au fonds.

§ III.

Des Droits fonciers entre époux.

444. — Presque toutes les questions auxquelles les droits fonciers peuvent donner lieu entre les époux et leurs héritiers, trouvent leur solution dans la maxime

que ces droits sont immobiliers, et comme tels soumis aux mêmes règles que les immeubles.

445. — En cas de congément, remboursement ou acquisition des édifices et superfices d'une tenue dont le fonds appartient à l'un des époux, les droits réparatoires deviennent propres à cet époux, à la charge de récompenser la communauté. (B., N° 184). C'est un démembrement de la foncialité qui s'y rattache par la consolidation; mais la femme qui n'a pas concouru au congément de sa tenue peut se dispenser de payer l'indemnité, en déclarant qu'elle renonce au bénéfice du congément pour s'en tenir à son fonds. Rien n'est plus juste, car le mari qui a fait une mauvaise spéculation sans le concours de sa femme ne peut pas en rejeter la perte sur celle-ci. La communauté seule doit en souffrir. Lorsque la consolidation a eu lieu sur la demande du colon, la femme n'a pas le même droit, parce que l'acquisition des édifices et superfices était pour elle une chose forcée; elle ne pouvait s'y soustraire qu'en abandonnant le fonds. Elle doit donc nécessairement alors ou indemniser la communauté, ou renoncer au fonds de la tenue; car la communauté, subrogée aux droits du colon, peut exiger d'elle tout ce que le colon lui-même aurait pu en exiger.

446. — Tandis que la communauté subsiste, le mari reste le maître de réacconvenancer, sans diminuer la rente ni grever le fonds, les droits réparatoires qu'il a réunis à la foncialité de sa femme. (B., N° 184).

447. — Mais lorsque, pendant le mariage, les époux acquièrent les droits fonciers d'une tenue dont les édifices et superfices appartiennent à l'un d'eux, il ne se fait point de consolidation : à moins de stipulation

contraire, la foncialité constitue un acquêt de communauté qui se partage ensuite entre les époux ou leurs héritiers de la même manière que les autres acquêts. On sent, en effet, qu'il n'y a pas de parité entre ce cas et celui de l'acquisition des superfices. Les droits fonciers ne sont pas un accessoire, un démembrement des droits réparatoires. Baudouin ne traite pas cette question ; mais tout ce qu'on peut induire de son silence, c'est qu'il n'a pas cru que la solution que nous venons de donner pût souffrir difficulté. Effectivement, les motifs sur lesquels il se fonde (N⁰ˢ 182, 183 et 184) pour décider que les droits congédiés durant le mariage deviennent propres à l'époux propriétaire foncier de la tenue et ceux qu'il donne (N⁰ˢ 450 et suiv.) pour établir que le retrait lignager, admis contre la vente du fonds au domanier, ne l'est pas contre la vente des superfices au foncier, justifient la distinction que nous faisons, et excluent l'idée qu'il ait considéré l'acquisition de la foncialité comme une consolidation au profit de l'époux domanier.

La question a été résolue dans ce sens par deux arrêts : la première fois, à une époque que nous ne pouvons indiquer, à l'occasion de la communauté de François Le Chapelain et d'Anne Le Pouhaër, et la seconde fois le 31 décembre 1840 (J., t. 13, p. 192).

448. — Si l'héritage de l'un des époux est donné à convenant pendant le mariage, il est dû récompense à cet époux des deniers d'entrée qui sont tombés dans la communauté. (Art. 1433 et 1478 du Code civil).

§ IV.

Des Droits fonciers dans leurs rapports avec les créanciers du propriétaire.

449. — Lorsque le bien donné à convenant est grevé d'hypothèques, le colon, poursuivi par les créanciers du bailleur, doit payer ou délaisser (ch. 6 du tit. 18, liv. 3, Code civil), mais il peut sans doute se borner à offrir et à payer la somme stipulée pour le prix des édifices et superfices, sauf le droit qu'a le créancier de surenchérir.

450. — Si le propriétaire réunit les droits convenanciers au fonds par un congément, un remboursement, une vente sur simples bannies ou un déguerpissement, l'hypothèque conventionnelle qu'il avait consentie sur les droits fonciers s'étend de plein droit aux édifices et superfices consolidés. C'est du moins, dans notre opinion, une conséquence naturelle de l'art. 2133 du Code civil; mais nous pensons qu'il doit en être autrement lorsque le propriétaire acquiert conventionnellement les droits du colon. Nous donnons ci-après (Nos 515 et 516) les motifs de cette distinction. Dans ce dernier cas, cependant, le créancier du propriétaire qui poursuivrait l'expropriation du fonds, ou le créancier du colon qui poursuivrait l'expropriation des édifices et superfices, devrait, si le foncier le demandait, faire vendre le domaine entier, fonds et droits. (Argument de l'art. 2211 du Code civil).

§ V.

*Des Preuves par lesquelles le propriétaire peut établir ses
droits à la foncialité.*

451. — Nous avons vu que le bail à convenant ne
peut se constituer que par écrit, et que la preuve par
témoins n'en est pas reçue, quelle que soit la modicité
de l'objet acconvenancé. Il s'agit ici des preuves à faire
par le propriétaire contre le possesseur de sa tenue,
qui soutient n'être pas colon et prétend avoir la propriété pleine et entière de l'immeuble qu'il possède.

Le propriétaire peut établir ses droits par tous les
genres de preuve admis en d'autres matières; mais
l'application de ces preuves au domaine congéable a
donné lieu à quelques décisions que nous devons
faire connaître.

452. — Il ne suffit pas, pour obtenir les levées
d'une rente convenancière, de prouver que les auteurs
du défendeur ont été possesseurs de la tenue sur laquelle on les réclame ; il faut encore prouver qu'ils
possédaient à l'époque pour laquelle on demande ces
levées : ainsi l'a jugé avec beaucoup de raison un
arrêt du 22 mai 1813 (Journ., t. 5, page 87). Mais
si le titre qui prouve la possession à une époque antérieure était du fait du colon lui-même, celui-ci devrait, sans doute, justifier qu'il a cessé de posséder ;
autrement, sa possession pourrait être présumée avoir
continué. Cette distinction est fondée sur la nature
des choses : un homme peut être dans l'impossibilité
de justifier quand et comment ses auteurs ont cessé

de posséder tel immeuble, mais il ne peut pas également ment ignorer un fait qui lui est personnel.

453. — Un arrêt du 25 juillet 1820 décide que l'on peut prouver la propriété foncière par titres ou *possession*, et que, lorsqu'il existe un commencement de preuve par écrit émané des auteurs du colon, et duquel il résulte que le demandeur avait été propriétaire d'une tenue portant le même nom que l'héritage revendiqué, il y avait lieu d'admettre ce demandeur à prouver par témoins qu'antérieurement à la révolution, il percevait du défendeur ou de ses auteurs une rente en grains sur cet héritage. (C., p. 50). Un autre arrêt du 1er août 1817 (Journ., t. 5, p. 692) a également décidé que l'on peut prouver, savoir : par témoins, que le défendeur possède la tenue sur laquelle une rente convenancière est réclamée, et par experts, qu'il y a identité entre les objets décrits dans les titres et ceux qui sont possédés par le défendeur.

Ce même arrêt décide une question bien plus difficile et bien plus importante, que nous traitons au N° 461.

454.—Depuis la première édition de notre Traité, il a été rendu plusieurs arrêts sur la nature des preuves à fournir par les propriétaires fonciers. D'autres, qui nous étaient inconnus, ont été publiés. Nous allons donner un résumé de ceux qui nous paraissent les plus importants.

Il a été jugé :

1° Le 23 thermidor an XI (Journ., t. 2, p. 61), « que le domanier qui, ayant été assigné relativement » à une tenue et comme détenteur de cette tenue, de-

» mande un délai pour s'entendre avec ses consorts,
» se reconnaît par là copossesseurs de la tenue. »

2° Le 29 novembre 1817 (Journ., t. 5, p. 734),
« qu'il incombe au propriétaire de prouver qu'une
» pièce de terre qui lui est contestée fait réellement
» partie de la tenue. »

3° Le 20 novembre 1820 (Journ., t. 6, pag. 770),
« que dans le cas où il n'existe qu'un commencement
» de preuve par écrit, il n'y a pas lieu de déférer le
» serment au demandeur. »

4° Le 22 janvier 1821 (Journ., t. 7, p. 20), « qu'il
» y a lieu de recourir à une vérification par experts
» et par témoins, lorsqu'il y a contestation sur l'iden-
» tité de la tenue mentionnée dans un titre avec celle
» que le défendeur reconnaît posséder. »

5° Le 28 février 1821 (Journ., t. 7, p. 66), « que
» le foncier peut justifier sa demande par témoins
» lors même qu'il n'existe aucun commencement de
» preuve par écrit. » Cet arrêt est motivé sur ce que
la preuve offerte devait porter sur la possession du
fonds pendant un temps assez long pour opérer prescription.

6° Le 20 janvier 1826 (Journ., t. 8, p. 28), « que
» des présomptions graves, précises et concordantes,
» constituent une justification suffisante lorsqu'il est
» prouvé que les titres du propriétaire ont été brûlés. »

7° Le 28 juillet 1830 (Journ., t. 9, p. 86), « qu'un
» domanier qui se prétend propriétaire absolu de
» quelques objets compris dans le prisage et rem-
» boursés par lui à un autre colon, ne peut être admis
» à justifier son droit par témoins. »

8° Le 5 décembre 1835 (Journ., t. 10, pag. 289),

» que l'identité de nom et de domicile du père d'un
» individu signataire d'une déclaration à domaine
» congéable, la similitude de noms et d'étendue des
» parcelles mentionnées dans cette déclaration et
» d'autres parcelles désignées dans un partage de ce
» même individu ; enfin, le défaut d'indication de
» l'origine de la propriété de ces parcelles de même
» nom, forment des présomptions graves de la déten-
» tion par cet individu des pièces mentionnées dans
» la déclaration ; que ces présomptions doivent l'em-
» porter sur la déposition de trois témoins qui dé-
» clarent que le père du défendeur ne possédait pas
» dans la tenue, et qu'il reste dans l'état à constater,
» par une expertise, l'identité des objets réclamés
» avec ceux qui sont décrits dans les titres. »

9° Le 19 mai 1836 (Journ., t. 12, p. 113), « que
» des extraits d'enregistrement constatant que l'État,
» aux droits d'un émigré, a perçu les arrérages d'une
» rente convenancière depuis 1792 jusqu'en 1813,
» ne forment pas un commencement de preuve par
» écrit du paiement de la rente. »

10° Le 12 mars 1838 (Journ., t. 12, p. 426),
» que la preuve testimoniale peut être invoquée par
» le propriétaire foncier dépourvu de titres, parce que,
» lorsqu'il s'agit d'immeubles, la possession est sus-
» ceptible de s'établir par témoins, la détention se
» composant d'une suite de faits dont la preuve écrite
» est impossible. »

11° Le 27 avril 1844 (Journ., 1844, p. 110), « que
» dans le cas où l'existence d'une rente est reconnue
» et où il n'y a de débat que sur sa nature foncière
» ou convenancière, les sommiers du domaine indi-

» quant que la rente a été payée comme convenancière
» et qu'elle l'a même été en l'an **XII** sous la retenue
» du dixième, justifient la prétention du foncier. »
Les paiements étaient constatés de l'an **V** à l'an **XII**
inclusivement.

455. — Nous avons vu deux consultations des
15 avril 1843 et 24 mai 1824, délibérées, la première par MM. Desnoës, Lagrée aîné, Gaillard-Ker-
bertin et Bohan; la seconde, par MM. Toullier,
Bellamy, Gaillard de Kerbertin et Carré, dans lesquelles on établit que des rôles rentiers réformés
suivant la loi du temps, sont des jugements qui font
pleine foi, sauf l'appel quand il est encore recevable.
C'est aussi ce que la Cour a formellement jugé le
25 juillet 1826.

456. — Les aveux rendus par le propriétaire au
seigneur sont des actes non contradictoires qui ne
sauraient rigoureusement être opposés aux possesseurs, mais qui, comme le décide un arrêt du 21 juin
1826, forment une présomption favorable. En thèse
générale, un pareil acte doit effectivement produire
une grande impression sur l'esprit d'un tribunal.

Le possesseur que l'on prétend colon et qui se dit
propriétaire, n'est pas tenu de justifier de son droit
que la possession fait présumer; il n'en est pas moins
certain, en fait, que le possesseur qui refuse de produire ses titres autorise à soupçonner qu'il ne les
cache que parce qu'ils lui sont défavorables.

457. — Une question de la plus haute importance,
qui se rattache à la nature des preuves, a été jugée
par la Cour de Rennes, le 19 juin 1846. Nous ne connaissons pas le texte de l'arrêt, mais nous avons le

jugement sur lequel il est intervenu et des notions certaines sur les motifs qui l'ont déterminé.

Lors du congément d'une tenue dite *Le Dantec Kerboulch*, en Plouaret, le propriétaire somma les colons de faire la montrée de quatre pièces de terre mentionnées dans ses titres et qu'il ne pouvait retrouver sur le terrain. Faute par les colons d'obtempérer à cette réquisition, il demanda qu'ils fussent condamnés à lui payer 2,400 fr. pour valeur de la foncialité. Cette prétention fut accueillie par un jugement du tribunal de Lannion du 15 juillet 1845, sauf l'évaluation de l'indemnité qui fut confiée à des experts.

Le jugement est fondé sur ce qu'il résulte de la solidarité des colons et de l'indivisibilité de la tenue, que chaque colon est astreint à la représentation de l'intégralité du convenant ; que cette règle est toujours suivie dans les pays de domaine congéable, où les experts procèdent au prisage sur la montrée des domaniers ; que, dans l'espèce, les colons ou leurs ayants-cause se prévalent de ce que la dernière déclaration n'a pas été renouvelée depuis un siècle et de ce que des changements et modifications ont rendu les lieux presque méconnaissables ; que si l'action en indemnité est prescriptible par trente ans, la prescription n'a pu courir avant la demande en expulsion, etc.

Si le tribunal n'avait entendu condamner les colons que comme récélant des objets connus d'eux, il n'aurait jugé qu'une question de fait ; mais la décision, telle qu'elle est motivée, semble avoir une bien plus grande portée : elle tend à établir que lorsque le propriétaire ne peut retrouver toutes les pièces mentionnées dans ses titres, il a le droit d'en demander la valeur au congédié. La Cour, de son côté, nous dit-on, sans tenir compte de certaines circonstances de fait qui jetaient de la défaveur sur les appelants et, sans établir de distinction entre les possesseurs tiers acquéreurs et les possesseurs héritiers des auteurs de la déclaration, a jugé d'une manière absolue que le double principe de la solidarité et de l'indivisibilité suffisait pour justifier la décision.

Nous nous permettrons de critiquer cet arrêt :

J'achète, le 25 mars, une pièce de terre qui m'est vendue comme étant à domaine congéable et chargée d'une rente convenancière. Le lendemain, je suis cité en congément ; j'acquiesce à la demande, et lors du prisage, le propriétaire me somme de faire la montrée de quatre autres pièces de terre que ses titres indiquent comme dépendant de la tenue ; pourrais-je être condamné à payer ces quatre pièces de terre que je n'ai jamais connues ?

Cela serait évidemment contraire à l'équité, car je ne saurais être tenu à rendre ce que je n'ai jamais ni reçu ni connu. Cela ne serait pas moins contraire à la rigueur du droit ; on ne saurait me rendre personnellement responsable d'un immeuble qui n'a jamais été possédé par moi ou par mes auteurs. La seule action à laquelle je sois soumis est une action réelle, mais il est dans la nature des choses que cette action n'ait pas plus d'étendue que l'objet dans la détention duquel elle a son principe.

Dira-t-on maintenant que, malgré les termes absolus du jugement et de l'arrêt, la décision critiquée ne me serait pas applicable et que l'indemnité serait due par celui qui m'a vendu ?

Mais qui est-ce qui assure que mon vendeur ou ses auteurs ne sont pas, comme moi, des tiers acquéreurs d'une portion seulement de la tenue? Dire qu'ils feront alors la preuve du fait et que l'action remontera plus haut, ce ne serait pas répondre, car la question ne se présente que dans le cas où la dernière déclaration est très-ancienne et il est bien peu de possesseurs, surtout parmi des cultivateurs illettrés, qui soient à même de prouver par quelles mains leur propriété a passé pendant les cent années qui ont précédé leur détention.

Cette justification serait-elle faite, il resterait à retrouver les représentants actuels de l'auteur du dernier titre, ce qui serait presque toujours impossible.

Pour que la décision eût quelque chose de spécieux, il faudrait qu'elle fût restreinte au cas où les possesseurs actuels sont les représentants de l'auteur du titre sur lequel le propriétaire s'appuie. Or, on ne trouve rien dans le jugement qui indique que cette restriction fût dans l'intention du tribunal; il ne dit pas que les personnes condamnées fussent des successeurs à titre universel des anciens colons.

Enfin, nous croyons que, même ainsi restreinte, la décision ne serait pas encore juste. Elle reposerait sur la supposition que c'est par le fait des colons restés possesseurs d'une partie du domaine, ou de leurs auteurs, que des pièces de terres dépendant originairement de la tenue ne se retrouvent plus lors du congément; mais c'est là une supposition gratuite. L'état de choses à l'époque du congément peut tenir à ce que les objets à trouver ont été prescrits fonds et droits sur le colon qui les possédait, puisqu'il est de principe que les tiers non colons prescrivent contre le foncier. Il peut tenir aussi à ce que le propriétaire usant de son droit a congédié séparément les pièces qu'on cherche en vain.

Que si l'on objectait qu'il existe une présomption que les choses se sont passées autrement, il serait permis de répondre que lorsqu'un fait est susceptible de s'expliquer par l'exercice d'un droit et par la supposition d'une fraude, ce n'est pas à l'idée de fraude que l'on doit s'arrêter, parce que la fraude ne se présume pas.

Sous tous les rapports donc, l'arrêt nous paraît contraire a l'équité et aux principes, de nature à troubler la paix d'une infinité de familles et susceptible d'entraîner des contestations interminables et très-difficiles à juger ; qu'on songe seulement à l'inconvénient de faire fixer par des experts la valeur d'une chose qui n'est pas connue !

C'est, croyons-nous, se faire une grande illusion que d'appeler l'usage à l'appui de cette jurisprudence ; nous avons vu un nombre infini d'affaires de domaine congéable et jamais, à notre connaissance, aucun arrêt ou jugement n'a admis la prétention accueillie par la Cour et n'a même été appelé à l'apprécier ; et pourtant, l'on sait combien il est ordinaire de voir les fonciers et les colons plaider à grands frais pour savoir s'il y a identité entre telle pièce possédée par un colon et telle pièce mentionnée dans un titre. Ces contestations si communes n'offriraient presqu'aucun intérêt dans le système de la Cour, puisque le propriétaire embarassé pour reconnaître sa pièce, trouverait bien plus simple d'en réclamer la valeur du colon.

§ VI.

De la Prescription des droits fonciers.

458. — Nous avons dit que le colon ne peut prescrire les droits fonciers contre le propriétaire. Il ne s'agit ici que de la prescription de ces mêmes droits par des tiers.

459. — Comme les prescriptions commencées avant le Code doivent être réglées conformément aux lois anciennes (art. 2281 du Code civil), il convient de faire d'abord connaître les anciens principes relativement à la prescription des droits fonciers.

Sous l'empire de la Coutume de Bretagne, on acquérait par possession la propriété d'un immeuble de deux manières, par les appropriements ou par la possession quadragénaire.

Les appropriements supposaient une acquisition faite d'un détenteur à titre non précaire : d'où il suit que celui qui acquérait le fonds ou une partie du fonds d'un colon possesseur précaire, ne pouvait se prévaloir de l'appropriement contre le propriétaire.

Il n'en était pas de même de la prescription par quarante ans, qui produisait son effet, même en faveur du possesseur de mauvaise foi qui avait acquis d'un détenteur précaire.

460. — Mais cette dernière règle souffrait exception en ce qui concernait les droits fonciers ; celui qui avait acquis du colon comme *héritage* une tenue ou une portion de tenue convenancière, n'en prescrivait pas la foncialité contre le propriétaire par quelque temps qu'il possédât, à moins qu'il ne pût opposer à celui-ci des actes interversifs contradictoires avec lui.

C'est ce qui a été jugé dans une espèce très-favorable à l'acquéreur, par un arrêt du 29 mai 1747. Une tenue avait été vendue comme héritage tenu en fief. L'acquéreur avait fait les formalités d'un appropriement édictal par la cour du seigneur foncier ; il avait communiqué les bannies au procureur fiscal ; il avait payé les lods et ventes, et il avait possédé pendant cinquante ans. Tout cela fut jugé insuffisant.

Il convient pourtant de remarquer que l'arrêt rapporté au Journ. du Parlement (t. 3, chap. 168, p. 675), est intervenu dans l'espèce d'une tenue régie par l'usement de Rohan, dont l'art. 2 disposait : « Les tenues » que tiennent les roturiers ou non nobles en ladite » vicomté sont présumées être audit titre de convenant » et domaine congéable, s'il n'y a preuve par acte au » contraire. »

L'arrêtiste remarque que cette circonstance seule aurait été décisive ; mais il établit d'ailleurs, comme un principe certain, qu'indépendamment de cette circonstance, la possession de l'acquéreur avait été précaire comme celle du colon qui la lui avait transmise. C'est aussi l'opinion de Baudouin (N° 43).

Duparc Poullain, au tome 6 des Principes du droit (pag. 255), revient encore sur ce sujet et se prononce dans le même sens. Ainsi, le possesseur d'une tenue convenancière ne pouvait autrefois invoquer la maxime *nihil est quod præscriptionem quadragenariam effugiat*, qu'autant qu'il ne possédait pas en vertu d'un titre obtenu d'un détenteur précaire.

461. — Nul doute que cette jurisprudence ne doive encore être appliquée aux prescriptions antérieures au Code. C'est d'ailleurs ce qu'a jugé un arrêt du 1er août

1817, dans une espèce bien favorable au possesseur. Un propriétaire réclamait la foncialité d'une tenue nommée *Hervé le Bolzec*, située commune de *Plounevez-du-Faou*. A l'appui de sa demande, il produisait une déclaration du 23 février 1642, de laquelle il résultait que ses auteurs avaient été propriétaires fonciers de la tenue, et il offrait de justifier, par experts et par témoins, que les objets décrits dans son titre étaient possédés par le défendeur. Il fut débouté de ses prétentions par le tribunal de Châteaulin. On ne dit pas par quel motif, mais tout annonce que ce fut parce qu'il ne justifiait pas que le défendeur fût, à titre universel ou particulier, le successeur du colon qui avait signé dans la déclaration. Sur l'appel, ses conclusions lui furent adjugées par les motifs suivants : « Considé- » rant que la demande ayant pour base un titre authen- » tique très-ancien *et imprescriptible*, il restait à » prouver, d'une part, la détention des défendeurs par » témoins, et de l'autre, par experts, l'identité des » maisons et pièces de terre possédées par les intimés, » avec les maisons et pièces de terre composant la tenue » le Bolzec, débornées dans la déclaration convenan- » cière du 23 février 1642 ; que c'est précisément la » preuve que les appelants offraient et offrent encore » d'administrer ; que ces faits étaient incontestablement » pertinents et admissibles, et même tellement décisifs, » qu'en les supposant prouvés, le titre précaire de la » détention des colons à domaine congéable, de quelque » laps de temps que cette détention fût couverte, ne » pouvait pas les soustraire à l'obligation de reconnaî- » tre la propriété foncière des appelants, et par suite, » à celle de payer la rente attachée à cette propriété :

» d'où il résulte que la preuve offerte a été sans motifs
» rejetée ; qu'au surplus, rien ne s'oppose à ce que les
» intimés prouvent, de leur part, une interversion lé-
» gitime de possession, le droit de preuve étant de sa
» nature réciproque, en matière d'appointement en
» contrariété. » (Journ., tom. 4, pag. 693).

462. — C'est avec la plus grande confiance que nous nous permettons d'exprimer l'opinion que cet arrêt donne trop d'extension au principe de l'imprescriptibilité du bail à domaine congéable. Lorsqu'il est justifié que le détenteur actuel d'une tenue jouit comme successeur à titre universel ou particulier du colon désigné dans un titre, il incombe sans doute au détenteur de prouver qu'il y a eu, de sa part ou de celle de ses auteurs, une interversion légale de possession : la preuve de l'ancienne nature convenancière de la tenue est alors acquise contre lui. Mais lorsqu'on n'établit pas que le possesseur représente l'auteur du titre, ce titre est sans valeur contre lui, parce que les actes ne font foi qu'entre les parties contractantes ou leurs représentants. (Art. 1319, Code civil.)

D'un autre côté, l'arrêt semble attribuer aux biens donnés à convenant un caractère d'imprescriptibilité qui ne leur convient pas plus qu'aux autres immeubles et que l'ancienne jurisprudence n'a jamais attaché qu'au lien formé entre le propriétaire et le colon ou les successeurs du colon. Les droits fonciers peuvent être usurpés et prescrits avec ou sans les droits convenanciers, par des tiers qui ne sont ni domaniers ni représentants des domaniers. Cela n'a jamais été révoqué en doute. « Un tiers, dit Baudouin (N° 202), n'est point » incapable de prescrire contre le foncier : sa posses-

» sion n'a point, comme celle du domanier, le vice de
» précaire, qui forme obstacle perpétuel à la prescrip-
» tion. » Cette prescription par un tiers doit, suivant
nous, se présumer dans le cas où l'on représente un
titre ancien sans prouver que le possesseur actuel
tient ses droits médiatement ou immédiatement du
colon qui y a figuré. On ne peut alors refuser au détenteur le bénéfice de la prescription trentenaire, qui
n'exige ni titre ni bonne foi. En pareille circonstance,
d'ailleurs, il est naturel de supposer que le possesseur
représente l'ancien foncier dont ses auteurs ont acquis
les droits par un titre depuis adiré ou perdu.

L'erreur de la Cour, en ce qui touche ce dernier
point, tient à ce qu'elle a supposé que le détenteur d'un
bien qui est prouvé avoir été tenu anciennement à
domaine congéable, devait être présumé avoir commencé à posséder à titre précaire. Or, l'art. 2230 du
Code civil porte : « On est toujours présumé posséder
» pour soi, et à titre de propriétaire, s'il n'est prouvé
» qu'on a commencé à posséder pour un autre. » La
possession est donc toujours présumée, jusqu'à preuve
contraire, avoir été dans son principe à titre de propriétaire ; et il n'y a preuve contraire que lorsqu'il est
établi que le détenteur a reçu la chose du propriétaire
pour en jouir précairement, ou qu'il en tient la possession d'un précédent possesseur précaire.

Au surplus, à l'autorité de la Cour nous pouvons
opposer l'autorité de la Cour. Appelée à décider si une
déclaration du 14 janvier 1643 pouvait être invoquée
pour fixer le taux contesté d'une rente, elle résolut la
question négativement par le motif que la déclaration
ne pouvait être opposée aux colons actuels comme une

obligation personnelle, quand ils n'étaient pas prouvés et qu'ils contestaient formellement être les héritiers, successeurs ou ayants-cause des personnes par qui elle paraissait avoir été fournie. (Arrêt du 20 juin 1807, Journ., tom. 2, pag. 142).

Plus tard, et par arrêt du 19 décembre 1846, la Cour s'est encore prononcée d'une manière plus explicite :

« Considérant que si l'ensemble des titres produits
» par l'appelant prouve que le lieu du Brugou a été
» autrefois un domaine congéable, dont la foncialité
» appartenait à la famille de Roquefeuil, aux droits de
» laquelle Desjars se trouve aujourd'hui, rien dans la
» cause n'indique que les intimés, possesseurs actuels
» du Brugou, soient les successeurs à titre universel
» ou particulier des colons qui ont figuré dans quel-
» ques-uns des actes dont il s'agit ; que l'appelant n'a
» même pas cherché à expliquer le lien qui pourrait
» exister entre eux, ni comment les époux Le Moal
» tiendraient leur jouissance des anciens détenteurs
» désignés dans les titres qu'il invoque ; que, cepen-
» dant, sa qualité de demandeur en congément lui im-
» posait l'obligation de faire cette preuve ; que les
» intimés n'étaient tenus de prouver qu'il y a eu de
» leur part ou de celle de leurs auteurs une interver-
» sion légitime de possession, que dans le cas où il
» eût été démontré qu'ils tiennent leurs droits média-
» tement ou immédiatement des anciens détenteurs à
» domaine congéable ; qu'en l'absence de toute preuve
» à cet égard, les intimés ne peuvent être considérés
» que comme des tiers capables de prescrire les droits
» fonciers, leur possession n'étant pas prouvée avoir

» été entachée dans son principe du vice de précaire ;
» considérant qu'il n'est pas contesté que les intimés,
» par eux ou leurs auteurs, jouissent du lieu du Bru-
» gou depuis un temps suffisant pour en avoir acquis
» la propriété par prescription, tandis que l'appelant
» n'articule aucun fait de possession ; qu'il reconnaît
» même être dans l'impuissance de justifier qu'il ait
» reçu les levées de la rente, preuve qu'il eût été ce-
» pendant facile d'administrer au moins pendant la du-
» rée du séquestre mis par l'État, si la rente avait été
» perçue par le domaine. Par ces motifs, etc.

463. — Nous devons maintenant terminer ce qui concerne la prescription des droits fonciers sous l'ancienne jurisprudence, en rapportant plusieurs décisions données par Baudouin et qui, suivant nous, devraient encore être suivies aujourd'hui.

464. — Lorsque le véritable propriétaire établit ses droits par la représentation du bail en premier détachement, ou de plusieurs baillées, il n'a rien à redouter de la part du tiers qui viendrait lui opposer des déclarations qu'ils se serait fait fournir par le colon. Ces actes ne prouveraient rien contre lui, à moins qu'il ne les eût approuvés ou qu'ils n'eussent été accompagnés de quelques faits non équivoques de possession. Par exemple, si le possesseur muni de ces déclarations avait coupé des bois fonciers, exercé le congément ou fait des actes de cette nature, sa possession ne serait pas équivoque et pourrait servir de base à la prescription. Cependant, si le véritable propriétaire possédait de son côté, en recevant annuellement les levées de sa rente, la prescription ne courrait contre lui que très-difficilement.

465. — Si encore le colon avait fourni conjointement au propriétaire et au possesseur des lettres récognitoires, dans lesquelles il aurait déclaré devoir à tous les deux des rentes convenancières sur la tenue, le propriétaire qui n'aurait pas demandé l'impunissement de cette déclaration se verrait obligé de reconnaître le possesseur pour son cofoncier. Mais l'impunissement formel ne lui serait pas nécessaire pour conserver ses droits si, dans les trente ans qui ont suivi la déclaration, il avait coupé des bois fonciers, donné des assurances, accordé des facultés de congédier : ces actes constitueraient un impunissement réel qui empêcherait la prescription du fonds.

Voilà pour ce qui concerne l'ancienne jurisprudence ; venons maintenant à la nouvelle.

466. — Les droits fonciers sont sujets aux mêmes prescriptions que les autres immeubles. En conséquence, ils peuvent se prescrire, soit par dix ou vingt ans, avec titre ou bonne foi, soit par trente ans, sans titre ni bonne foi.

L'art. 2265 du Code porte : « Celui qui acquiert » de bonne foi et par juste titre un immeuble, en » prescrit la propriété par dix ans, si le véritable pro- » priétaire habite dans le ressort de la Cour d'appel » dans l'étendue de laquelle l'immeuble est situé, et » par vingt ans, s'il est domicilié hors dudit ressort. »

L'art. 2262 dispose : « Toutes les actions, tant » réelles que personnelles, sont prescrites par trente » ans, sans que celui qui allègue cette prescription » soit obligé d'en rapporter un titre, ou qu'on puisse » lui opposer l'exception déduite de la mauvaise foi. »

Ces deux articles règlent la prescription des droits

fonciers, comme de tous les autres immeubles. La circonstance que le possesseur tiendrait ses droits du colon ne ferait obstacle ni à l'une ni à l'autre de ces prescriptions, car, d'après l'art. 2239, « ceux à qui » les fermiers, dépositaires et autres détenteurs pré- » caires, ont transmis la chose par un titre translatif » de propriété, peuvent la prescrire. »

467. — La question de savoir si l'acquéreur a été de bonne foi est plutôt de fait que de droit. Voici cependant quelques décisions qu'il peut être utile de connaître. La Cour a jugé :

1° Que deux époux qui, par contrats de 1810 et 1812, avaient acquis deux pièces de terre mentionnées dans un titre de 1781 comme étant à domaine congéable, n'avaient pas pu croire que ces pièces fussent à héritage, parce que leur père et beau-père avaient figuré dans l'acte de 1781, et que la femme avaient recueilli dans les successions de ses auteurs une partie des droits réparatoires de la tenue (1er février 1836; Journ., t. 12, p. 28).

2° Que l'acquéreur à titre de propriété absolue ne devait pas être réputé de mauvaise foi, parce que le mot *convenant* se trouvait employé dans la vente (17 août 1835; Journ., t. 11, p. 251). L'emploi du mot *convenant* s'expliquant par la circonstance que la rente ayant été remboursée, on avait cru pouvoir vendre et acheter à héritage.

3° Qu'un domanier, en même temps régisseur, ne peut soutenir qu'il a de bonne foi acquis à héritage des tenanciers et que la bonne foi est plus suspecte chez lui que chez un tiers qui aurait acheté une partie de la tenue des domaniers (29 août 1839 ; Journ., t. 13, p. 83).

4° Que le détenteur d'une terre à domaine qui la tient de son père, régisseur du foncier, ne saurait être réputé acquéreur de bonne foi (19 février 1844; Journ., 1844, p. 27).

5° Que celui qui a acquis des biens fonds et droits, ne peut les posséder que comme domaine congéable, lorsqu'ils sont déclarés possédés en consortie avec l'acquéreur qui a précédemment acheté le reste de la tenue comme étant à domaine. (31 décembre 1840).

468. — Mais, d'après l'art. 2229 du Code, « pour » pouvoir prescrire, il faut une possession continue et » non interrompue, paisible, *publique, non équi-* » *voque et à titre de propriétaire.* »

L'application de cette disposition à la prescription des droits fonciers donne lieu à quelques observations.

469. — Ou le possesseur ne prétend avoir prescrit que la foncialité de la tenue ou d'une portion de la tenue, ou bien il prétend avoir prescrit, fonds et droits, la tenue ou une partie de la tenue.

470. — Dans le premier cas, le possesseur ne pourrait pas prétendre que les déclarations que le colon lui aurait fournies, que le paiement de la rente qui lui aurait été fait pendant dix, vingt ou trente ans, ont opéré prescription à son profit contre le foncier, qui aurait lui-même continué de recevoir sa rente : des déclarations, des paiements qui sont des actes latents, ne constituent pas seuls une possession *pu-blique* telle que l'exige l'art. 2229 du Code. Il est vrai que le possesseur pourrait alléguer que le colon a possédé pour lui publiquement ; mais ce serait poser en fait ce qui est en question, puisque c'est

pour le propriétaire que le colon est présumé pos-séder : *Si conductor rem vendidit, et eam ab emptore conduxit, et utrique mercedes præstitit, prior locator possessionem per conductorem rectissimè retinet.* (Digeste, loi 32, *de acq. vel amit. possessione* ; B., N° 503 ; grande Coutume de Duparc Poullain, t. 2, p. 103 et 104, au texte et aux notes).

Dans l'hypothèse où nous raisonnons, il faudrait donc, pour constituer une possession susceptible d'opérer la prescription, des actes contradictoires avec le vrai propriétaire, ou bien des faits publics de nature à manifester, sans équivoque, la possession des droits fonciers. Un congément que le possesseur aurait exercé par lui-même ou par son cessionnaire, un remboursement auquel il aurait été contraint, une vente sur simples bannies qu'il aurait poursuivie, la disposition des bois fonciers qui se trouvaient sur la tenue, seraient, par exemple, des actes susceptibles de caractériser une possession publique, et l'on pourrait partir du plus ancien de ces actes pour en déterminer la durée.

471. — Dans la seconde supposition, c'est-à-dire dans celle où le possesseur prétendrait avoir prescrit fonds et droits, soit la tenue, soit une partie de la tenue, la détention réelle qu'il aurait eue, soit par lui-même, soit par un fermier, constituerait bien certainement une possession publique telle que l'exige l'art. 2229 ; mais cette possession publique peut ne pas être non équivoque. C'est ce qui a lieu lorsque le possesseur ou son ayant-droit n'a fait sur la tenue que des actes qu'un simple colon aurait pu faire. Dans ce cas, le propriétaire n'a pas été averti qu'on pos-

sédait contre lui : il a dû croire que le nouveau possesseur ne jouissait qu'au même titre que le précédent.

C'est un point sur lequel tant d'arrêts se sont prononcés, qu'aucun doute n'est aujourd'hui permis. Mais quels actes sont de nature à constituer une possession non équivoque ?

Ce sont, d'abord, ceux qu'un domanier n'aurait pas eu le droit de faire, tels que la disposition de bois fonciers, la construction d'édifices sur la tenue, etc.

Il en est d'autres qui sont par eux-mêmes bien moins concluants et que les circonstances peuvent cependant autoriser à regarder comme décisifs, ce sont ceux que les principes du domaine congéable n'interdisaient pas au colon, mais que le colon n'aurait pu faire sans léser ses intérêts d'une manière grave. Dans une affaire soumise à la Cour, par exemple, un tiers avait acquis environ six hectares de terrains vagues et il les avait couverts en entier de bois qui étaient fonciers de leur nature; il était trop évident qu'il n'aurait pas fait cette dépense s'il s'était regardé comme un simple domanier, puisque le propriétaire seul en aurait profité.

Il a été rendu sur l'application du principe aux faits beaucoup d'arrêts qu'il serait trop d'analyser, mais qu'il convient d'indiquer pour qu'on puisse y recourir au besoin. Les principaux sont des 23 décembre 1830 (tom. 9, pag. 107); 17 août, 28 décembre 1835 (tom. 10, pages 251 et 326); 31 décembre 1840) tom. 13, pag. 192) et 22 juillet 1843 (tom. 13, p. 51).

472. — Pour compléter ce que nous avons à dire sur la prescription des droits fonciers, il convient de

parler ici de l'acquisition ou de l'extinction des servitudes par la possession ou par le non usage, et de l'effet de l'usurpation et de la possession des domaniers, respectivement aux propriétaires fonciers de deux tenues voisines.

Parlons d'abord des servitudes.

Il est hors de doute que l'on peut acquérir par la possession une servitude continue et apparente sur une tenue possédée par un domanier, comme sur un héritage exploité par un fermier ; le propriétaire a seulement une action en indemnité contre le colon qui a laissé grever le fonds.

Réciproquement, le propriétaire foncier peut acquérir une servitude continue et apparente sur un fonds voisin, par la possession de son colon. C'est la conséquence de cette maxime : *Per colonos et inquilinos nostros possidemus.*

473. — Mais ce qui est vrai d'une servitude ne l'est pas également, et sans distinction, du fonds d'une tenue convenancière dont un colon voisin aurait usurpé et prescrit une partie des édifices et superfices.

« Que le colon de Pierre, par exemple, dit Bau» douin, ait prescrit un fossé, un champ, sur celui de » Jacques, la maxime *per colonos et inquilinos* » *nostros possidemus* n'attribue point par elle-même » au foncier de l'usurpateur la propriété foncière des » superfices usurpés, car le seigneur du colon dé» pouillé peut avoir pour vassal en sa place celui qui » a prescrit.

» Il l'a effectivement, jusqu'à ce que, par des dé» clarations et des prestations fournies durant qua» rante ans pour le terrain empiété, le seigneur

» étranger qui les reçoit à son exclusion n'ait aussi
» prescrit le fonds contre lui.

» Par conséquent, jusqu'à cette époque, ordinai-
» rement plus tardive que la prescription des droits
» réparatoires, le convenancier usurpateur tient les
» superfices prescrits sous leur vrai foncier ; il est
» tenu envers lui aux charges dues sur le convenant.

» Mais lorsque le fonds est pareillement prescrit,
» il se fait à la tenue une accession du tout, et, par ce
» moyen, le colon qui y ajoute ses nouveaux droits
» convenanciers ne doit rien que les prestations
» seules du convenant auquel l'annexe s'est opérée. »

Les questions auxquelles ces sortes de prescriptions peuvent donner lieu sont si nombreuses que, pour les indiquer et les résoudre, il faudrait dépasser les bornes que nous avons prescrites à notre travail, mais le passage que nous venons de citer indique les principes d'après lesquels on doit les décider.

§ VII.

Des Droits fonciers en matière d'enregistrement.

474. — Il est si difficile de concilier les principes généraux de perception avec les règles particulières au bail à convenant, qu'il n'y a peut-être pas, en matière de domaine congéable, de questions sur lesquelles on soit aussi peu d'accord que celles dont nous allons nous occuper. Cependant, aidé des lumières de personnes très-versées dans cette partie, nous nous croyons en état d'indiquer le mode de perception le plus conforme aux principes et le plus généralement

suivi. Nous ne parlerons, dans ce paragraphe, que du droit à percevoir sur les mutations de droits fonciers, et nous renverrons au § 7 du chapitre suivant les questions bien plus difficiles auxquelles donnent lieu le transport des édifices et superfices, les assurances et les facultés de congédier.

475. — Pendant très-longtemps, le droit dû pour mutation des droits fonciers s'est liquidé de deux manières différentes, suivant qu'il s'agissait de mutations par décès, donations et testaments, ou de mutations par actes entre-vifs à titre onéreux.

476. — Quand il s'agissait de mutations par décès, donations ou testaments, on évaluait le fonds au denier vingt-cinq de la redevance et des autres charges annuelles dues par le colon, mais sans avoir égard aux commissions et aux bois fonciers. Cette évaluation de la foncialité au denier vingt-cinq, tandis que les autres immeubles ne sont évalués qu'au denier vingt, était motivée sur ce que les bois et les commissions, dont il serait souvent impossible à la régie de constater l'existence, ajoutent ordinairement au revenu représenté par la redevance.

Cet usage semblait à la fois illégal et abusif : illégal, parce que, d'après la loi du 22 frimaire an VII, le droit à percevoir doit être liquidé pour tous les biens, sans exception, sur le revenu annuel multiplié par vingt ; abusif, parce que, s'il y avait lieu de faire une exception à la loi générale pour les droits fonciers, il faudrait plutôt les estimer au-dessous du denier vingt qu'au-dessus. La loi du 6 août, en supprimant les corvées d'usements, en attribuant au colon la propriété des châtaigniers et des noyers, et surtout en

autorisant les domaniers à demander leur remboursement, a prodigieusement diminué la valeur des droits
fonciers.

Ces considérations ont été présentées au tribunal
de Morlaix par les héritiers du sieur Le Denmat-
Resguen. La régie avait perçu le droit de mutation
sur les rentes capitalisées au denier vingt-cinq. Les
héritiers réclamèrent contre cette perception. Ils firent
valoir les moyens que nous venons d'indiquer, et
soutinrent que le droit n'avait dû être perçu que sur
le produit annuel multiplié par vingt. Ils convenaient
seulement que, pour déterminer le revenu annuel, il
fallait ajouter le neuvième des commissions qui se
paient tous les neuf ans et le quart en sus de la rente,
lorsque le colon ne fait pas de retenue pour contributions. Leur prétention fut accueillie par un jugement
du 14 mars 1823.

L'administration de l'enregistrement, consultée sur
le pourvoi à former contre ce jugement, décida qu'il
n'y avait pas lieu de l'attaquer ; elle donna même des
ordres pour appliquer aux droits fonciers la règle
générale établie par la loi du 22 frimaire an VII ;
mais sa circulaire du 12 juin 1823 renferme sur ce
point des explications qu'il est bon de connaître.

On y lit : « En cas de mutation par donation ou
» par décès d'un domaine de cette nature, si le revenu
» déclaré paraît au-dessous du revenu réel que
» pourrait produire ce domaine, *les édifices et super-*
» *fices appartenant au colon n'y étant pas*, et eu
» égard aux futaies et autres bois ou superfices appar-
» tenant au foncier, on doit également en poursuivre
» l'expertise, quand même la déclaration évaluative

» du revenu serait appuyée d'un acconvenancement
» fait pour un temps expiré, mais suivi d'une commis-
» sion ou renouvellement de baillée dont la durée ne
» se trouverait pas expirée ; à plus forte raison, si
» cette évaluation n'était pas appuyée d'acconvenan-
» cement et commission, ou si elle était basée sur un
» ancien acconvenancement en vertu duquel on pré-
» tendrait que le colon a continué de posséder, sans
» qu'il y ait eu renouvellement de commission ni
» nouvelle baillée.

» On doit ne pas perdre de vue que tout ce qui
» s'unit et s'incorpore à un immeuble appartient au
» propriétaire du fonds ; que la propriété du sol em-
» porte la propriété du dessous ; que ces principes du
» droit commun, rappelés et renouvelés par les ar-
» ticles 551 et 552 du Code civil, paraissent bien
» susceptibles d'exception par rapport aux domaines
» congéables, à cause de la législation particulière
» sous laquelle ils se maintiennent ; mais que c'est à
» celui qui invoque une exception à un principe gé-
» néral à faire preuve qu'elle est applicable ; que con-
» séquemment les biens immeubles dépendant d'une
» succession, ou compris dans une donation, sont
» censés appartenir à la succession ou entrer dans la
» donation pour ce qui se trouve dessus et dessous ;
» que le revenu du tout serait à porter dans l'évalua-
» tion à faire par les experts, si les héritiers ou le
» donataire ne justifiaient pas de l'une des manières
» dont s'établit la preuve légale de la propriété d'une
» chose immobilière, que tout ou partie des édifices
» ou superfices appartiennent à des convenanciers ou
» colons. »

Aujourd'hui donc, dans les transmissions qui ont lieu par décès, la valeur des droits fonciers est déterminée par le capital au denier vingt de la redevance convenancière, en y ajoutant la valeur des bois fonciers et les commissions de la dernière baillée ayant cours au moment du décès.

477.— Quant aux actes entre-vifs, par lesquels le propriétaire vend, soit le fonds et la rente, soit le fonds sans la rente, le droit se perçoit et s'est toujours perçu sur le prix estimé au contrat, plus le capital des charges, conformément à l'art. 5, N° 6, de la loi du 22 frimaire an VII. Lorsque le propriétaire vend la rente et retient le fonds, le droit est perçu conformément à l'art. 14, N° 7, de la loi du 22 frimaire an VII, c'est-à-dire sur le capital au denier vingt de la rente aliénée : le droit est de deux pour cent. (Journ. de l'Enregist., N° 2305).

478. — Parlons maintenant du droit à percevoir quand le propriétaire abandonne le fonds pour se dispenser de rembourser les édifices et superfices.

La mutation ne s'opérant que par l'acceptation que le colon fait de l'abandon, c'est sur l'acte d'acceptation que la perception doit être faite. Mais dans quel délai le droit peut-il être réclamé, si l'acceptation n'est pas faite par écrit, ou si l'acte qui la constate n'est pas présenté à l'enregistrement ?

Cette question ne peut souffrir, en droit, aucune difficulté : c'est dans les trois mois de l'acceptation tacite ou de l'entrée en jouissance du fonds, à titre de propriétaire, que le droit de mutation doit être acquitté. Mais comment constater que le colon a tacitement accepté l'abandon ? qu'il est entré en jouissance du fonds à titre de propriétaire? Cette preuve, presque toujours difficile, est souvent impossible, parce que le colon peut prétendre que, n'ayant pas accepté l'abandon, il continue de jouir du fonds à titre précaire et en qualité de colon. Cependant, il perd le droit de proposer cette exception du moment où il fait sur la tenue des actes de propriété qui excèdent les pouvoirs d'un simple domanier.

479. — Reste à savoir sur quelle somme le droit de mutation doit être liquidé, lorsque des actes ou des déclarations constatent l'acceptation.

La question a été soumise à la régie, à l'occasion de l'abandon des droits fonciers d'un moulin fait à un sieur Paranthoën, des environs de Lannion. Ce dernier proposait de payer le droit sur le capital de la rente, et il fut décidé par l'administration que la perception devait se faire sur l'augmentation de valeur qu'éprouvait la propriété du colon, par la réunion des droits fonciers aux droits convenanciers, sauf, bien entendu, la faculté accordée à la régie de demander l'expertise, en cas d'insuffisance dans la déclaration.

CHAPITRE II.

Des Droits convenanciers entre les colons et entre les colons et des tiers.

—

§ Ier.

De la Vente des droits convenanciers.

480. — L'art. 3 de la loi du 6 août 1791 porte :
« Pourront les domaniers, nonobstant tous usements
» ou stipulations contraires, aliéner les édifices ou su-
» perfices de leurs tenues, *pendant la durée du bail,*
» sans le consentement du propriétaire foncier. »

Ces mots, *pendant la durée du bail,* n'empêchent
pas que les colons ne puissent disposer de leurs droits
pendant tout le temps de leur jouissance. (C., p. 61).

481. — L'aliénation des droits convenanciers est
assujétie aux mêmes règles que celle des autres immeubles. La circonstance qu'ils seraient vendus au
propriétaire foncier n'empêcherait pas la nullité de l'a-
liénation consentie par un mineur ou pour un mineur,
sans les formalités prescrites. (B., Nᵒ 432 et arrêt
formel du 28 janvier 1826 (Journ., tom. 8, p. 49).

482. — Lorsqu'un colon vend ses droits convenanciers comme *héritage,* l'acquéreur inquiété par le foncier peut demander, à son choix, la résolution de la vente
ou des dommages et intérêts ; il peut même poursuivre
le vendeur comme stellionataire. (Arrêt du 23 avril
1819 ; Journ., tom. 6, pag. 218).

20.

Mais il est quelquefois très-difficile de décider d'une manière certaine si ce sont des droits superficiels ou une propriété pleine et entière que les parties ont entendu vendre et acheter. Ces sortes de questions sont nécessairement abandonnées à la prudence des tribunaux, qui recherchent l'intention des parties dans les circonstances de la vente et dans les termes du contrat.

483. — Il est seulement de principe que celui à qui on n'a déclaré vendre que des droits superficiels, sans mentionner aucune rente, est présumé avoir entendu se soumettre au service de celle dont les droits réparatoires peuvent être chargés. Ce n'est pas qu'il n'existe des droits réparatoires qui, par des conventions passées entre les colons, se trouvent déchargés de toute contribution à la rente convenancière ; mais, outre que cette franchise ne se présume pas dans une vente où elle n'est pas exprimée, elle ne peut jamais être opposée au propriétaire foncier, qui a une action solidaire contre chacun des détenteurs de la tenue. (B., N° 414).

484. — Lorsque le vendeur n'a indiqué dans le contrat qu'une partie de la rente dont les droits sont grevés, l'acquéreur est fondé à lui demander garantie pour le surplus. (B., N° 415).

Il y aurait aussi lieu à la garantie, sauf stipulation contraire, 1° si l'on réclamait contre l'acquéreur la démolition d'un édifice, d'un fossé, etc., que l'on prétendrait être une innovation illicite ; 2° si on lui demandait une indemnité pour dégration du fonds ou des bois fonciers avant la vente ; 3° si le colon vendeur avait renoncé au droit de provoquer le remboursement ; 4° si les baux ou baillées autorisaient à congédier pour une somme fixe, inférieure à la valeur réelle des droits ;

5° enfin, dans tous les cas où la condition du colon se trouverait aggravée par des clauses particulières qui dérogeraient au droit commun en faveur du foncier, et qu'on aurait laissé ignorer à l'acquéreur.

485. — Baudouin prévoit le cas où, sans aliéner ses droits réparatoires, un domanier cède à un tiers la baillée qu'il a obtenue du foncier, et il demande à quelle garantie peut être soumis le domanier, lorsque son cessionnaire se trouve troublé dans le droit résultant de la baillée pour une cause étrangère à la cession et inhérente à la baillée ?

Nous ne sommes pas sûr d'avoir bien saisi ce passage de Baudouin ; nous supposons cependant que le cas prévu est celui-ci : Un colon obtient une assurance ; il l'a cède à un tiers, entre les mains duquel elle devient une faculté de congédier ; mais l'exercice du congément est empêché par un vice inhérent à la baillée ; par exemple, par le défaut de qualité de celui qui l'a consentie.

Pour décider la question de garantie, Baudouin fait une première distinction entre le cas où la cession est purement gratuite et celui où elle ne l'est pas. Si la cession est purement gratuite, si le cédant n'a pas même stipulé qu'on lui rembourserait sa commission et les frais qu'il a déboursés pour obtenir l'assurance, il n'est tenu à aucune garantie : le cessionnaire ne peut s'adresser qu'à celui qui a consenti la baillée.

Si la cession n'est pas purement gratuite, il faut encore distinguer le cas où le cédant connaissait le vice de la baillée et celui où il ne le connaissait pas.

S'il connaissait le vice de la baillée, il doit être condamné à restituer tout ce qu'il a reçu, et même

à payer des dommages et intérêts à son cessionnaire ;

S'il ne connaissait pas les vices de la baillée, il
ne peut être tenu à restituer que ce qu'il a reçu au-
delà de la somme payée pour la commission et les
frais de la baillée.

On sent que tout cela est applicable à la garantie
due par l'individu non colon qui cède à un tiers le
pouvoir de congédier qu'il a obtenu du foncier.

486. — Les droits convenanciers, comme tous les
autres immeubles, peuvent être vendus à pacte de
réméré ; mais l'exercice du congément, avant celui
du réméré, anéantit la faculté de rachat : l'acquéreur
congédié reçoit alors pour son propre compte le
montant de l'estimation.

487. — On stipule quelquefois qu'en cas de congément, le vendeur suppléera au prix de l'estimation,
si ce prix n'égale pas le principale de la rente. Cette
clause n'était valable autrefois qu'autant que le vendeur avait stipulé, de son côté, qu'il aurait droit à la
portion de l'estimation qui excéderait le prix porté
au contrat. C'était une conséquence des principes qui
défendaient de déguiser un prêt à intérêt sous la
forme d'une rente ; mais aujourd'hui que le prêt à
intérêt est permis, l'absence de cette dernière stipulation n'invaliderait pas la première.

488. — Le colon qui vend ses droits convenanciers
se dégage de toute obligation envers le foncier pour
le temps postérieur à l'aliénation, et ne peut plus être
poursuivi que pour des arrérages ou des dégradations
qui seraient antérieurs à la vente. Ce principe ne souffre d'exception que quand, par le bail à domaine
congéable, on a stipulé contre le preneur une obliga-

tion personnelle qui subsiste alors jusqu'à exponse, vente sur simples bannies, remboursement ou congément ; par exemple, lorsque, par le bail à convenant, le colon n'a pas stipulé simplement la faculté, mais a contracté l'engagement exprès de faire telles clôtures ou telles améliorations. C'est alors·un engagement personnel qui continue de subsister contre le preneur et ses héritiers, nonobstant l'aliénation volontaire des édifices et superfices. (B., N° 408).

489. — La vente volontaire des droits superficiels est susceptible d'être rescindée pour cause d'impignoration ou de lésion, et l'on considère comme une vente volontaire l'acte même par lequel le colon cède ses droits au foncier ou au cessionnaire d'une faculté de congédier, sans un jugement de congément suivi d'une estimation par experts.

490. — Suivant Baudouin (N° 428), dans le cas d'une vente consentie au foncier par le colon, même après un jugement de congément non suivi d'expertise, c'est uniquement sur la valeur des droits prisés par le menu que l'on se fonde pour décider s'il y a lésion. Ainsi l'a jugé un arrêt du 18 juillet 1752. Mais, dans le cas d'une vente volontaire des droits consentie à un tiers, pour qu'il y ait lieu à rescision, Baudouin pense (N°s 429 et suiv.) qu'il faut qu'il y ait à la fois lésion, d'après l'estimation des droits faite par le menu, et d'après l'estimation faite sur la seule considération du revenu, charges déduites.

Le Guével (pag. 205) pense, au contraire, que l'on doit uniquement avoir égard au revenu des droits, et il cite deux arrêts des 25 octobre 1645 et 10 février 1764, qui paraissent l'avoir ainsi jugé.

Il semble que, sous l'ancienne jurisprudence, cette dernière opinion était la plus conforme aux principes. Comme le colon n'avait pas le droit de provoquer son remboursement, et que le congément pouvait n'avoir jamais lieu, le revenu des édifices et superfices devait seul être pris en considération ; mais aujourd'hui que les domaniers peuvent obliger le foncier à rembourser leurs droits, nous pensons que l'on doit décider autrement, et qu'il y a lésion toutes les fois que la vente a été consentie pour une somme qui n'égale pas les sept douzièmes de celle à laquelle les droit seraient évalués en cas de remboursement.

En supposant cette opinion fondée, la valeur capitale des droits convenanciers devant seule être prise en considération, on n'aurait aucun égard aux charges qui grèvent la tenue et qui diminuent le revenu des droits sans diminuer leur valeur capitale.

On voit que le motif sur lequel nous nous fondons pour penser que la considération du revenu ne doit entrer pour rien dans l'appréciation des droits réparatoires en matière de lésion, ne serait pas applicable au cas où le domanier aurait renoncé indéfiniment à la faculté de provoquer le remboursement, en supposant toutefois que cette renonciation indéfinie fût valable.

491. — Le prix des droits convenanciers vendus porte intérêt de plein droit comme celui de tout autre immeuble.

492. — Lorsque les droits superficiels sont affermés au moment de la vente, il s'élève quelquefois des difficultés sur le point de savoir à qui, du vendeur ou de l'acquéreur, appartient le renable à la fin du bail.

En accordant à l'acquéreur tout ce qui tient aux édifices et à la terre, comme les émondes, les trèfles, etc., Baudouin (N° 437) ajoute : « Le vendeur profite » des fumiers, foins, meubles, bestiaux, parce qu'en » Bretagne, ces objets sont purement mobiliers, et ne » sont point censés faire partie de l'immeuble af- » fermé. »

Cette distinction ne serait pas admise aujourd'hui, parce que, d'après l'art. 524 du Code civil, les pailles, engrais et bestiaux placés sur un fonds, pour l'exploitation de ce fonds, sont immeubles par destination, et, comme tels, présumés faire partie de l'héritage. Il en était autrement sous l'empire de la Coutume de Bretagne. (Duparc Poullain, Principes, t. 2, p. 68).

493. —Un arrêt du 20 juillet 1814 (Journ., t. 5, pag. 286) a jugé que la vente d'un moulin avec ses circonstances et dépendances, ustensiles, tournants, moulants, biez, etc., sans aucune réservation, comprend les grands et petits droits réparatoires, et tous les instruments nécessaires au service de l'usine.

§ II.

Du partage des droits convenanciers.

494. — Les droits convenanciers peuvent s'estimer eu égard au revenu qu'ils produisent, ou bien eu égard à la somme à laquelle ils seraient évalués en congément. Cette double manière de les estimer conduisant presque toujours à des résultats différents, il est extrêmement difficile de les bien partager.

Une tenue se compose d'une maison et d'une pièce de terre. La maison vaut 20 fr. de loyer ; la pièce de terre vaut 20 fr. de fermage. Si l'on n'a égard qu'au revenu, ces deux objets sont d'égale valeur et peuvent former deux lots parfaitement égaux ; mais le congément est exercé, les droits de la maison sont estimés 500 fr., ceux de la pièce ne sont prisés que 50 fr. : que devient l'égalité ?

Une tenue se compose d'une maison et d'une pièce de terre garnie d'arbres fruitiers : les droits de la maison, estimés par le menu, valent 500 fr. ; ceux de la pièce de terre valent la même somme. Si l'on ne considère que le produit de ces deux objets en congément, ils sont d'égale valeur, et peuvent former deux lots parfaitement égaux ; mais, en attendant le congément, qui n'aura peut-être jamais lieu, le propriétaire de la maison ne retire de son lot qu'un revenu de 20 fr., tandis que le propriétaire de la pièce retire du sien un revenu de 100 fr. Où est l'égalité ?

495. — Baudouin ne voit d'autre manière de remédier à ces inconvénients, que de combiner ensemble le revenu annuel des droits convenanciers et leur prix en congément.

Ce tempérament est, sans doute, très-propre à diminuer l'inégalité qu'introduit dans les partages l'usage exclusif de l'un des deux autres modes d'estimation ; mais on sent facilement qu'il ne peut jamais conduire à une égalité parfaite : si, en effet, le congément ne s'exerce pas, le colon qui aura le plus de droits réparatoires dans son lot, se trouvera toujours le moins bien partagé.

496. — Le seul moyen d'établir une égalité entière, c'est de composer les lots de manière que les droits convenanciers compris dans chacun donnent un pro-

duit égal tant en revenu qu'en congément. Dans la plupart des cas, la chose est fort difficile, souvent même elle est impossible ; mais enfin, comme il n'y a pas d'autre moyen de faire un partage parfaitement égal, il faut toujours se rapprocher, autant que les circonstances le permettent, de cette manière de composer les lots.

497.— Dans ce que nous venons de dire, nous ne nous sommes occupé que des partages qui ne comprennent que des droits convenanciers ; la difficulté est plus grande encore, lorsque, parmi les biens à partager, il en est qui sont à *héritage* et d'autres qui sont tenus à convenant, car, dans ce cas, il ne s'agit pas seulement de bien diviser les droits réparatoires, il faut encore établir le rapport qui existe entre leur valeur et celle des autres biens.

498. — Baudouin signale comme une injustice criante (N° 342) l'appréciation en partage des droits convenanciers au denier vingt du revenu ; il veut qu'on ne les évalue qu'au denier quinze.

Il est certain qu'en faisant même abstraction de la rente, des héritages dont on a la propriété pleine et entière, valent beaucoup mieux que des édifices et superfices dont on peut être évincé par un congément ; mais il est vrai, cependant, que l'on ne peut pas se faire une règle de n'estimer jamais les droits convenanciers qu'au denier quinze du revenu : ils valent moins, lorsqu'ils sont peu considérables, eu égard au revenu de l'objet à partager ; ils valent davantage, lorsqu'ils pourraient produire en congément une somme double ou triple du capital de leur revenu. Cette dernière proposition est surtout évidente depuis que les domaniers ont le droit de provoquer leur remboursement. Supposons, en effet, qu'une succession se compose d'une maison à héritage d'un revenu de 150 fr., et d'une autre maison tenue à convenant d'un revenu de 250 fr., mais chargée d'une redevance de 50 fr. D'après la règle proposée par Baudouin, ces objets seraient d'égale valeur, puisque la tenue convenancière, estimée au denier quinze du revenu, déduction faite de la rente, se trouverait évaluée, comme l'autre maison, à un capital de 3,000 fr. Mais le propriétaire de la maison tenue à convenant peut demander le remboursement, et obtenir un capital de 6, 7 ou 8,000 fr., tandis que son cohéritier ne pourra, par la supposition, retirer que 3,000 fr. du lot qui lui est échu : il n'y a donc pas d'égalité dans le partage. On peut dire, il est vrai, qu'un propriétaire foncier ne consentira jamais à compter 7 ou 8,000 fr. pour rembourser les droits d'une maison qui ne vaut que 250 fr. de revenu ; mais, pour se dispenser de rembourser, il faudra qu'il abandonne le fonds et la rente, et alors le copartageant auquel le convenant est échu se trouvera avoir la propriété pleine et entière d'une maison de 250 fr. de revenu, tandis que celle de son cohéritier ne vaudra que 150 fr.

499.— Dans ce cas, comme dans celui où il n'y a que des droits convenanciers à partager, il faut donc toujours en revenir à composer les lots de manière que, tout en donnant un revenu égal, ils soient susceptibles d'être prisés à la même somme en cas de congément, c'est-à-dire qu'il faut mettre dans chacun des lots une part d'édifices et superfices qui donne un produit égal en revenu et en congément. Cela est d'ailleurs conforme à la disposition de l'art. 832 du Code civil, qui prescrit de faire entrer dans chaque lot la même quantité de biens de même nature.

500. — L'on stipule quelquefois, dans un partage, qu'en cas de congément de la part d'un des cohéritiers, le prix en sera distribué *quotatìm*, et que l'on partagera de nouveau les autres biens de la succession. Deux choses rendent cette stipulation sans effet, savoir : la prescription de trente ans depuis le partage provisionnel, et la vente des droits à un tiers de bonne foi, suivie de la possession de dix ou vingt ans. Quand le congément a lieu avant que le partage soit devenu définitif, le colon congédié prélève ses améliorations, qu'il est même admis à prouver par témoins. (Duparc Poullain, tom. 4, p. 198, et B., N° 345).

§ III.

Des Droits convenanciers entre époux.

501. — Les édifices et superfices des domaniers sont régis, dans les communautés conjugales, par les principes qui régissent les autres immeubles. Cependant, les droits convenanciers propres aux époux donnent lieu à plusieurs difficultés particulières.

502. — Lorsque, pendant le mariage, des droits convenanciers ont été congédiés, remboursés, vendus volontairement, judiciairement ou sur simples bannies, ou même abandonnés pour se soustraire au paiement d'arrérages échus, l'époux qui en était propriétaire a droit à une reprise comme pour tout autre immeuble.

La reprise doit être de la somme que l'aliénation

volontaire ou forcée a fait entrer dans la communauté, ou qu'elle a dispensé la communauté de payer. Mais, dans le cas de congément de biens appartenant à la femme, celle-ci peut réclamer une somme plus forte que celle à laquelle les droits ont été estimés, lorsque ces droits valaient réellement davantage, et qu'il y a eu collusion entre le mari et le congédiant pour les faire priser au-dessous de leur valeur, dans la vue de frustrer la femme ou les créanciers de la communauté. (B., N° 382).

L'art. 1436 du Code ne proscrit pas cette distinction : dans le cas ordinaire de la vente qu'il prévoit, il dépend toujours de la femme, qui doit y concourir, d'empêcher que l'aliénation se fasse à vil prix, ou que le véritable prix soit dissimulé dans le contrat ; mais il n'en est pas de même dans le cas d'un congément, qui peut être demandé, jugé et exercé contre le mari, sans le concours et à l'insu de la femme.

503. — Dans le cas d'insolvabilité du mari, pendant ou après le congément, Baudouin (N° 365) accorde à la femme que l'on congédie le droit de demander la collocation, la consignation ou le séquestre des fonds provenant du remboursement, et même de s'opposer sur le congément des édifices propres de son mari, pour mettre le prix de ses droits à l'abri de l'insolvabilité de celui-ci. Cette décision, contraire à l'ancien droit commun, mais conforme au droit particulier de la Bretagne, ne peut plus être admise depuis le Code : la femme n'a d'autre ressource que de demander la séparation de biens.

504. — Suivant Baudouin (N° 361), le congément exercé depuis le mariage, en vertu d'une faculté ob-

tenue antérieurement, donne aux droits congédiés la qualité d'acquêts de communauté, sauf récompense à l'époux concessionnaire pour le prix de la baillée. Seulement, comme l'action résultant de la faculté de congédier est immobilière, si la communauté venait à se dissoudre avant que le congément fût exercé, cette action appartiendrait à l'époux ou à l'héritier de l'époux qui aurait obtenu la baillée.

Nous croyons, nous, que l'obtention de la baillée avant le mariage constitue un droit immobilier qui ne saurait tomber dans la communauté, à laquelle il n'est dû qu'une indemnité pour le principal et les frais du congément. (Art. 526, 1404 et 1437 du Code civil).

505.— Il est dû récompense à la communauté des sommes qui en ont été tirées pour améliorer les droits convenanciers des époux ; pour obtenir, par exemple, du propriétaire, le droit de construire sur la tenue, d'y planter des bois fonciers et d'en disposer (C., p. 102 ; B., N° 360). Réciproquement, les époux ont une indemnité à demander à la communauté, savoir : pour toutes les détériorations imputables au mari, quand il s'agit des biens de la femme, et, quand il s'agit des biens du mari, pour toutes les détériorations qui ont tourné au profit de la communauté.

506.— L'époux sur les droits duquel on a fait des constructions doit récompense à la communauté pour la valeur seulement des matériaux, si l'on a construit et planté sans autorisation du foncier, et pour la valeur des matériaux et de la main-d'œuvre, si les constructions faites avec l'agrément du propriétaire foncier doivent être remboursées.

Un mari avait fait pendant le mariage des innovations sur des droits convenanciers à lui propres. Après la dissolution du mariage, sa veuve acquit la foncialité de la tenue ; lors de la liquidation de la communauté, il s'agit de savoir qu'elle indemnité était due pour les constructions. Consulté sur cette difficulté, nous pensâmes que la solution dépendait du parti que prendrait la veuve. Si la veuve, dîmes-nous, renonce au droit de contester les améliorations, la communauté aura droit à l'indemnité accordée par l'art. 1437 du Code civil. Si, au contraire, elle entend contester les innovations comme illicites, il ne sera dû récompense à la communauté que pour la valeur seulement des matériaux.

L'indemnité due pour améliorations ne peut jamais excéder la plus-value.

507. — Suivant Baudouin (N° 362), la communauté n'a point de récompense à demander pour les commissions déboursées pour assurance du convenant propre à l'un des conjoints, lors même que le cours de la nouvelle baillée n'aurait pas commencé avant la dissolution de la communauté. Cette opinion, qui pouvait être fondée autrefois, est inconciliable avec l'art. 1437 du Code civil.

508. — Lorsque la rente convenancière, due sur les droits réparatoires de l'un des époux, est augmentée pendant le mariage par de nouvelles conventions, il n'est pas dû de récompense à l'époux par la communauté, qui n'a retiré aucun profit de la convention au-dessus du revenu ordinaire des biens. Cependant, si la femme propriétaire des droits n'avait pas figuré au contrat, elle pourrait se refuser à l'exécuter, à moins qu'elle n'eût accepté la communauté, et, dans ce der-

nier cas, il lui serait dû une indemnité pour le préjudice qu'elle éprouverait ; mais, au lieu d'accorder ce dédommagement, les héritiers du mari pourraient prendre la baillée pour eux et congédier la veuve. (B., Nº 381).

§ IV.

De l'Usufruit des droits convenanciers.

509. — Les dispositions du Code civil sur l'usufruit, l'usage et l'habitation, sont pleinement applicables à l'usufruit, à l'usage et à l'habitation d'édifices et superfices de biens tenus à convenant.

510. — L'usufruitier acquitte pendant sa jouissance les rentes, les charges, les impôts, dont les droits réparatoires sont grevés. Il doit rendre les droits dans l'état où il les a reçus, mais il n'est pas obligé de concourir au paiement des commissions déboursées pour obtenir des assurances. Cette dépense regarde le propriétaire des superfices, qui ne peut cependant pas être contraint à la faire. Autrefois, le fournissement des titres récognitifs n'était pas une charge de l'usufruit. (B., Nº 378).

511. — En cas de congément de la tenue soumise à l'usufruit, l'usufruitier peut former opposition sur les deniers du remboursement pour la conservation de ses droits ; mais est-ce la jouissance de toute la somme provenant du remboursement, ou bien la pleine propriété de la moitié de cette somme, qu'il est fondé à réclamer ?

C'est la jouissance de toute la somme remboursée. Le doute que Baudouin élevait à ce sujet n'était pas fondé, même sous l'ancien droit. (Voir Actes de notoriété de Duparc-Poullain, p. 321, où la question est bien traitée). Les art. 602 et 603 du Code civil semblent d'ailleurs formels.

512. — Si des droits superficiels appartenant au mari avaient été congédiés, remboursés ou aliénés durant le mariage, et que l'on vînt en faire le prélèvement sur les biens de la communauté, de quelle manière devrait s'établir le douaire de la veuve commune? Baudouin (N° 376) répond que si ce prélèvement se faisait en mobilier, la veuve reprendrait le sixième en propriété pour son douaire, et que, s'il se faisait sur des acquêts, la veuve aurait son douaire sur le tiers des biens donnés en récompense.

513. — Lorsque l'usufruitier dégrade les droits réparatoires, le colon peut agir contre lui pour obtenir une indemnité ou faire prononcer l'extinction de l'usufruit; mais quand les dégradations portent sur le fonds, l'action ne compète qu'au propriétaire : c'est ce qui a été jugé par un arrêt de la Cour du 14 août 1815. Des colons demandaient que leur mère fût privée de ses droits d'usufruit dans la tenue Goëzevan, sur laquelle elle avait abattu des bois fonciers. Ils furent déboutés de leur demande par le motif que, n'étant pas propriétaires fonciers de la tenue, ils étaient sans qualité pour intenter une action à raison d'abattis d'arbres, dont la loi attribue la propriété au foncier. (Journ., tom. 5, pag. 444).

§ V.

Des Droits convenanciers par rapport aux créanciers du colon.

514. — Les droits convenanciers, immeubles par rapport à tout autre que le foncier, peuvent, comme tous les immeubles, être hypothéqués à toute espèce de créances, et être saisis immobilièrement par les créanciers du colon.

515. — Lorsque le colon cesse d'être propriétaire par suite d'exponse, vente sur simples bannies, congément ou remboursement, l'hypothèque s'évanouit de plein droit en vertu de la maxime *resoluto jure dantis, resolvitur jus accipientis*, dont l'art. 2125 du Code civil fait l'application aux hypothèques. .

Mais, d'après les anciens principes, l'aliénation volontaire des édifices et superfices par le colon, lors même qu'elle est consentie au foncier, ne diffère point de l'aliénation volontaire d'un autre immeuble : ainsi, le propriétaire foncier qui acquiert conventionnellement les édifices de son colon, est tenu des rentes et hypothèques créées par celui-ci comme le serait un acquéreur étranger. Il ne peut alors réclamer le privilége attaché à l'exponse, à la vente sur simples bannies, au remboursement et au congément, de purger de plein droit les hypothèques dont les édifices et superfices sont grevés. Un jugement même qui ordonnerait le congément n'empêcherait pas de considérer comme acquéreur volontaire le foncier qui traiterait ensuite avec le colon, sans avoir fait procéder au prisage. Le même principe est applicable au cessionnaire d'une faculté de congédier, relativement auquel le remboursement ne purge les hypothèques établies sur les droits réparatoires qu'autant qu'il a été précédé d'un jugement et d'une estimation. (B., N⁰ˢ 274, 219, 394, 395; Le G., p. 96). .

Cette jurisprudence doit-elle encore être suivie, ou bien doit-on décider aujourd'hui que la vente des superfices conventionnellement consentie au propriétaire purge toutes les charges et hypothèques crées sur les droits par le colon ?

Carré (p. 342) a adopté cette dernière opinion. Il convient qu'elle est tout-à-fait contraire aux anciens principes ; qu'elle rend ou peut rendre illusoires les priviléges et les hypothèques que des tiers ont acquis sur les droits ; mais il se détermine par la considération que les usements sont abrogés en tout ce qui ne tient pas intrinsèquement au domaine congéable ; que tout ce qui concerne les hypothèques et le mode de les purger est extrinsèque, et que la question doit se résoudre exclusivement par l'art. 2125 du Code civil. Il termine par citer une décision de la régie de l'enregistrement, du 6 février 1817, approuvée le 6 mai par le Ministre des finances (Instruct., N⁰ 6059), et qui, se fondant sur ce que le foncier qui rentre dans la propriété des superfices n'a pas besoin de faire transcrire pour purger, a dispensé les propriétaires auxquels les domaniers abandonnent leurs superfices, du droit de transcription établi par l'art. 54 de la loi du 28 avril 1816.

Bien que cette opinion ait quelques partisans, on peut dire qu'elle est insoutenable sous tous les rapports.

Si la vente consentie volontairement au foncier suffisait pour purger les hypothèques, la sûreté que les créanciers ont stipulée deviendrait illusoire : il dépendrait toujours du colon et du propriétaire de s'entendre pour les en priver. Le congément, le remboursement, etc., purgent aussi les droits ; mais ils sont précédés de formalités qui ont toujours une publicité telle qu'un créancier vigilant peut prendre ses précautions. Il n'en est pas de même d'une vente volontaire, qui peut se faire et se consommer dans un instant. Appliqué au passé, le principe que nous combattons aurait l'effet de rendre illusoires des précautions sur lesquelles on a dû compter. Appliqué à l'avenir, il aurait l'effet d'empêcher aucun créancier de se contenter d'une hypothèque sur les droits réparatoires. Quel préjudice n'en résulterait-il pas pour les colons ! Combien de transactions il rendrait impossibles !

D'après l'art. 2114 du Code civil, l'hypothèque suit les immeubles affectés, dans quelques mains qu'ils passent ; voilà le principe qui constitue le privilége hypothécaire. Vient ensuite l'art. 2125 qui y fait exception pour le cas où l'immeuble sort des mains du débiteur par l'effet de la rescision ou d'une condition résolutoire. En vertu de cette exception, l'hypothèque consentie sur des droits convenanciers doit s'évanouir dans les cas d'exponse, vente sur simples bannies, congément ou remboursement ; mais la vente volontaire consentie au foncier ne porte pas plus d'atteinte à l'hypothèque que celle de tout autre immeuble qui dépossède aussi le débiteur : *ubi eadem ratio, ibi idem jus.*

La décision du 6 février 1847 ne fait règle que pour les préposés de l'enregistrement. On ne pourrait l'invoquer devant les tribunaux que comme une opinion, et ce serait une opinion peu imposante, car elle émane de personnes qui sont naturellement peu familières avec les principes qui régissent le domaine congéable. Il paraît même que ses auteurs n'ont pas aperçu la distinction à établir entre la vente volontaire des droits et la mutation qui s'opère *ex naturâ contractûs*. On doit d'autant moins en tenir compte aujourd'hui, que l'administration est revenue aux vrais principes en prescrivant, par une circulaire du 16 mars 1843, N° 99, d'exiger le droit de transcription en même temps que celui d'enregistrement sur les ventes volontaires de droits fonciers consenties aux propriétaires par les domaniers.

La distinction à faire entre l'aliénation volontaire et celle qui s'opère en conséquence de la nature de l'acte, a été consacrée par une foule de décisions entre lesquelles nous nous bornerons à citer celle de Pothier, Traité du bail à rente, N°ˢ 167 et 168 et celle d'un arrêt de cassation du 16 juin 1811 (Sirey, t. 11, p. 337).

La Cour de Rennes en a fait l'application le 28 janvier 1826, en décidant que la vente des superfices appartenant à un mineur est nulle lorsqu'elle est consentie sans formalités de justice au propriétaire foncier de la tenue. L'arrêt est fondé sur ce que, si les droits édificiers d'une tenue à domaine congéable sont réputés meubles à l'égard du propriétaire foncier, ce n'est que dans les rapports qu'il peut avoir avec le domanier, en sa dite qualité de propriétaire foncier, mais que cette fiction de droit ne peut pas s'étendre aux actes étrangers au domaine congéable qui seraient passés entre le foncier et le colon ; que c'est d'après ce principe que l'on a toujours distingué, avec raison, entre le congément régulièrement exercé et la vente volontaire des édifices consentie par le domanier, tant pour les formalités à observer, lorsque le domanier était mineur, que pour les effets que produisent l'un et l'autre de ces actes.

Les motifs de cet arrêt sont inconciliables avec l'opinion de Carré, mais d'ailleurs la Cour a jugé la question *in terminis* par un autre arrêt des 17-29 août 1844 qui confirme un jugement du tribunal de Lorient. (Journ., 1844, page 115).

516. — On peut donc tenir pour constant que la vente conventionnelle consentie au foncier laisse subsister les hypothèques ; mais on a soutenu que le congément, qui a l'effet de purger, est constitué par un simple jugement non suivi d'expertise et, à l'appui de cette thèse, on a invoqué l'opinion de Baudouin (N° 274) et l'art. 17 de la loi du 6 août 1792. Ce système aurait encore pour résultat de favoriser la collusion et la fraude, car ce n'est pas le jugement qui ordonne le congément, mais le prisage dont il est suivi qui, en donnant de la publicité à l'expropriation du colon, met le créancier à même de prendre des précautions pour conserver ses droits en formant des oppositions entre les mains du congédiant. Il est heureusement aussi insoutenable que le précédent.

Le passage cité de Baudouin ne peut recevoir l'interprétation qu'on lui donne, puisque l'auteur ne fait que commenter cette disposition de Rosmar : « La » forme du congément est que l'on fait signifier le » colon pour voir décerner acte du congément, *avec*

» *assignation pour convenir de priseurs pour l'es-*
» *timation des droits.* »

D'ailleurs, l'auteur explique parfaitement son opinion au N° 319 ; il y dit : « la forme du congément est » que l'on convienne de priseurs pour l'estimation des » droits ; elle est prescite par tous les usements de la » province ; sans un prisage préalable, le congément » n'est point exercé *judiciellement et publiquement,* » conditions auxquelles Gatechair attache l'extinction » des hypothèques sur les droits convenanciers. » Il ajoute qu'à défaut d'expertise, l'on réputerait contrat volontaire le traité du colon avec le congédiant qui serait obligé de payer une seconde fois aux créanciers ou de faire procéder à un prisage contradictoire avec eux. L'auteur s'exprime dans le même sens au N° 395.

Le Guével, qui a écrit dix ans après Baudouin, ne s'exprime pas d'une manière moins formelle : il dit au N° 86 : « quoique le congément forme un obstacle » au retrait lignagner, et *opère l'extinction des hy-* » *pothèques créées par le congédié* sans le consen- » tement du seigneur, il faut qu'il soit exécuté dans la » forme qu'on vient d'établir, c'est-à-dire qu'il soit » précédé d'un procès-verbal de prisage, car s'il était » destitué d'un prisage préalable des édifices, super- » fices et droits convenanciers, il dégénèrerait dans » un contrat de vente volontaire et il ne purgerait ni » le retrait ni les hypothèques. »

L'art. 17 de la loi du 6 août ne fournit pas l'ombre d'une objection contre notre opinion.

Il n'a pas pour objet d'indiquer les formalités qui sont nécessaires pour purger les droits au préjudice des tiers : il ne s'occupe que du foncier et du colon et il indique deux modes de prisage, l'un à l'amiable et l'autre judiciaire. Le premier constitue l'acquisition conventionnelle, qui ne purge pas, et le second le congément, qui a l'effet de purger. Pour le premier, la loi n'exige ni citation ni jugement; de sorte que s'il faisait évanouir les hypothèques, il ne serait plus vrai, comme on l'accorde cependant et comme l'établissent les autorités citées et notamment l'arrêt de la Cour royale de Rennes, que la purge ne résulte pas d'une simple convention, qu'elle suppose une demande et un jugement. Chose singulière, on soutient qu'il faut une demande et un jugement, mais qu'il ne faut pas de prisage, et pour le prouver, on se fonde sur un article de loi qui exige *un prisage*, mais qui dispense *d'une citation* et *d'un jugement* !

517. — Il s'élève souvent des difficultés sur la question de savoir si telle rente imposée sur la tenue affecte le fonds ou ne porte que sur les droits réparatoires. Cette question est importante, parce que les rentes imposées sur le fonds ne sont dues par le colon qu'en acquit du foncier, et survivent par cette raison au congément, tandis que les autres sont la dette du colon et doivent être remboursées sur le montant des droits au moment où le congément fait évanouir l'hypothèque.

518. — Il existe, jusqu'à la preuve du contraire, une présomption légale que toutes les rentes dues sur la tenue sont imposées sur les droits et dues par le colon. Le domanier ou le propriétaire des rentes ne peut détruire cette présomption qu'en prouvant, par des titres contradictoires avec le foncier, ou par d'anciennes déclarations non impunies, que les rentes ont été imposées sur le fonds de la tenue par celui-ci ou de son

consentement exprès ou tacite. On ne suppléerait pas à cette preuve en justifiant que les rentes sont extrêmement anciennes. (B., N°s 391 et suiv.)

519. — On trouve dans Baudouin (N° 390) une question singulière dont la solution peut aider à distinguer les charges créées par le colon de celles qui affectent le fonds de la tenue.

Un domanier supposant qu'il possédait sa tenue à héritage, l'avait donnée à convenant, en stipulant une rente convenancière de quatre boisseaux de froment. Il avait, en outre, chargé le preneur d'acquitter une autre rente par lui qualifiée censive et foncière, mais qui était réellement la rente convenancière créée lors du bail en premier détachement. Le congément ayant été exercé par un cessionnaire du véritable propriétaire foncier, les héritiers du second bailleur à domaine congéable intervinrent dans l'instance et demandèrent, soit la continuation par le congédiant, soit le remboursement par le congédié, de la rente de quatre boisseaux de froment.

Le congédiant répondit qu'il ne devait payer que les rentes véritablement convenancières, et que toutes les charges créées par le fait du colon avaient été anéanties de plein droit par le congément. Le congédié soutint de son côté qu'en acquérant les superfices de la tenue, il avait considéré la rente de quatre boisseaux de froment comme véritablement convenancière, et que, par conséquent, il avait entendu qu'il en serait libéré de plein droit par le fait du congément.

« Ces raisons, dit Baudouin, étaient sans réplique
» et, de mon avis, cette rente de quatre boisseaux de
» froment a été irrévocablement perdue pour les hé-

» ritiers du prétendu sous-bailleur à domaine con-
» géable. »

520. — Le congément rend exigible le capital des rentes foncières et des rentes de retour de lot qui sont assises sur les droits. Le créancier peut donc former opposition sur le prix des édifices et superfices, pour obtenir le remboursement du principal. (B., N° 397; Le G., pag. 255).

521. — On doit décider la même chose des capitaux atermoyés qui sont hypothéqués sur les droits. Comme les actes notariés conféraient autrefois une hypothèque genérale sur tous les biens du débiteur, il s'élevait souvent des difficultés sur le point de savoir si le congément de droits réparatoires affectés à cette hypothèque générale privait le débiteur du bénéfice du terme. (B., N° 397). La spécialité des hypothèques prévient aujourd'hui ces discussions : le congément ne rend exigibles que les créances spécialement hypothéquées sur les édifices et superfices.

522. — Mais on peut demander si le colon dont les droits sont congédiés peut, à la place de la sûreté que le congément fait évanouir, obliger son débiteur à recevoir une autre hypothèque jusqu'à l'époque de l'exigibilité. Nous ne pensons pas qu'un créancier fût fondé à refuser cette substitution d'hypothèque : elle ne diminue point ses sûretés, et se fait aux frais du colon. Ce dernier, qui n'a rien à se reprocher, mérite d'être traité favorablement, lorsqu'il réclame le bénéfice du terme qu'il a stipulé.

523. — Passons maintenant aux constitutions de rentes hypothéquées sur les droits. Le congément autorise-t-il à exiger le remboursement du capital ?

Baudouin examine cette question (N° 399), et il décide, 1° que le congément ne rend pas le capital exigible, parce qu'il est, par rapport aux colons, un cas fortuit ou le résultat de la force majeure ; 2° que la clause qui, en cas de congément, soumettrait le colon à rembourser le principal ou à faire remploi du prix en immeubles, ne serait valable que dans le cas où le prix des droits passerait en totalité ou en partie entre les mains de créanciers postérieurs ; 3° enfin que, dans ce dernier cas même, le colon pourrait se dispenser de rembourser en fournissant caution.

Le Guével critique les deux dernières décisions. Il pense que la clause par laquelle le colon s'est soumis à faire emploi en cas de congément est valable, et que le domanier qui ne l'exécuterait pas ne pourrait se dispenser de rembourser, en proposant de fournir une caution solvable. Nous partageons pleinement son opinion sur ces deux points : elle ne peut souffrir de difficulté sous l'empire du Code civil, qui permet le prêt à intérêt, car c'était sur l'illégalité de ce prêt que l'on se fondait autrefois pour décider autrement.

Quant à la première décision de Baudouin, Le Guével la trouve rigoureuse, mais cependant conforme aux principes. Cela était vrai sous l'empire de l'ancienne jurisprudence, qui prohibait le prêt à intérêt ; mais aujourd'hui, le créancier d'une rente constituée qui voit son hypothèque s'évanouir par le fait d'un congément peut, sans stipulation, en exiger une autre, ou demander qu'on lui rembourse le principal : l'article 2131 du Code fournit, ce semble, une raison déterminante de décider ainsi. D'ailleurs, refuser d'employer en immeubles le prix du bien que l'on avait affecté à l'hypothèque de son créancier, c'est, suivant nous, diminuer volontairement les sûretés données à ce créancier. (Art. 1188 et 1912 du Code civil).

524. — Le congédié qui ne veut pas rembourser les rentes et les créances non exigibles, hypothéquées sur les édifices et superfices, peut traiter avec le congédiant pour obtenir que celui-ci consente à s'en charger. Les créanciers dont les droits demeurent intacts n'ont aucun intérêt à critiquer une semblable convention, et ils le feraient inutilement. (Art. 2167 du Code civil). Mais Baudouin pense que les rentes foncières dont le congédiant se chargerait ainsi, en diminution du prisage, changeraient de nature et deviendraient de véritables constitutions à prix d'argent, *à moins que la convention ne fût une cession des droits à la concurrence des rentes.* (N° 389). Nous ne croyons point cette observation fondée; le changement dans la personne du débiteur, opéré surtout sans le concours du créancier, ne changerait rien à la nature des droits de celui-ci.

525. — Si le colon n'est pas obligé personnellement aux créances ou aux rentes, même foncières, hypothéquées ou assises sur les droits, il peut se libérer en abandonnant au créancier le montant de l'estimation des édifices et superfices. (B., N° 403 ; art. 2172 du Code civil).

On décidait même autrefois que l'obligation insérée dans les baux *de fournir et de faire valoir la rente à perpétuité,* ne faisait pas obstacle à ce que les cohéritiers de celui qui l'avait contractée se libérassent par l'abandon. C'était une conséquence du principe

reçu en Bretagne, que l'exponse déchargeait les héritiers du preneur de toutes les obligations personnelles
stipulées dans le bail primitif. (B., N° 405).

Dans notre opinion, il est hors de doute que cette
décision serait encore fondée pour les actes antérieurs
au Code, où la clause de fournir et de faire valoir
se trouverait consignée ; mais il en serait autrement
pour les actes postérieurs, parce que le principe contraire au droit commnn, qui avait été adopté sur ce
point par la jurisprudence de notre Parlement, se
trouve abrogé par l'article 2172 du Code civil.

On doit, ce semble, raisonner de la même manière
à l'égard du tiers qui, en acquérant les édifices et superfices, s'est expressément obligé à servir la rente
foncière dont ils sont grevés. Cette obligation n'empêchait pas autrefois que l'acquéreur ne pût se libérer;
mais aujourd'hui l'exponse ne serait pas admise si
le contrat d'acquêt était postérieur à la promulgation
du Code.

526. — Lorsque le congément ou le remboursement
est demandé, ou que la vente sur simples bannies est
poursuivie, les créanciers du colon inscrits sur les
droits doivent former opposition sur le prix entre les
mains du congédiant ; faute à eux de prendre cette
précaution, le congédiant se libérerait valablement
en payant au colon congédié. C'est la conséquence
du principe qu'il n'existe pas sur les droits de priviléges ou d'hypothèques respectivement au foncier.

527. — Le congédiant entre les mains duquel on a
mis des arrêts ne peut payer tandis qu'il n'en a pas
été donné main-levée. Il continue ses poursuites comme
dans les cas ordinaires ; mais en notifiant ses offres,

il donne copie des oppositions, en sommant le congédié d'en rapporter la main-levée ; faute à celui-ci d'obtempérer à cette sommation, le prix des droits est consigné à la charge des oppositions, de la même manière que si le congédié avait refusé purement et simplement de recevoir. La circonstance qu'il y aurait eu saisie-arrêt entre ses mains n'excuserait pas le congédiant de n'avoir pas consigné avant la St-Michel. (C., p. 104).

528. — Lorsque la somme due par le congédiant est frappée de saisie, les créanciers hypothécaires qui conservent entre eux les rangs que leur donnent leurs inscriptions, peuvent faire ouvrir un ordre comme dans le cas d'aliénation volontaire. Toutefois, il n'y a pas lieu à provoquer un ordre, lorsqu'il n'y a pas plus de trois créanciers inscrits. Dans ce cas, les difficultés qui s'élèvent pour la répartition se portent directement à l'audience. (Art. 775 du Code de procédure).

§ VI.

De la Prescription des droits convenanciers.

529. — Les droits réparatoires sont sujets, comme les autres immeubles, aux prescriptions de dix, vingt ou trente ans.

530. — Quoique le colon ne puisse pas prescrire le fonds contre le propriétaire, celui-ci peut prescrire les droits contre le colon. On sent, en effet, qu'il n'y a pas de motifs pour la réciprocité, car la possession des droits par le foncier n'est pas précaire comme celle du fonds par le colon. Mais le principe que les

édifices et superfices sont meubles par rapport au propriétaire, ne change rien aux conditions et au temps requis pour la prescription des droits au profit de celui-ci. La raison en est simple : c'est comme usurpateur, et non comme foncier, que le propriétaire s'est arrogé la disposition des superfices de son colon ; il ne peut donc pas se prévaloir des droits attachés à une qualité qui implique contradiction avec sa possession.

531.— Il n'y a pas de raisons pour que les colons d'une même tenue ne puissent prescrire respectivement leurs droits.

§ VII.

Des Droits convenanciers en matière d'enregistrement.

532.— Le droit dû pour transport d'édifices et superfices se liquide d'après le principe que les édifices et superfices sont immeubles de leur nature, et qu'on les répute cependant meubles respectivement au foncier. Il s'agit de faire l'application de cette maxime aux divers cas qui peuvent se présenter, en commençant par le bail en premier détachement.

533. — Le bail à convenant a le double effet de transporter au preneur la propriété des édifices et superfices, et de lui concéder la jouissance précaire du fonds. Il participe ainsi de la nature de la vente et de celle du bail à ferme. Envisagé sous ce double rapport, il donne lieu à deux droits d'enregistrement différents.

Considéré comme opérant le transport des édifices et superfices, il constitue une mutation d'immeubles

sujette au droit ordinaire de cinq et demi pour cent.
Ce droit se perçoit sur les deniers d'entrée qui représentent, sauf l'expertise, la valeur des édifices et superfices. (B., N° 209 ; Bosquet, Dictionnaire des domaines, v° *Baux à convenant).*

534.— Quelquefois un propriétaire baille un domaine à convenant sans exiger de deniers d'entrée. Les édifices et superfices qui se trouvent sur le domaine n'en sont pas moins transmis au preneur et, par conséquent, il s'opère une mutation pour laquelle il est dû un droit. La raison en est sensible : dans les contrats de cette nature, il y a nécessairement ou dissimulation du prix pour frustrer le fisc de ses droits, ou augmentation de la redevance pour tenir lieu des deniers d'entrée, ou, enfin, donation au preneur des édifices et superfices, et, dans tous ces cas, il y a une mutation d'immeubles. Le preneur est alors obligé de déclarer la valeur des édifices et superfices qu'on lui cède, et le droit se perçoit d'après son évaluation, sauf l'expertise, s'il y a lieu.

535. — Il arrive assez souvent aussi que le propriétaire qui acconvenance à son fermier remette à celui-ci la souche qui lui était due en vertu du bail à ferme. La valeur de cette souche doit alors être prise en considération pour la perception du droit. Dans le cas d'acconvenancement à un tiers qui n'est pas fermier, on doit dire la même chose de la somme que le bail à convenant charge le preneur de rembourser au fermier, pour valeur de ses améliorations ou de quelques autres objets mobiliers attachés à l'héritage ; par exemple, pour les tournants et moulants d'un moulin, qui, en Basse-Bretagne, appartiennent ordi-

nairement au fermier. On décidait ainsi autrefois pour les lods et ventes (B., N° 214), et il y a même raison pour le droit de mutation.

Voilà pour ce qui concerne le transport des édifices et superfices opéré par le bail à convenant.

536. — Mais le preneur qui devient propriétaire des édifices et superfices devient aussi fermier du fonds, et, sous ce rapport, le bail à convenant donne encore ouverture au droit qui se perçoit sur les baux à ferme. Ce droit se liquide sur la redevance convenancière, qui n'est autre chose que le fermage du fonds.

Lorsque le contrat indique le nombre d'années pendant lesquelles le colon pourra jouir sans être congédié, c'est sur ce nombre d'années que le droit doit être perçu, conformément à l'art. 1er de la loi du 16 juin 1824.

Dans les cas assez rares où la durée de l'assurance n'est pas limitée par le contrat, elle est déterminée par l'usage des lieux. Dans le ressort de l'ancien usement de Rohan, elle est de six années ; partout ailleurs elle est de neuf ans. On ne peut donc pas considérer comme un bail consenti pour un temps illimité, celui où la durée de l'assurance n'est pas déterminée textuellement, et, en conséquence, le soumettre au paiement d'un droit de mutation liquidé sur les deniers d'entrée et sur le capital de la redevance, par application de l'article 69, §7, N° 2, de la loi du 22 frimaire an VII. Ce mode de perception conduirait à exiger des droits différents sur des actes qui doivent produire les mêmes effets.

Deux baux sont consentis le même jour : l'un d'eux indique que le preneur pourra jouir pendant neuf ans sans être congédié ; le second ne parle pas du temps de l'assurance, mais la tenue est située dans un lieu où le bail à convenant emporte de plein droit une assurance de neuf ans ; les droits des preneurs sont absolument égaux, la jouissance de tous les deux est assurée pour neuf ans. Ne serait-il pas déraisonnable de prétendre qu'ils doivent être assujétis à payer des droits différents ?

Il n'en est pas moins vrai qu'il est dû un droit de mutation sur la redevance, lorsque la durée du bail est illimitée ; mais elle ne l'est pas, lorsqu'elle est fixée par un usage certain qui tient lieu de stipulation. Elle ne l'est réellement que lorsque le propriétaire renonce à la faculté de congédier par lui-même ou par un cessionnaire, ou bien encore dans le cas plus ordinaire où, sans renoncer précisément à la faculté de congédier, le bailleur fait dépendre cette faculté d'un événement qu'il est au pouvoir du colon d'empêcher. Le bail est alors véritablement indéfini ; le preneur devient propriétaire du fonds. La redevance, quoique qualifiée convenancière, n'est en réalité qu'une rente foncière, et bien sûrement le droit de mutation est dû sur le capital de cette rente, comme sur les deniers d'entrée.

Nous pourrions donner beaucoup de développement aux motifs de l'opinion que nous avons émise sur cette question très-intéressante, mais nous pensons en avoir dit assez pour la justifier, et nous nous bornons à ajouter que Baudouin, qui ne s'est pas occupé des droits du fisc, décide aussi (N° 216) qu'il n'est point dû de lods et ventes sur la redevance, lorsque le bail en premier détachement n'indique pas textuellement la durée de l'assurance : *ubi eadem ratio, ibi idem jus*.

537. — Les édifices et superfices, que le bail à convenant a séparés du fonds, y sont réunis par la consolidation, c'est-à-dire par l'acquisition que le propriétaire en fait par congément, remboursement, acceptation d'une exponse, adjudication sur simples bannies, ou cession qu'il obtient du colon.

Dans tous ces cas, il s'opère un transport de propriété sujet au droit de mutation; mais, comme les droits qui en font l'objet sont meubles respectivement au foncier, la transmission, considérée comme cession d'objets mobiliers, n'est passible que du droit de deux pour cent. On peut seulement demander s'il n'y a pas lieu d'exiger le droit d'un et demi pour cent qui se perçoit sur les actes sujets à transcription, en vertu de l'art. 54 de la loi du 28 avril 1816. La négative est sans difficulté pour les mutations qui s'opèrent au profit du propriétaire par congément, remboursement, exponse ou vente sur simples bannies : dans tous ces cas, la résolution du bail s'opérant *ex naturâ contractûs*, la transcription de l'acte n'est nécessaire ni pour purger les hypothèques existantes, ni pour en prévenir de nouvelles. Il n'en est pas de même, du moins dans notre opinion, de la consolidation qui a lieu par la cession que le propriétaire obtient volontairement du colon. Cette cession, qui ne purge pas les hypothèques et n'en arrête pas même le cours, est sujette à transcription. On peut voir sur tout cela ce que nous avons dit aux Nᵒˢ 515 et 516.

538. — Lorsque le congément est exercé par le cessionnaire d'une faculté de congédier, ou que les édi-

fices et superfices vendus sur simples bannies sont adjugés à un tiers, le droit de mutation est dû comme sur un transport d'immeubles ; mais il n'y a pas lieu d'exiger le droit de transcription, parce que le congément et la vente sur simples bannies purgent les hypothèques au profit d'un tiers comme au profit du propriétaire. Le droit d'enregistrement est alors de quatre pour cent.

539. — Dans les mutations qui ont lieu par décès, donation entre-vifs ou testamentaire, échange, cession et vente volontaire ou forcée consentie à d'autre qu'au propriétaire foncier, les édifices et superfices sont sujets aux mêmes droits que les autres immeubles. Ce droit se perçoit pour les mutations à titre onéreux sur le prix porté au contrat, sauf l'expertise, et sans égard à la rente convenancière, et pour les mutations par décès, testament et donation, sur l'évaluation qui est portée à vingt fois le produit des biens ou le prix des baux courants, distraction faite de la redevance convenancière.

540. — Lorsqu'un colon cède purement et simplement ses superfices à un tiers, sous la simple condition d'acquitter les charges convenancières, l'acquéreur doit, comme nous l'avons expliqué pour les baux en premier détachement sans deniers d'entrée, donner une valeur vénale aux édifices et superfices qui deviennent sa propriété, et le droit de mutation de cinq et demi pour cent est exigible sur cette évaluation.

L'administration a élevé au sujet du droit à percevoir dans ce cas, des prétentions qui auraient rendu presque impossibles les acquisitions de droits convenanciers.

Un acte de vente de superfices ayant été soumis à la formalité de l'enregistrement, le receveur pensa que l'obligation de servir la rente convenancière rendait exigible le droit de constitution de rente perpétuelle, aux termes de l'art. 69, § 5, N° 2 de la loi du 22 frimaire an VII, et que, d'un autre côté, le droit de jouir du fonds concédé à l'acquéreur donnait lieu au droit réglé pour les baux par l'art. 15, N° 1er de la même loi.

Un jugement du tribunal de Saint-Brieuc du 1er décembre 1824 ordonna la restitution des deux droits au profit de l'acquéreur. L'administration se pourvut en cassation pour contravention aux articles cités de la loi du 22 frimaire an VII.

Un arrêt du 13 novembre 1826 rejeta le moyen tiré de l'art. 69, mais accueillit celui qui était fondé sur l'art. 15.

L'affaire ayant été renvoyée devant le tribunal de Guingamp, il intervint, le 19 mai 1827, sur les conclusions conformes du ministère public, un jugement par lequel il fut décidé que lorsqu'il n'existe ni assurance ni tacite réconduction, la faculté de jouir accordée au nouveau propriétaire des superfices, soit par un bail en premier détachement, soit par une vente subséquente, n'est qu'un droit de jouissance limitée, dans le sens des lois sur l'enregistrement.

La régie se pourvut encore en cassation ; mais la chambre des requêtes rejeta son pourvoi par un arrêt du 19 juin 1828. (S., 28, 243).

541. — En cas de congément ou de remboursement, c'est sur la quittance du colon ou sur le récépissé du receveur des consignations que le droit de mutation est liquidé et perçu ; en cas de vente sur

simples bannies, c'est sur le procès-verbal de l'adjudication ; enfin, en cas d'exponse, c'est sur l'acte d'acceptation et sur la valeur vénale des droits abandonnés, déduction faite de la rente. Si l'acceptation de l'exponse ou le paiement des superfices congédiés ou remboursés n'était pas constaté par écrit, ou encore si l'acte qui le constate n'était pas présenté à l'enregistrement, la régie n'aurait rien à réclamer du propriétaire, qui n'acquiert qu'un objet réputé mobilier respectivement à lui. Il n'en est pas de même du cessionnaire d'une faculté de congédier qui exerce le congément : ce cessionnaire, acquéreur d'un immeuble, est passible du double droit, s'il n'acquitte pas le droit simple dans les trois mois de son entrée en jouissance.

542. — Lorsqu'après le premier détachement, le propriétaire accorde une assurance ou faculté de congédier, qui comporte aussi une assurance de neuf ans, il ne consent pas un nouveau bail en premier détachement ; il ne fait que renouveler le bail du fonds, et c'est uniquement sur ce renouvellement de bail que le droit proportionnel doit être perçu. Le cessionnaire du droit de congédier a bien aussi un droit de mutation à payer, mais ce droit n'est exigible qu'après le congément et sur le montant de l'estimation.

Le droit proportionnel dû pour les assurances se liquide, comme pour les baux, sur la redevance qui est le fermage du fonds. On ajoute seulement à la prestation annuelle la commission stipulée au profit du bailleur, que l'on répartit entre les années de l'assurance pour fixer le prix annuel de la jouissance.

543. — Quand le cessionnaire d'une faculté de congédier la cède gratuitement à un tiers, il intervient réellement un sous-bail pour lequel il est dû un droit semblable à celui qui avait été perçu pour le pouvoir de congédier. Si le cédant reçoit un somme pour prix de la cession, cette somme se répartit sur les années de l'assurance pour fixer le montant du droit.

CINQUIÈME PARTIE

LOIS RENDUES SUR LE DOMAINE CONGÉABLE DEPUIS LA RÉVOLUTION, ET QUESTIONS TRANSITOIRES AUXQUELLES CES LOIS ONT DONNÉ LIEU.

CHAPITRE PREMIER.

Lois rendues, depuis la Révolution, sur le domaine congéable.

544. — Ces lois sont au nombre de quatre ; les voici dans l'ordre où elles ont été décrétées :

§ Ier.

Loi du 6 Août 1791.

545. — ART. 1er. — Les concessions ci-devant faites, dans les départements du Finistère, du Morbihan et des Côtes-du-Nord, par les propriétaires fonciers aux domaniers, sous les titres de baux à convenant ou domaine congéable, et de baillées ou renouvellement d'iceux, continueront d'être exécutées entre les parties qui ont contracté sous cette forme, leurs représentants ou ayant-cause, mais seulement sous les modifications et conditions ci-après exprimées, et ce, nonobstant les usements de Rohan, Cornouailles, Brouërec, Tréguier et Gouëlo, et tous autres qui seraient contraires aux règles ci-après exprimées, lesquels usements sont à cet effet et demeurent abolis à compter du jour de la publication du présent décret.

» ART. 2.— Aucun propriétaire foncier ne pourra, sous prétexte des usements dans l'étendue desquels les fonds sont situés, ni même sous prétexte d'aucune stipulation insérée au bail à convenant ou dans la baillée, exiger du domanier aucuns droits ou redevances convenancières, de même nature et qualité que les droits féodaux supprimés sans indemnité par le décret du 4 août 1789 et jours suivants, par le décret du 15 mars 1790 et autres subséquents, et notamment l'obéissance à la ci-devant justice ou juridiction du foncier, le droit de suite à son moulin, la collecte du rôle de ses rentes et cens, et le droit de déshérence ou échute.

» ART. 3. — Pourront, les domaniers, nonobstant tous usements ou stipulations contraires, aliéner les édifices et superfices de leurs tenues pendant la durée du bail, sans le consentement du propriétaire foncier et sans être sujets aux lods et ventes ; et leurs héritiers pourront diviser entre eux lesdits édifices et superfices sans le consentement du propriétaire foncier, sans préjudice de la solidarité de la redevance ou des redevances dont lesdites tenues sont chargées.

» ART. 4.— Le propriétaire foncier ne pourra exiger du domanier aucunes journées d'hommes, voitures, chevaux ou bêtes de somme, qui n'auront point été stipulées et détaillées par le bail ou la baillée, et à leur défaut, par actes récognitoires, et qui n'auraient été exigées qu'en vertu des usements ou d'une clause de soumission à iceux. Lesdites journées qui auront été expressément stipulées ne s'arrérageront pas ; elles ne pourront être exigées qu'en nature, et néanmoins les abonnements seront exécutés suivant la convention.

» Art. 5. — Pourront néanmoins les propriétaires fonciers, d'après les seuls usements, exiger que les grains et autres denrées provenant des redevances convenancières soient transportés et livrés par le domanier, à ses frais, au lieu indiqué par le propriétaire foncier, jusqu'à trois lieues de distance de la tenue, et ledit droit de transport ne pourra s'arrérager.

» Art. 6. — Ne pourront les domaniers exercer contre les propriétaires fonciers aucune action en restitution, à raison des droits ci-dessus supprimés qui auront été payés ou servis avant la publication des lettres-patentes du 3 novembre 1789, rendues sur le décret du 4 août précédent. Mais toute action ou procès actuellement subsistants et non terminés par un jugement en dernier ressort avant l'époque susdite, pour raison desdits droits non payés ou servis, sont éteints, et les parties ne pourront les faire juger que pour la question des dépens faits antérieurement à la publication du présent décret.

» Art. 7. — Les propriétaires fonciers et les domaniers, en tout ce qui concerne leurs droits respectifs sur la distinction du fonds et des édifices et superfices, des arbres dont le domanier doit avoir la propriété ou le simple émondage, des objets dont le remboursement doit être fait au domanier lors de sa sortie, comme aussi en ce qui concerne les termes des paiements des redevances convenancières, la faculté de la part du domanier de bâtir de nouveau ou de changer les bâtiments existants, se régleront d'après les stipulations portées aux baux ou baillées, et, à défaut de stipulations, d'après les usements, tels qu'ils sont observés dans les lieux où les fonds sont situés.

» ART. 8. — Dans le cas où le bail ou la baillée et les usements ne contiendraient aucun règlement sur les châtaigniers et les noyers, lesdits arbres seront réputés fruitiers, à l'exception néanmoins de ceux desdits arbres qui seraient plantés en avenues, masses ou bosquets, et ce, nonobstant toute jurisprudence à ce contraire.

» ART. 9. — Dans toutes les successions directes ou collatérales qui s'ouvriront à l'avenir, les édifices et superfices des domaniers seront partagés comme immeubles, selon les règles prescrites par la Coutume générale de Bretagne et par les décrets déjà promulgués, ou qui pourraient l'être par suite, comme lois générales pour tout le royaume.

» Il en sera de même pour le douaire des veuves des domaniers, pour les sociétés conjugales et pour tous les autres cas, les édifices et superfices n'étant réputés meubles qu'à l'égard des propriétaires fonciers.

» ART. 10. — Pour éviter toute contestation entre les fonciers et les domaniers, nonobstant le décret du 1er décembre dernier, auquel il est dérogé quant à ce, pour ce regard seulement, et sans tirer à conséquence pour l'avenir, les domaniers profiteront, pendant la durée des baillées actuelles, de l'exemption de la dîme; mais ils acquitteront la totalité des impositions foncières, et ils retiendront au foncier, sur la redevance convenancière, une partie de cet impôt, proportionnellement à ladite redevance.

» Art. 11. — A l'expiration des baux ou des baillées actuellement existants, il sera libre aux domaniers (qui exploitent eux-mêmes leurs tenues) de se retirer et d'exiger le remboursement de leurs édifices et superfices, pourvu néanmoins que les baux ou baillées aient encore deux années à courir, à compter de la St-Michel, 29 septembre 1791. Dans le cas où les baux ou baillées seraient d'une moindre durée, le domanier ne pourra se retirer avant l'expiration desdites deux années, à compter de la St-Michel 1791, sans le consentement du propriétaire foncier, et réciproquement, le propriétaire foncier ne pourra congédier le domanier, sans le consentement de celui-ci, qu'après l'expiration du délai fixé par le présent article.

» Les domaniers dont les baux sont expirés, et qui jouissent sans nouvelle assurance, ne pourront être congédiés, ni se retirer, qu'après quatre années complètes échues, à compter de la St-Michel 1791.

» Art. 12. — Les propriétaires fonciers qui justifieront, par actes authentiques antérieurs au 1er mars de la présente année, ou ayant date certaine avant cette époque, avoir concédé à de nouveaux domaniers les tenues, pour entrer en jouissance avant l'expiration des délais accordés par l'article précédent, pourront, nonobstant les dispositions dudit article, congédier les domaniers dont les baux ou baillées seront finis avant l'expiration desdits délais.

» Art. 13.— A l'expiration des baux ou baillées actuellement existants aux époques ci-dessus fixées, il sera libre à l'avenir aux parties, et sous les seules restrictions ci-après exprimées, de faire des concessions à titre de bail à convenant, sous telles conditions qu'elles jugeront à propos, soit sur la durée desdits baux, soit sur la nature et quotité des redevances et prestations, soit sur la faculté du domanier de construire de nouveaux bâtiments ou de changer les anciens, soit sur les clôtures et défrichements, soit sur la propriété ou jouissance des arbres, soit sur la faculté de prendre par le domanier des arbres, de la terre ou du sable pour réparer les bâtiments ; et les conventions des parties, textuellement exprimées, seront à l'avenir la seule règle qui déterminera leurs droits respectifs.

» Art. 14. — Tout bail à convenant ou baillée de renouvellement sera désormais rédigé par écrit.

» Si, néanmoins, le propriétaire foncier avait laissé continuer au domanier la jouissance après le terme du bail ou de la baillée expirée, ou si le domanier avait conservé cette jouissance faute de remboursement, le bail ou la baillée sera réputé continuer par tacite réconduction pour deux ou trois années, selon que l'usage du pays sera de régler l'exploitation des terres pour deux ou trois années.

» Art. 15. — Ne pourra pareillement, le propriétaire foncier, sous prétexte de la liberté des conventions portées en l'art. 13, stipuler en sa faveur aucun des droits supprimés par les art. 2 et 3.

» Art. 16. — Seront, au surplus, les conventions que les parties auront faites, subordonnées aux lois générales du royaume, établies ou à établir pour l'intérêt de l'agriculture, relativement aux baux à ferme, en ce qui sera applicable au bail à convenant.

» Art. 17. — Après l'expiration des baux ou des baillées actuellement existants, et lorsqu'il s'agira de procéder au remboursement des édifices et superfices, il sera procédé au prisage à l'amiable entre les parties, ou à dire d'experts convenus ou nommés d'office par le juge de paix du canton dans le ressort duquel les tenues sont situées, sauf aux parties, en cas de contestation sur l'estimation, à se pourvoir devant le tribunal de district.

» Il en sera usé de même pour les baux à convenant qui pourraient être passés à l'avenir, lorsque, d'après les conventions des parties, il y aura lieu à un remboursement et à une estimation.

» Art. 18. — Les frais de la nomination d'experts, de leur prestation de serment, du prisage et de l'affirmation, seront supportés, à l'égard des baux actuellement existants, par le propriétaire foncier ; et pour les baux qui seront faits à l'avenir, ils seront payés par ceux que les conventions en chargeront : les frais de la revue seront supportés par celui qui la demandera.

» Art. 19. — Tous les objets qui doivent entrer en estimation seront estimés suivant leur vraie valeur à l'époque de l'estimation, qui en sera faite à l'expiration des baux subsistants ou des délais ci-dessus fixés. Les propriétaires fonciers seront tenus de rembourser aux domaniers tous lesdits objets, même les labours et engrais, sur le pied de l'estimation. Après ledit remboursement effectué, les domaniers ne pourront, sous aucun prétexte, s'immiscer dans l'exploitation et jouissance dont ils auront été congédiés.

» Les estimations qui pourront avoir lieu en exécution des baux à venir, seront faites conformément aux conventions des parties.

» Art. 20. — S'il s'élève des questions sur la nature des objets qui doivent entrer dans l'estimation des édifices et superfices, et des améliorations à rembourser au domanier, elles se régleront, pour les baux actuellement existants, et pour les tenues dont les domaniers jouissent par nouvelle assurance, d'après les divers usements anciens ; pour les baux qui seront faits à l'avenir, d'après les conventions des parties.

» Art. 21.— Le domanier ne pourra être expulsé que préalablement il n'ait été remboursé, et, à cet effet, le prisage sera toujours demandé six mois avant l'expiration de la jouissance, et fini dans ce délai.

» Art. 22.—A quelque époque qu'ait commencé la jouissance des domaniers qui exploitent actuellement les tenues, soit en vertu de baux ou baillées, soit par l'effet de la nouvelle assurance, le congément ne pourra être réciproquement exercé à d'autre époque de l'année qu'à celle de la Saint-Michel, 29 septembre. Si l'exploitation du domanier avait commencé à un autre terme, il sera tenu de payer au propriétaire foncier la redevance convenancière au prorata du temps dont il aura joui de plus.

» Art. 23. — A défaut de remboursement effectif de la somme portée en l'estimation, le domanier pourra, sur un simple commandement fait à la personne ou au domicile du propriétaire foncier, en vertu de son titre, s'il est exécutoire, faire vendre, après trois publications de huitaine en huitaine, et sur enchères, en l'auditoire du tribunal du district, les édifices et superfices, et subsidiairement, en cas d'insuffisance, le fonds ; pourra néanmoins le foncier se libérer, en abandonnant au colon la propriété du fonds et la rente convenancière.

» Art. 24.— A défaut de paiement, de la part du

domanier, des prestations et redevances par lui dues
à leur échéance, le propriétaire foncier pourra, en
vertu de son titre, s'il est exécutoire, faire saisir les
meubles, grains et denrées appartenant au domanier ;
il pourra même faire vendre lesdits meubles et, en
cas d'insuffisance, lesdits édifices et superfices, après
néanmoins avoir obtenu contre le domanier un jugement de condamnation ou de résiliation du bail.

» Art. 25. — La vente des meubles du domanier
ne pourra être faite qu'en observant les formalités
prescrites par l'ordonnance de 1667, et sous les exceptions y portées. A l'égard des édifices et superfices,
ils seront vendus sur trois publications, en l'auditoire
du tribunal du district du ressort.

» Art. 26. — Pourront néanmoins les domaniers
éviter la vente de leurs meubles, et la vente subsidiaire de leurs édifices et superfices, en déclarant au
propriétaire foncier qu'ils lui abandonnent leurs édifices et superfices, auquel cas ils seront libérés envers
lui ; ladite faculté n'aura lieu que pour les arrérages
à échoir à compter de la publication du présent décret.»

§ II.

Loi du 27 Août 1792.

546. — « Art. 1er. — La tenure convenancière ou
à domaine congéable est abolie. Les coutumes locales
qui régissent cette tenure, sous le nom d'usements,
sont abrogées ; en conséquence, les ci-devant domaniers sont et demeurent propriétaires incommutables
du fonds comme des édifices et des superfices de leur
tenure.

» Art. 2. — Il ne sera fait à l'avenir aucune concession à pareil titre ; celles qui seront faites ne vaudront que comme simples arrentements. L'entière propriété des terres ainsi concédées appartiendra aux cessionnaires, avec la faculté perpétuelle de racheter les rentes.

» ART. 3. — Dans les concessions précédemment faites, les droits de congément, baillées, commissions et nouveautés et le droit de lods et ventes, qui ne seraient point expressément stipulés dans le titre primitif de concession, sont abolis sans indemnité.

» ART. 4. — L'art. 2 du décret des 30 mai, 1er, 6 et 7 juin 1791 (loi du 6 août), concernant les baux à convenant et domaines congéables, continuera d'avoir sa pleine et entière exécution ; en conséquence, tous droits ou redevances convenancières, de même nature et qualité que les droits féodaux supprimés sans indemnité par les décrets du 4 août 1789 et jours suivants, par le décret du 15 mars 1790 et autres subséquents, ainsi que par le décret du 18 juin dernier, et notamment l'obéissance à la ci-devant justice ou juridiction du seigneur, le droit de suite à son moulin, la collecte du rôle de ses rentes et cens, et le droit de déshérence ou échute, demeureront abolis sans indemnité.

» ART. 5. — Tous les arbres fruitiers, tels que pommiers, châtaigniers, noyers, et autres de même nature, soit qu'ils existent en rabine, avenue ou bosquet, les bois appelés *courants et puinais*, les taillis, même les bois de futaie de toute espèce étant sur les fossés ou dans les clôtures des terres mises en valeur, sont déclarés appartenir en toute propriété aux ci-devant domaniers.

» Art. 6.— A l'égard des bois de futaie, tels que chênes, ormeaux, hêtres, sapins, et autres de même nature, qui se trouveront, soit en semis faits par les ci-devant seigneurs, ou existant en rabine ou bosquet, hors des clôtures des terres en valeur, il sera procédé, par experts que les parties nommeront ou qui seront nommés d'office par le juge, à une estimation desdits bois et semis, sur le pied de leur valeur à l'époque de cette estimation, contradictoirement ou par défaut, entre les ci-devant domaniers et ci-devant seigneurs.

» Art. 7.— L'estimation desdits bois et semis sera faite sur la réquisition de l'une des parties ; les ci-devant domaniers seront tenus de payer annuellement aux ci-devant seigneurs l'intérêt au denier vingt du prix total de l'estimation, jusqu'au remboursement de ce prix, qu'ils feront quand bon leur semblera. Cet intérêt, qui courra à compter du jour de l'esti-mation, est déclaré soumis, au profit des ci-devant domaniers, à la restitution de la quotité de la contri-bution foncière réglée pour tout autre intérêt et vente quelconque.

» Art. 8. — Les ci-devant domaniers pourront néanmoins abandonner aux ci-devant seigneurs la jouissance et disposition desdits bois et semis, sauf à disposer des fonds après l'exploitation. Ils seront tenus de faire cet abandon, ou de déclarer qu'ils en-tendent faire procéder à une estimation desdits bois et semis, dont ils se réservent la disposition et la jouissance, dans le mois à compter de la publication du présent décret, par un acte fait au greffe du juge de paix du canton dans l'arrondissement duquel se trouveront situés lesdits bois et semis. Les ci-devant seigneurs pourront provoquer devant le juge de paix, après ledit délai d'un mois, cette déclaration de la part des ci-devant domaniers.

» ART. 9.— Les ci-devant domaniers, dans le cas où ils se réserveraient la propriété desdits bois et semis, n'en pourront disposer qu'après l'estimation définitive qui en aura été faite, conformément à l'article ci-dessus. Dans le cas de vente ou d'exploitation desdits bois et semis de la part des ci-devant domaniers, en tout ou en partie, ils seront tenus de rembourser, sans délai, aux ci-devant seigneurs, le total du prix de l'estimation.

» ART. 10.— Les ventes de bois faites jusqu'à ce jour par les ci-devant seigneurs, par acte authentique passé, ou dont l'exploitation a été commencée antérieurement à la date du présent décret, auront leur pleine et entière exécution, sans que les ci-devant domaniers puissent exiger aucune indemnité, si ce n'est pour les dégâts et détériorations que l'exploitation aurait causés dans leurs fossés, clôtures et autres édifices, et néanmoins lesdits domaniers auront la faculté de retenir ces bois en remboursant le prix du marché au total, si l'exploitation n'est pas commencée, ou en les remboursant au prorata de ce qui reste à exploiter, et ce par estimation à dire d'experts aux frais du domanier.

» ART. 11.— Il sera libre aux ci-devant domaniers de racheter leurs redevances ci-devant convenancières; et soit avant ou après ce rachat, ils pourront racheter aussi les rentes suzeraines ou chefs-rentes dues sur leurs tenues.

» ART. 12. — Ils continueront, jusqu'au rachat

effectué, de payer annuellement, comme par le passé et aux termes ordinaires, en nature de rentes purement foncières, les redevances annuelles ci-devant convenancières en argent, grains, poules, beurre et autres denrées, ainsi que les corvées abonnées ou expressément stipulées et détaillées par les baillées courantes et actuelles.

» ART. 13. — Les corvées exigibles en vertu des seuls usements ou d'une clause de soumission à iceux, demeureront supprimées sans indemnité, conformément au décret des 30 mai, 1er, 6 et 7 juin derniers. (Loi du 6 août 1791.)

» ART. 14. — Ne sera pareillement sujet au rachat, mais demeure supprimé sans indemnité, le droit établi par le ci-devant usement de Cornouailles, et perçu par les ci-devant seigneurs sur les terres égobuées, sous les noms de champart et terrage, et sous quelqu'autre dénomination que ce soit, quand même il serait stipulé expressément dans les baillées, et cependant il sera acquitté sans restitution par les ci-devant domaniers, dans le cas où ils feraient des égobues avant le rachat des redevances mentionnées dans l'art. 12.

» ART. 15. — Les parties se conformeront, au surplus, pour l'exercice de ce rachat, aux règles et formalités prescrites par les décrets rendus pour le rachat des droits féodaux, en ce qu'ils ne sont pas contraires au présent décret.

» ART. 16. — Les sommes payées pour commissions et baillées consenties à fin de congément, qui ne sont pas encore exécutées, seront restituées par les ci-devant seigneurs à ceux qui les auront avancées, avec les intérêts, à compter du jour de la demande qui leur en aura été faite.

» ART. 17.— Toutes instances à fin de congément, tous procès intentés et non décidés par jugement en dernier ressort avant ce jour, relativement aux droits déclarés abolis sans indemnité par le présent décret, ne pourront être jugés que pour les arrérages échus antérieurement à ce jour, et tous dépens seront compensés.

» ART. 18.— Il ne pourra être prétendu, sous prétexte de partages consommés, ni par les personnes qui ont ci-devant acquis de particuliers, par vente ou autre titre équivalent à la vente, des droits abolis ou supprimés par le présent décret, aucune indemnité ni restitution de prix.

» ART. 19.— Quant aux ventes de biens nationaux composés en tout ou partie de droits du domaine congéable, les ajudicataires pourront renoncer à leurs adjudications, et se faire restituer le prix qu'ils en auront payé, conformément aux lois précédentes sur la vente des droits ci-devant féodaux. A l'égard de ceux desdits droits qui seront tenus à ferme de la nation, avec ou sans mélange d'autres biens ou droits, on se conformera aux lois précédentes, relativement aux indemnités qui pourraient être dues aux fermiers.»

§ III.

Loi du 29 Floréal an II.

547. — « La Convention nationale, après avoir entendu le rapport de son comité de législation sur la question proposée par le tribunal du district de Pon-

trieux, département des Côtes-du-Nord, relativement aux rentes convenancières ;

» Considérant que, par l'art. 1er de la loi du 17 juillet 1793, toute redevance ou rente entachée originairement de la plus légère marque de féodalité, est supprimée sans indemnité, quelle que soit sa dénomination, quand même elle aurait été déclarée rachetable par les lois antérieures, et qu'ainsi, il ne peut y avoir de conservées que les rentes convenancières qui ont été créées originairement sans aucun mélange ni signe de féodalité ;

» Déclare qu'il n'y a pas lieu à délibérer. »

§ IV.

Loi du 9 Brumaire an VI.

548. — « ART. 1er — Les décrets de l'Assemblée législative, des 23 et 27 août 1792, sur la tenure convenancière, celui du 29 floréal an II, rédigé définitivement le 2 prairial suivant, et toutes autres lois qui seraient la suite de celle du 27 août 1792, sont abrogés.

» ART. 2. — Le décret rendu par l'Assemblée constituante, les 30 mai, 1er, 6 et 7 juin 1791, sanctionné et devenu loi le 6 août, sera exécuté selon sa forme et teneur. En conséquence, tous les propriétaires fonciers de domaines congéables sont maintenus dans la propriété de leurs tenues, conformément aux dispositions dudit décret. »

549. — Cette dernière loi fut rendue sur une résolution du Conseil des Cinq-Cents, du 17 thermidor an V, qui contenait trois autres articles dont l'objet

était d'annuler tous les jugements, transactions et actes rendus et passés en vertu de la loi du 27 août 1792. La crainte que cette résolution ne fût rejetée en entier par le Conseil des Anciens, à cause de sa rétroactivité, la fit scinder en deux parties : la première, qui se composait des deux premiers articles du projet, fut convertie en loi le 9 brumaire an VI, dans les termes ci-dessus rapportés.

La seconde était ainsi conçue :

« ART. 1er. — Tous procès existants, même ceux pendants au tribunal de cassation, toutes offres faites, tous jugements intervenus, tous remboursements, dépôts ou consignations de deniers, et tous autres actes qui auraient leur fondement dans les dispositions de la loi du 27 août 1792, ou dans les dispositions des lois subséquentes rendues en interprétation ou confirmation d'icelle, sont abolis et annulés.

» ART. 2. — Les propriétaires fonciers qui ont reçu des domaniers le remboursement des capitaux de leurs redevances convenancières, et qui sont maintenus par l'art. 1er de la résolution du 17 thermidor an V, seront tenus préalablement de rendre et restituer aux domaniers les sommes qu'ils en ont reçues. Cette restitution sera effectuée suivant l'échelle de proportion.

» ART. 3. — Les propriétaires fonciers sont réintégrés dans la propriété de leurs tenues, nonobstant tous dépôts ou consignations de deniers qui auraient été faits par les colons pour parvenir au remboursement des capitaux, sans que le refus ou retardement des colons, pour retirer les valeurs par eux déposées ou consignées, puisse apporter aucun obstacle à la jouissance des propriétaires.

» ART. 4. — Les arrérages des rentes convenancières qui seraient dus par les colons, demeurent compensés avec les intérêts des capitaux qu'ils auraient remboursés aux propriétaires, ou des sommes qu'ils auraient consignées ou déposées. »

Cette dernière résolution fut présentée au Conseil des Anciens, qui la rejeta le 18 thermidor an VI. Le silence gardé sur les motifs du rejet ne permet pas d'indiquer avec certitude les raisons qui le déterminèrent. Cependant, il semble résulter de la discussion, et notamment du rapport de M. de Malleville, que la résolution eût été convertie en loi, si elle avait consacré le principe de la non rétroactivité en faveur des tiers qui avaient acquis des colons.

550. — Il a depuis été pris, par le Gouvernement, le 13 germinal an VII, un arrêté qui ordonne l'exécution de la loi du 9 brumaire an VI, et qui porte que « le Conseil des Cinq-Cents ayant, dans sa séance » du 21 ventôse an VII, rejeté les réclamations élevées » contre cette loi, la législation sur la matière » des domaines congéables consiste uniquement dans » les dispositions de la loi du 6 août 1791, dont il » importe à l'intérêt public et particulier d'assurer » promptement la pleine et entière exécution. »

CHAPITRE II.

Questions transitoires.

§ 1er.

*La présomption établie par certains usements que les terres
situées dans leur ressort étaient à convenant sous les personnes auxquelles elles payaient des redevances, a-t-elle
été abolie pour le passé par la loi du 6 août ?*

551. — Dans le ressort des usements de Rohan,
de Brouërec et de Cornouailles, il existait une présomption légale que les héritages ruraux étaient tenus
à domaine congéable; celui donc qui percevait une
redevance quelconque sur un bien rural était présumé
propriétaire foncier de ce bien jusqu'à la preuve du
contraire, qui ne pouvait se faire que par écrit.

Cette disposition des usements a été abolie pour
l'avenir par la loi du 6 août 1791. Le rapport de Tronchet sur la loi du 9 brumaire an VI ne laisse aucun
doute là-dessus; mais l'abolition doit-elle être appliquée avec rétroactivité aux possessions antérieures à
la loi ? C'est une question trop importante pour ne pas
exiger un examen sérieux.

Elle ne serait l'objet d'aucun doute si elle devait être
résolue d'après les principes de la justice : il est trop
évident, en effet, qu'il y aurait eu de la part du législateur une injustice criante à dire à un propriétaire
foncier : je respecte ton droit, mais je t'interdis de le

prouver par les actes que la loi a jusqu'ici considérés comme suffisants pour l'établir.

Mais quelque respect que mérite l'équité, la loi, qui est et doit être la principale règle des tribunaux, doit nécessairement l'emporter sur elle. Il s'agit donc de savoir si la loi de 1891 a, par une injuste rétroactivité, aboli pour le passé la présomption de tenure à domaine congéable.

La loi du 6 août 1791 ne manifeste pas explicitement cette intention. Ce ne serait donc que par l'interprétation de son texte que l'on pourrait établir la rétroactivé.

On a cité, comme prouvant que l'effet rétroactif avait été dans l'intention du législateur, les art. 1er, 2, 4 et 15. Nous pensons que c'est une erreur évidente.

Le premier déclare maintenir les baux à domaine congéable et ajoute : « mais seulement sous les modi-
» fications ci-après exprimées et ce, nonobstant les
» usements de Rohan, etc., etc., et tous autres qui
» seraient contraires aux règles ci-après exprimées,
» lesquels usements sont *à cet effet* et demeurent
» abolis à compter du jour de la publication du présent
» décret. »

Cette disposition n'abroge les usements que dans ce qu'ils ont de contraire aux dispositions postérieures du décret. C'est aussi de cette manière que la jurisprudence l'a toujours entendu, car elle applique dans une foule de circonstances le droit établi par les usements.

L'art. 2 et l'art. 15 n'ont évidemment pour objet que de supprimer les droits féodaux pour le passé et de défendre de les stipuler à l'avenir.

L'art. 4, enfin, prononce l'abrogation des usements *en ce qui concerne les corvées.* L'abrogation spéciale d'une disposition des usements n'aurait pas eu d'objet si les usements avaient été abrogés en entier.

Si l'on ajoute à tout cela que l'équité, qui ne peut rien contre le texte d'une loi formelle, est la meilleure interprétation d'une loi obscure ou ambigüe, il semble évident qu'il est impossible de faire ressortir de la loi de 1791 l'abolition de la présomption pour le passé.

Mais de même que la loi l'emporte sur l'équité, de même aussi la jurisprudence l'emporte souvent sur la loi, non pas en théorie sans doute, mais dans la pratique et dans l'application. Il est donc important de se fixer sur l'état de la jurisprudence.

Il existe sur la question, et dans un sens contraire à notre opinion, un arrêt de la Cour de cassation du 19 novembre 1811.

Cet arrêt s'explique pour nous par la considération que la Cour statuant sur une matière qui lui était à peu près inconnue, ne pouvait guère prendre sur elle de casser une décision émanée de magistrats que leur position devait faire présumer mieux informés ; la Cour a peut-être pris le parti le plus sage, mais nous croyons qu'elle s'est trompée. On lit dans ses considérants que l'arrêt attaqué avait seulement jugé que le statut qui par sa nature présume *par le fait seul de la distinction des personnes nobles ou non nobles,* la tenue d'un terrain à titre de domaine congéable au profit du seigneur, portait un caractère de féodalité. La Cour a évidemment cru que la présomption de propriété n'existait dans l'usement de Rohan qu'au profit des nobles ou des seigneurs, tandis qu'au contraire, elle militait au profit de toute personne noble ou roturière qui percevait une rente sur un terrain. Il est vrai seulement qu'elle ne pouvait être invoquée contre les détenteurs de biens nobles, parce qu'une présomption naturelle les faisait considérer comme possesseurs seigneuriaux.

Dans cette position, nous n'hésitons pas à dire qu'en pareille matière l'autorité de la Cour du Ressort a bien autrement de poids que celle de la Cour suprême.

Deux arrêts de Rennes des 18 juillet 1814 et 20 décembre 1820 ont jugé que la présomption avait été supprimée même pour le passé ; mais, outre que ces décisions semblent avoir été influencées par des circonstances particulières de fait, nous croyons que ce sont les seules qu'on puisse citer en ce sens.

Or, il a été jugé :

1° Le 24 juillet 1813, que les terres en litige étaient, par la seule force de la loi locale, présumées tenues à domaine congéable ;

2° Le 1er décembre même année, que suivant l'article 2 de l'usement de Brouërec, le titre de convenant ou domaine congéable est général et universel ; que la présomption est pour le propriétaire foncier, jusqu'à preuve par titres ou possession ;

3° Le 25 juillet 1820, que, sous l'usement de Gouëllo, la tenure à domaine congéable ne se présumais pas autrefois ; d'où l'on peut conclure *à contrario* que, sous l'empire d'un autre usement, on aurait considéré la présomption comme subsistant ;

4° Le 1er avril 1822, que la loi du 6 août 1791 n'a supprimé que pour l'avenir la présomption que les terres situées sous le ressort de l'usement de

Cornouailles étaient à domaine congéable, et qu'il ne s'est pas écoulé depuis un temps suffisant pour prescrire;

5° Le 19 juin 1832, que la présomption qui faisait réputer tenue à domaine congéable tout terrain situé dans l'usement de Cornouailles, doit continuer à produire son effet jusqu'à ce qu'elle soit purgée par la prescription courue depuis la loi du 6 août 1791.

N'est-on pas fondé à conclure de tout cela qu'il résulte de l'équité, du texte de la loi et de la jurisprudence, que l'ancienne présomption a conservé son effet pour le passé? C'est l'opinion de Carré (p. 49) et de l'auteur de la Table des arrêts (verbo *Domaine congéable*, N° 231 et 232) ; nous ajoutons que c'est aussi la nôtre, malgré le sentiment contraire que nous avions d'abord adopté.

Mais en supposant qu'on ait dû juger ainsi, l'intervalle de plus de trente ans qui s'est écoulé depuis la loi de 1791 n'autorise-t-il pas à soutenir qu'il en est autrement aujourd'hui?

Les deux arrêts des 1er avril 1822 et 19 juin 1832 décident explicitement que l'on a pu prescrire contre l'ancienne présomption depuis la loi du 6 août. On sent en effet que s'il n'en était pas ainsi, la présomption, très-certainement abrogée pour l'avenir, se trouverait conserver indéfiniment sa force.

Toutefois, deux observations se présentent à ce sujet.

D'abord, il est évident que la prescription n'a pu courir que depuis l'époque où le domaine congéable a été rétabli par la loi du 9 brumaire an VI, puisqu'il était impossible d'agir auparavant. Ensuite, comme le colon ne peut prescrire contre le foncier, lorsqu'il n'y a pas eu d'interversion, il nous semblerait juste et légal de décider que la présomption subsiste dans les cas, et dans les cas seulement, où il est prouvé que le possesseur actuel est, à titre universel, le représentant du détenteur qui jouissait en 1791.

Ce tempérament nous paraît tout concilier.

Nous devons ajouter qu'il ressort de plusieurs des arrêts cités et d'un autre du 30 mai 1833, que la représentation de déclarations ou autres titres postérieurs à la loi du 6 août, non impunis et indiquant la consistance d'une tenue, doivent l'emporter en faveur des détenteurs sur la présomption des usements.

§ II.

Le Propriétaire peut-il invoquer la loi du 9 brumaire an VI contre les tiers qui ont acquis à héritage sous l'empire de celle du 27 août 1792?

552. — L'état de la jurisprudence nous dispense de discuter aujourd'hui cette question.

Un arrêt de Rennes du 28 août 1807 avait jugé en termes formels que la loi de l'an VI n'avait pas eu d'effet rétroactif contre les tiers acquéreurs. On regardait cette décision comme une règle irréfragable, lorsque la Cour prononça en sens contraire par un arrêt du 24 décembre 1820; mais l'opinion n'accueillit pas la nouvelle jurisprudence, elle tint toujours pour la non rétroactivité et ce fut avec raison, ainsi que la suite l'a prouvé. Effectivement, par quatre arrêts des 26 avril 1822, 18 février 1836, 15 février 1839 et

31 décembre 1841, la Cour est revenue au principe qu'elle avait déjà consacré en 1807 et qui bien probablement ne sera jamais contesté.

553. — L'avant dernier des arrêts cités décide implicitement que l'acquisition faite par un tiers ne peut être opposée au foncier qu'autant qu'elle a été suivie d'une prise de possession. C'est bien sûrement une erreur, car l'appropriement dont la prise de possession constituait le premier acte, n'était nécessaire que pour purger les vices de la vente contre les tiers. Or, le foncier auquel le colon se trouvait substitué par la loi n'était pas un tiers respectivement à l'acquéreur. Il faut ajouter que la vente n'était entachée d'aucun vice de nature à être purgé par l'appropriement, puisqu'elle émanait du propriétaire absolu.

554. — Ce qui est dit dans ce paragraphe du tiers acquéreur s'applique par identité de raison aux mutations qui ont eu lieu à titre d'échange ou de donation entre-vifs. Nous croyons même que le principe devrait être appliqué aux légataires, à titre particulier seulement, qui auraient obtenu la délivrance avant la loi du 9 brumaire an VI.

§ III.

Si la loi du 9 brumaire an VI ne peut, en pur point droit, être opposée à des tiers acquéreurs, n'est-il pas des circonstances de fait qui ôteraient à ceux-ci le droit d'argumenter de la non rétroactivité ?

555. — Deux arrêts de la Cour d'appel de Rennes ont jugé que le tiers acquéreur ne peut opposer son

contrat au propriétaire, lorsqu'il résulte de ce contrat qu'il n'a entendu acheter que des droits convenanciers, ou lorsque, postérieurement à son acquisition, il a fait des actes susceptibles de faire présumer qu'il ne se considérait que comme domanier. Il suffit de rapporter les considérants de ces arrêts pour prouver que la Cour a regardé le principe comme constant, et pour montrer dans quel cas elle a jugé qu'il y avait lieu d'en faire l'application.

556. — Dans l'arrêt du 28 août 1807, on lit :
» Considérant que tout ce qui a conservé le nom de
» convenant, dans les pays de domaine congéable,
» n'est pas nécessairement, et par cela seul, tenu à
» ce titre ; que l'auteur des Institutions convenan-
» cières a mis à la tête de son ouvrage un glossaire
» dans lequel il exprime précisément ce qu'on doit
» entendre par le mot *convenant* isolément pris ;
» que ce mot isolé n'établit pas, à beaucoup près, la
» présomption légale d'une tenue à domaine con-
» géable, et que, d'ailleurs dans l'espèce, toute pré-
» somption semblable doit être écartée par la seule
» force de la déclaration insérée au contrat de l'an III,
» que le convenant Villélio est quitte de rentes et
» charges, déclaration formellement exclusive de la
» tenue convenancière qui, par sa seule qualité, est
» chargée de rentes plus ou moins fortes ; que, par
» cette expression même, le vendeur s'est annoncé
» comme possesseur du fonds ; que l'acquéreur a
» donc eu de justes motifs de croire qu'on lui ven-
» dait le fonds même de la tenue, dont les superfices,
» d'ailleurs en ruines, étaient abandonnés depuis
» longtemps par le fermier, les logements n'étant

» pas habitables ; qu'aussi le contrat porte-t-il ex-
» pressément que les bâtiments sont près d'assoler
» et actuellement inhabités ; qu'enfin, il a été main-
» tenu et non contesté que Bougeard (l'ancien colon)
» avait depuis longues années un fermier dont il rece-
» vait les jouissances ; qu'il n'était donc pas sur la
» tenue, et que l'acquéreur n'a pu lui supposer la
» qualité de colon, que Bougeard ne prenait pas ;
» qu'il n'a pu raisonnablement lui en supposer d'autre
» que celle de propriétaire, et que c'est par conséquent
» la propriété que l'intimé a entendu acquérir ; qu'en-
» fin, sa bonne foi, sur ce point, semble à couvert
» de tout soupçon. »

L'autre arrêt, du 21 décembre 1820, a été rendu
dans une espèce où le motif de décider a été puisé
dans des circonstances postérieures au contrat d'acquisition. « Considérant, dit la Cour, que bien que
» les intimés apparaissent d'un contrat de vente à
» réméré, qui aurait été consenti le 17 vendémiaire
» an VI, à leurs auteurs, par les colons de la tenue
» du moulin Kermirem, du fonds et des droits répa-
» ratoires dudit moulin, il n'en est pas moins constant
» au procès, par les aveux faits en justice par les inti-
» més eux-mêmes, qu'eux ni leurs auteurs ne se sont
» appropriés, ni n'ont fait transcrire leur contrat d'ac-
» quisition, conformément aux lois ; qu'ils ont au
» contraire continué, depuis la loi de l'an VI, de ser-
» vir aux appelants la rente foncière et convenancière
» stipulée à leur profit par le bail de 1788, jusqu'en
» l'année 1813; enfin que, le 17 mars 1814, ils for-
» mèrent leur demande en remboursement des droits
» réparatoires du moulin de Kermirem contre les ap-

» pelants, qu'ils reconnaissent être propriétaires fon-
» ciers dudit moulin; qu'en bureau de conciliation,
» les intimés, interprétant eux-mêmes leur contrat
» d'acquisition du 17 vendémiaire an VI, y déclarent
» que leurs auteurs ont acquis *les droits convenan-*
» *ciers* dudit moulin des précédents colons ;

» Considérant qu'il résulte de ces faits, aveux et
» acquiescements, que ce n'était point par une erreur
» de fait, mais bien volontairement et avec toute con-
» naissance, que les intimés avaient renoncé à se pré-
» valoir de la disposition du contrat du 17 vendé-
» miaire an VI, relativement à la foncialité de la tenue
» Kermirem, et qu'ils ne s'étaient jamais considérés,
» par rapport aux appelants, que comme colons de
» ladite tenue, et cessionnaires des précédents do-
» maniers. »

557. — Carré, qui adopte les principes consacrés par cet arrêt (p. 418), observe qu'ils sont surtout applicables lorsque le propriétaire peut représenter un acte postérieur à la publication de la loi du 9 brumaire an VI, dans lequel l'acquéreur se serait reconnu colon, ou lorsque l'acquéreur, cité en fournissement d'un titre récognitoire, s'est soumis à fournir la déclaration demandée, et en d'autres circonstances de cette nature.

§ IV.

*Quel est aujourd'hui l'effet des remboursements de rentes conve-
nancières effectuées sous l'empire de la loi du 27 Août 1792?*

559. — Nous devons examiner cette question très-importante dans son application à la rente et dans son application au fonds.

Il n'existe aucune raison spécieuse de douter que l'effet des remboursements effectués en vertu de la loi de 1792 ait été conservé par la loi du 9 brumaire an VI.

Que cette dernière loi soit essentiellement rétroactive, c'est ce qui est évident, puisqu'elle avait pour objet unique d'ôter aux domaniers les foncialités dont celle de 1792 les avait gratifiés. Mais la rétroactivité est une exception qui ne saurait être justifiée que par la nécessité de réparer une grande injustice. Celle de la loi de l'an VI s'explique très-bien sous ce rapport, en ce qui concerne le fonds dont les propriétaires avaient été indignement dépouillés ; elle ne se concevrait pas également en ce qui concerne les rentes qui n'avaient pas été supprimées et qui restaient dues jusqu'à remboursement. Que si l'on objectait que les rachats faits en assignats dépréciés n'étaient qu'une dérision, on répondrait que l'observation s'applique avec une égale raison au rachat des autres rentes, foncières ou constituées, opéré aussi à vil prix, et que le législateur n'a cependant pas annulé.

Par cela seul que l'effet rétroactif est de sa nature contraire aux principes, il doit être restreint aux cas pour lesquels il a été clairement établi. Or, la loi de l'an VI ne le décrète pas explicitement pour les remboursements dont elle ne parle aucunement ; elle ne le décrète pas non plus implicitement, parce que la réintégration des propriétaires dans le fonds n'implique pas la nullité des rachats. Effectivement, la rente et le fonds d'une tenue convenancière ont toujours été deux choses tellement distinctes que le propriétaire peut vendre la rente sans le fonds ou le fonds sans la rente. Ce principe est aussi certain depuis la loi du 6 août qu'il l'était auparavant. (Baudouin, N° 485; Le Guével, p. 253; Carré, p. 390; Journal de l'enregistrement, N° 2305).

Aussi a-t-il toujours été regardé comme constant, dans les pays de domaine congéable, que la loi de l'an VI avait respecté l'effet des remboursements opérés avant sa promulgation; que, par suite, le propriétaire réintégré qui voulait congédier était, à partir du congément, obligé de faire, jusqu'à remboursement intégral, au taux légal du jour, le service de la rente qui avait été éteinte par un rachat antérieur.

Il a bien été rendu par la Cour de Rennes, le 29 janvier 1825, un arrêt en sens contraire ; mais cet arrêt, dans lequel l'opinion publique vit quelque chose d'affligeant, resta sans influence : il ne fut cassé par la Cour suprême que trois ans et demi après, le 16 juillet 1828, et dans l'intervalle comme auparavant, comme depuis, tous les jurisconsultes continuèrent à tenir pour certain que les remboursements devaient produire leur effet.

Voilà pour ce qui concerne la rente, venons au fonds.

Pour le fonds, la rétroactivité de la loi ne saurait être douteuse, puisque la loi n'a été faite que pour l'établir; aussi ne l'a-t-on jamais contestée.

Mais on a demandé si elle s'appliquait aux colons qui avaient racheté leurs rentes.

Cette question est résolue affirmativement par tous les arrêts de la Cour d'appel de Rennes qui l'ont décidée, par tous les tribunaux des pays de domaine congéable et par tous les jurisconsultes qui connaissent la nature de cette sorte de propriété et les principes qui l'ont toujours régie. Bien plus, l'administration même s'est prononcée dans une circonstance remarquable : sur la demande de M. Tassel, avocat à Lannion, l'un de ses membres, le Conseil général des Côtes-du-Nord, dans sa session de 1840, a émis le vœu qu'il fût fixé un terme de trois ans au droit qu'ont les propriétaires de congédier les tenues dont les rentes ont été remboursées.

On conçoit, d'après cela, combien a été grande la surprise qu'a excitée un arrêt de la Cour de cassation du 18 novembre 1846, qui est venu démentir tant de précédents. Voici les termes dans lesquels il est conçu :

« La Cour, en ce qui concerne le 2ᵉ moyen : vu
» les art. 2, Code civil, 1 de la loi du 27 août 1792,
» 1 et 2 de celle du 9 brumaire an VI ; attendu que
» la loi de l'an VI, en abrogeant celle du 27 août
» 1792, garde le silence sur les actes des parties faits
» en exécution de cette dernière loi et pendant sa
» durée, et qu'en ne s'expliquant pas à cet égard, elle
» est présumée n'avoir voulu disposer que pour l'a-
» venir ;

» Attendu que la loi de 1792 donne aux anciens
» colons, qu'elle déclare propriétaires incommutables
» du fonds, la faculté perpétuelle de racheter leurs
» rentes ci-devant convenancières et devenue pure-
» ment foncières ; que, lorsque l'abrogation prononcée
» par la loi de l'an VI a trouvé entre les mains des
» débiteurs cette faculté non encore exercée, son effet
» a bien pu être de la retirer à ceux qui ne la tenaient
» que de la loi abrogée ; mais que, lorsque cette fa-

» culté a été réduite en actes, par l'exercice que les
» parties en ont faite sous l'empire de la loi qui la leur
» donnait, elle s'est convertie pour elles en un droit
» acquis ; que l'exercice de ce droit a eu tous les effets
» légaux qu'attache au rachat des redevances foncières
» la nature du contrat d'arrentement, c'est-à-dire
» l'affranchissement de la propriété grevée et sa con-
» solidation à titre incommutable dans les mains du
» détenteur ; qu'en effet, le remboursement n'a été
» et n'a pu être offert par ce dernier qu'en sa qualité
» de propriétaire du fonds, laquelle qualité est insé-
» parable du droit qu'il exerce ; que, refuser de re-
» connaître cette conséquence, c'est annuler le rem-
» boursement dans son effet principal et nécessaire ;
» et que ce retour sur un fait ainsi accompli sous la
» garantie d'une loi non encore abrogée constitue
» l'effet rétroactif. »

Il n'y a pas de témérité, croyons-nous, à contester la justice de cette décision, émanée, il est vrai, de la plus grande des autorités, mais d'une autorité peu familière avec la matière à juger et qui paraît avoir été trompée sur les termes mêmes de la question. Dans tous les cas, l'opinion de la Cour du ressort, si versée dans cette manière, et le sentiment de tous les jurisconsultes du pays, ne sont pas non plus des autorités peu importantes.

L'arrêt commence par établir que l'effet des remboursements a été respecté par la loi de l'an VI et c'est, à nos yeux, une proposition évidente.

Mais de ce que les rachats antérieurs n'ont pas été annulés par la loi de l'an VI, la Cour conclut qu'ils ont eu l'effet d'empêcher la réintégration des propriétaires dans le fond des tenues que grevaient les rentes éteintes ; là, suivant nous, est l'erreur.

Si la question devait être jugée par le texte de la loi, elle serait bientôt tranchée. On lit, en effet, dans l'article 2 : « *Tous les propriétaires* fonciers de domaines » congéables *sont* maintenus dans la propriété de » leurs tenues. » La Cour se met donc en opposition avec le texte de la loi quand elle décide que ce ne sont pas *tous les propriétaires* qui sont maintenus, mais seulement ceux dont les rentes n'ont pas été rachetées. L'observation est d'autant plus importante que le législateur n'abrogeait pas la loi de 1792 sans en connaître les dispositions, sans savoir, par conséquent, que bien des rentes avaient été remboursées. Comment donc supposer qu'il n'entendait réintégrer qu'une partie des propriétaires, quand il déclarait les réintégrer *tous* ?

De ce que la loi de l'an VI a respecté l'effet des remboursements, il n'y avait pas lieu de conclure que ces remboursements s'opposaient à la réintégration des fonciers, puisqu'ainsi que nous l'avons dit, le fonds et la rente sont deux choses distinctes qui peuvent se trouver dans des mains différentes et que, d'une autre part, il y avait dans la spoliation du fonds une injustice criante qu'il fallait réparer, tandis que le préjudice causé par des remboursements faits à vil prix était le résultat de circonstances auxquelles on n'aurait pu remédier sans annuler en même temps les remboursements faits en assignats des rentes de toute espèce qui avaient été rachetées en papier monnaie.

Ici se présente une observation.

La loi de l'an VI a eu pour objet de réparer une grande injustice et la Cour de cassation fait une distinction à l'aide de laquelle elle exclut de la réparation ceux qui semblent y avoir le plus de droit ! Soient supposées deux tenues chargées chacune de 100 fr. de rente, la redevance de l'une des tenues se payait en l'an VI, l'autre avait été remboursée en assignats sans valeur. La Cour dit au propriétaire de la première : vous avez perdu votre fonds, il vous sera rendu. Elle dit au propriétaire de la seconde : si vous n'aviez perdu que votre fonds, il vous serait rendu, mais vous avez de plus perdu votre rente ; en conséquence, vous n'avez rien à prétendre.

Après avoir établi que la faculté de rembourser s'est convertie pour les colons qui en ont usé en un droit irrévocablement acquis, et que l'exercice de ce droit a eu tous les effets légaux qu'attache au rachat des redevances foncières la nature du contrat d'arrentement, l'arrêt ajoute : « c'est-à-dire, l'affranchissement » de la propriété grevée *et sa consolidation à titre* » *incommutable dans les mains du détenteur.* » C'est dans cette explication que se manifeste d'abord l'erreur de la Cour.

Le rachat affranchit la propriété grevée, la libère, la purge, mais ne la *consolide* pas. Dire que la propriété a été consolidée dans les mains du détenteur par l'effet du remboursement, c'est supposer qu'avant le remboursement, il manquait quelque chose au transport de la propriété pour le rendre absolu, irrévocable. Or, cela n'est pas : avant d'avoir racheté sa rente, le détenteur avait la propriété pleine et entière ; il pouvait vendre, donner, léguer, hypothéquer ; l'obligation de servir ou de rembourser la rente était une *charge* et non une *condition* du transport.

En effet, l'art. 1er de la loi de 1792 porte : « La tenure
» convenancière ou à domaine congéable est abolie.
» Les coutumes locales qui régissent cette tenure, sous
» le nom d'usements, sont abrogées ; en conséquence,
» les ci-devant domaniers *sont et demeurent pro-*
» *priétaires incommutables* du fonds, comme des
» édifices et des superfices de leur tenure. »

Cette disposition, comme on le voit, n'impose aucune condition *aux ci-devant domaniers* qui deviennent à l'instant même *propriétaires incommutables*
du fonds, quoiqu'au moment de la loi, ils n'eussent
pu encore ni servir, ni racheter les redevances dont
leurs tenues étaient grevées.

A la vérité, dans l'art. 11, le législateur dit : « il
» sera *libre* aux ci-devant domaniers de racheter leurs
» redevances ci-devant convenancières. » C'est une
faculté qu'il leur donne, mais non une condition qu'il
leur impose.

L'art. 12 dispose : « Ils (c'est-à-dire, les ci-devant
» domaniers) continueront, jusqu'au rachat effectué,
» de payer annuellement, comme par le passé et aux
» termes ordinaires, en nature de rentes purement
» foncières, les redevances annuelles ci-devant con-
» venancières en argent, grains, poules, beurre et
» autres denrées, ainsi que les corvées abonnées
» ou expressément stipulées et détaillées par les bail-
» lées courantes et actuelles. »

Dans ces trois dispositions, le législateur exprime
d'une manière explicite que le transport *incommuta-*
ble de la propriété s'opère à l'instant même de la loi,
et cependant l'arrêt fait dépendre le transport, la consolidation à titre incommutable, d'un remboursement
que le législateur ne prescrit pas.

Ce qui rend cela plus étonnant encore, c'est qu'en raisonnant comme la Cour, en voyant dans le rachat de la rente une *condition* et non une *charge*, on arriverait forcément, dans l'espèce, à un résultat diamétralement opposé à la décision. Effectivement, l'obligation relative à la rente n'était pas la seule que la loi imposât aux colons : elle les soumettait encore, dans les art. 5 et suivants, à rembourser la valeur des bois qualifiés *fonciers*. Si donc ces deux obligations avaient constitué des *conditions* et non des *charges*, les bois *fonciers* de la tenue, objet du litige, n'ayant pas été remboursés, la condition du transport n'aurait pas été remplie et, dans le système même de la Cour, le colon ne fût pas devenu propriétaire incommutable du fonds. Il faut, en effet, remarquer que l'obligation de payer les bois est de même nature et imposée dans les mêmes termes que celles de payer la rente : l'identité peut d'autant moins être méconnue que, d'après l'art. 7, les colons devaient payer pour les bois une rente égale au vingtième du prix de ces bois, rente qui, d'ailleurs était, comme la redevance primitive, remboursable à volonté et sujette à la retenue pour impôts.

La Cour dit que le remboursement a eu tous les effets légaux qu'attache au rachat des redevances foncières la nature du contrat d'arrentement; mais celui qui rembourse une rente foncière sur son fonds n'ajoute rien à son droit de propriété, qui est dès auparavant entier et absolu; *non ut ex pluribus causis deberi nobis idem potest, ita ex pluribus causis idem possit nostrum esse* (L. 159, ff. de reg. jur.) *Dominium non potest nisi ex unâ causâ contingere* (L. 3., § 4, de acq. possess.)

Que si l'on opposait que le créancier de la rente foncière a l'action résolutoire en cas de non paiement des arrérages et qu'il la perd quand la rente est éteinte, on répondrait que tout les contrats sont ainsi susceptibles d'être résiliés pour cause d'inexécution des conventions, ce qui n'empêche pas qu'ils tranfèrent la propriété par le fait seul de la convention. (Voir pour la vente l'art. 1583 du Code).

Il y a même ceci de bien remarquable que le propriétaire d'une rente ci-devant convenancière ne pouvait pas, en cas de non paiement, avoir d'action en résolution, parce qu'il n'aurait pu rentrer en possession, au moyen de cette action, sans rétablir la distinction du fonds et des superfices que le législateur de 1792 avait proscrite.

Pour justifier que le rachat a empêcher la réintégration du foncier, la Cour dit que « le remboursement » n'a été et n'a pu être fait par le détenteur qu'en sa » qualité de propriétaire du fonds, laquelle qualité » est inséparable du droit qu'il exerce. »

Sans doute, l'ancien domanier qui remboursait ne le faisait que parce qu'il était débiteur et il n'était alors débiteur que parce qu'il était propriétaire du fonds ; mais le détenteur qui ne remboursait pas continuait le service de la rente, il ne la servait que parce qu'il en était débiteur et il n'en était débiteur que parce qu'il était propriétaire du fonds. Où donc est la raison de distinguer entre les deux cas lorsque, d'ailleurs, le fonds avait été attribué *illicò* au détenteur, même avant que l'on pût savoir, même avant qu'il sût lui-même s'il servirait la rente ou la rembourserait ?

L'arrêt termine en disant que « refuser de recon-

» naître cette conséquence, c'est annuler le rembour-
» sement dans son effet *principal et nécessaire*, et
» que ce retour sur un fait ainsi accompli sous la
» garantie d'une loi constitue l'effet rétroactif. »

Premièrement. Il n'est pas nécessaire de méconnaître que c'est comme propriétaire du fonds que le colon a racheté, pour soutenir que le remboursement ne l'a pas rendu propriétaire d'un bien dont l'art. 1er de la loi lui avait donné la propriété incommutable.

Deuxièmement. L'effet *principal et nécessaire* du remboursement est d'éteindre la rente rachetée et non d'attribuer la propriété du fonds grevé à celui qui l'avait déjà.

Troisièmement. Le remboursement continuant de produire son effet principal, nécessaire, unique, qui est d'éteindre la rente, il n'y a pas, en ce qui le concerne, de retour sur un fait accompli sous la garantie d'une loi.

Ce retour n'existe en réalité qu'en ce qui touche le fonds, que le législateur de 1792 avait donné de plein droit aux colons et que celle de l'an VI leur a retiré également de plein droit et sans distinction : il y a sûrement bien là effet rétroactif, mais le législateur a voulu qu'il en fût ainsi, car la loi n'avait d'autre objet que de l'établir.

On voit par l'exposé et par la note de l'arrêtiste (Sirey, t. 47, pag. 97) qu'il a été présenté devant la Cour plusieurs moyens qui ne sont pas rappelés dans l'arrêt et dont quelques-uns, en dénaturant la question, n'ont pu manquer d'avoir de l'influence sur la décision. En voici l'analyse et la réfutation.

1er *Moyen.* — Deux arrêts de la Cour de cassation avaient antérieurement jugé que le remboursement de la rente avait fait obstacle à la réintégration du foncier. C'est aussi l'opinion de MM. Merlin et Duvergier.

Réponse. — Le dernier des arrêts invoqués, celui ci-dessus cité du 16 juillet 1828, ne dit pas un mot qui ait trait à la question : il décide seulement que la loi de l'an VI n'a pas annulé l'effet des remboursements quant à la rente.

L'autre arrêt, du 24 thermidor an VIII, a seulement décidé que lorsqu'entre frères détenteurs d'un domaine congéable, il en est un qui a remboursé la totalité de la rente due au bailleur, il ne peut exercer le droit de congément contre ses coïntéressés, soit parce qu'ils ont été rendus copropriétaires par les lois de la révolution, soit parce que le remboursement a été opéré au profit commun.

Merlin et Duvergier n'ont raisonné que d'après les deux arrêts ci-dessus. Duvergier, en particulier, a si peu compris la jurisprudence, qu'il cite à l'appui de son opinion l'arrêt de Rennes du 29 janvier 1825 qui a jugé les remboursements nuls, même en ce qui touche la rente.

2ᵐᵉ Moyen. — Le rejet de la deuxième résolution, présentée au conseil des Anciens avec la loi de l'an VI, juge la question, car c'est si peu dans l'intérêt des tiers acquéreurs qu'il a eu lieu, comme on le dit à l'appui de l'arrêt de Rennes, *que la résolution ne dit pas un mot de ces tiers acquéreurs.*

Réponse. — L'art. 1ᵉʳ de la résolution porte :

« Tous procès existants et *tous autres* actes qui au-
» raient leur fondement dans les dispositions de la loi
» du 27 août 1792, ou, etc., *sont abolis et annulés.* »

Peut-être est-il étonnant qu'en présence d'un pareil texte on ait osé dire que la résolution n'annulait pas les ventes faites en vertu de la loi de 1792.

3me *Moyen*. — Dans le système de l'arrêt de Rennes, le bailleur *retenant les arrérages de la rente échus avant le congément*, il se libérerait du capital sans bourse délier.

Réponse.—Le foncier qui congédie une tenue dont la rente a été remboursée n'a rien à retenir sur le capital : il le paie intégralement au taux du jour du rachat.

4me *Moyen*. — Il est singulier et bizarre qu'une rente se trouve constituée par un arrêt, en dehors de tout pacte, de toute convention.

Réponse. — L'arrêt ne constitue pas une rente : seulement, le congément fait revivre au profit du colon celle qui avait été remboursée.

Et il ne faut pas croire que ce soit là une subtilité imaginée pour concilier l'effet conservé des rachats avec le droit de congédier existant au profit du foncier. C'est tout simplement l'application d'un principe aussi ancien que le domaine congéable.

Baudouin, qui écrivait en 1786, s'exprime dans les termes suivants : « Ainsi, lorsque le foncier transporte » au colon ses rentes, en retenant le fonds, ce n'est » pas une extinction de charge réelle, c'est l'achat » d'une redevance foncière, laquelle continue d'exis- » ter, quoique la perception en soit suspendue jus- » qu'au temps où, par le congément, le colon acquéreur » cessera de réunir en sa main la propriété de la rente » due sur le fonds et les superfices chargés de l'ac- » quitter. »

L'auteur ne fait en cela que rappeler un principe consacré par un arrêt du parlement de Bretagne du 4 juin 1740, rapporté au Journ. du parlement, t. 3, ch. 45.

Le Guével, qui écrivait aussi en 1786, s'exprime de la même manière, en se fondant également sur l'autorité du parlement.

5me *Moyen*. La jurisprudence de la Cour de Rennes, tout en annonçant l'intention de respecter l'effet des remboursements, l'annule en réalité, puisqu'elle autorise le foncier à faire revivre la rente.

Réponse. L'effet du remboursement primitif a été de libérer le détenteur d'une rente qu'il devait. Cet effet est conservé, puisque le colon ne redevient jamais débiteur de la rente qui ne revit qu'à son profit.

Il est vrai que le débiteur qui s'est libéré perdrait le bénéfice du rachat, si on pouvait retenir sur la somme à rembourser les levées échues avant le congément, ou bien encore ne lui restituer que la valeur, d'après l'échelle de dépréciation, des assignats au moyen desquels il s'est affranchi.

Mais on a trompé la Cour en lui persuadant cela : le capital de la rente se paie, sans retenue pour levées antérieures et au taux légal du remboursement, sans égard à la valeur des assignats déboursés ; de sorte que tel colon qui s'est affranchi d'une rente pour une valeur de 40 fr. en numéraire, peut avoir 2,000 fr. à recevoir pour le capital de cette même rente. Peut-on dire alors qu'il perd le bénéfice du rachat ?

La décision de l'arrêt est si contraire au texte de la loi, à son esprit et aux principes qui régissent la matière, qu'il est impossible de l'expliquer autrement que par une erreur dans la position de la question. Cette erreur tient à ce qu'on a persuadé à la Cour de cassation, d'une part, que cette fiction d'une rente qui revit après avoir été remboursée, est une subtilité imaginée pour concilier la réintégration des fonciers avec le respect dû aux remboursements, et, d'une autre part, à ce que la jurisprudence de Rennes n'attribue aux rachats qu'une efficacité nominale qui n'empêche pas que le débiteur libéré n'en perde le bénéfice.

D'après ces considérations, on peut, croyons-nous, tenir pour certain que la Cour suprême, éclairée par une discussion plus approfondie, s'empressera de revenir sur une jurisprudence qui aurait pour résultat de léser des droits nombreux, et, ce qui ne serait guère moins déplorable, de provoquer une immense quantité de procès de famille.

§ V.

Quels changements ont apportés les lois rendues au commencement de la Révolution à la propriété des terres vaines et vagues dépendant des tenues à domaine congéable ?

560. — Les seigneurs anciennement présumés propriétaires des landes et autres terrains vagues situés dans l'enclave de leurs fiefs, accordaient souvent à leurs colons le droit d'en jouir à titre de communistes. Dans leurs déclarations, les domaniers ne manquaient pas de mentionner ce droit, presque toujours concédé indivisément aux détenteurs de plusieurs tenues voisines.

Les colons furent déclarés propriétaires du fonds de leurs convenants par la loi du 27 août 1792; une autre loi du lendemain, s'occupant des terrains vagues, établit au profit des communes une présomption de propriété ; mais l'art. 10, spécial pour la Bretagne, excepta de la dévolution les terres alors vaines et vagues qui avaient été arrentées, afféagées ou accensées ; puis il disposa que les autres appartiendraient, soit aux communes, soit aux habitants des villages, soit aux ci-devant vassaux actuellement en possession du droit de communer, motoyer, etc. De sorte que les habitants et vassaux jouissant du droit de communer doivent être préférés aux communes qui n'en jouissaient pas.

Ces dispositions combinées ont donné lieu à plusieurs questions.

On a demandé, d'abord, si les colons qui, par l'effet des deux lois des 27 et 28 août 1792, étaient devenus propriétaires des landes où ils avaient le droit de communer, ont conservé la propriété absolue de ces landes lorsque le fonds leur a été retiré par la loi du 9 brumaire an VI.

On ne pouvait soutenir l'affirmative qu'en alléguant que les colons n'étaient devenus propriétaires absolus des landes que par l'effet de la loi du 28 août et que cette loi n'a jamais été abrogée ; mais comme la loi du 28 août ne leur avait attribué les landes que parce qu'ils étaient devenus propriétaires du fonds en vertu de celle du 27, il est évident que leur droit ne devait pas survivre à l'abrogation de cette dernière loi. C'est aussi ce qui est généralement admis.

Une autre question plus difficile est celle de savoir si les fonciers, anciens seigneurs, qui avaient concédé à leurs domaniers le droit de communer dans les landes, sont fondés à présenter cette concession comme un *afféagement* de nature a être invoqué contre les communes, aux termes de l'art. 10 de la loi du 28 août 1792.

La négative a été jugée par un arrêt du 27 janvier 1841. L'importance de cette décision nous porte à en donner ici les motifs :

« Considérant qu'aux termes des art. 9 de la loi du
» 28 août 1792, et 1er, section 4, de celle du 10 juin
» 1793, les communes étant réputées propriétaires
» de toutes les terres vaines et vagues situées dans
» leurs territoires, les appelants doivent justifier,
» pour invoquer le bénéfice de l'art. 10 de la loi de
» 1792, spécial pour la Bretagne, qu'à l'époque de
» la promulgation de ladite loi, ils étaient en posses-
» sion du droit de communer sur les terres vaines et
» vagues qui font l'objet de leur réclamation; consi-
» dérant qu'ils fondent leur droit d'inféodation sur un
» acte du 8 août 1774; que pour apprécier l'effet que
» doit produire ce titre, il est nécessaire tout d'abord
» d'en déterminer la nature et le caractère; considé-
» rant que cet acte est rendu par les auteurs des ap-
» pelants, en qualité de colons, aux propriétaires
» fonciers d'une tenue située au village de Coetsalio,
» trève de Saint-Guen; qu'il contient la description
» de tous les objets composant cette tenue, que les
» rendants déclarent exploiter *à titre de convenant*
» *et domaine congéable, à l'usement du duché de*
» *Rohan*, et pour laquelle ils s'obligent à payer, en
» qualité *de domaniers*, des rentes *convenancières*
» aux propriétaires fonciers; considérant qu'il résulte
» bien clairement de ces reconnaissances et expres-
» sions de l'acte que le véritable caractère à lui assi-

» gner est celui de déclaration ou lettres récognitoires,
» auxquelles étaient tenus les colons envers leurs pro-
» priétaires fonciers ; qu'il ne saurait donc être qualifié
» d'aveu qui, suivant le régime féodal, était rendu par
» le propriétaire du fief servant, par celui qui possé-
» dait *pro suo*, à la différence du colon qui ne possé-
» dait qu'à titre précaire ; qu'il importe peu que dans
» ledit acte on trouve employées les expressions
» *aveu, sujet et vassal, devoir d'obéissance, suite
» de cour et moulins* ; que ces termes féodaux qui,
» dans l'espèce, s'expliquent naturellement par la
» qualité des propriétaires fonciers, qui étaient en
» même temps seigneurs ayant principe de fief, ne
» sauraient changer la substance de l'acte et le faire
» assimiler à un aveu proprement dit ; considérant,
» d'ailleurs, que le titre du 8 août 1774, pût-il être
» considéré comme un aveu, serait irrégulier et n'au-
» rait pas force probante faute d'être revêtu de la for-
» malité essentielle de présentation et réception à
» l'audience publique de la juridiction, suivant la ju-
» risprudence du parlement de Bretagne, attestée par
» Duparc ; que cette nullité, qui aurait pu être op-
» posée par les seigneurs de fief, peut l'être par la
» commune de Saint-Guen, qui est aujourd'hui aux
» droits des anciens seigneurs, par suite de la dévo-
» lution de propriété des terres vaines et vagues con-
» sacrée à son profit par les lois précités ; considérant
» que l'acte de 1774, considéré sous son véritable
» caractère, celui de déclaration fournie par des co-
» lons à leurs propriétaires fonciers, ne saurait cons-
» tituer le titre d'inféodation exigé par l'art. 10 de
» la loi de 1792 ; qu'en effet, le droit de communer

» sur les terres vaines et vagues était une servitude
» réelle, créée pour le besoin et l'utilité d'autres fonds
» en culture, appartenant en toute propriété à celui
» à qui ce droit était conféré ; que cette servitude était
» constituée d'une manière irrévocable, et suivait le
» fonds pour lequel elle avait été concédée, en quel-
» ques mains qu'il passât ; que la concession d'un
» pareil droit était par conséquent incompatible avec
» la qualité du domanier qui ne possédait sa tenue
» qu'à titre précaire et révocable à la volonté du pro-
» priétaire foncier investi de la faculté de congédier ;
» qu'il en résulte que si, dans l'acte dont il s'agit, on
» trouve énoncé que les colons *ont part et portion*
» *aux communs du village de Coetsalio*, on ne
» saurait y voir le titre d'inféodation du droit de com-
» muner exigé par l'art. 10 précité, puisque les pro-
» priétaires fonciers, en même temps seigneurs de
» fief, ne pouvaient grever leur propre fonds d'une
» telle servitude au profit d'un autre fonds leur appar-
» tenant, suivant la maxime : *nulli res sua servit*
» *jure servitutis* ; que, sainement appréciée, cette
» énonciation ne peut signifier autre chose, si ce n'est
» que les rendants jouiraient de ces terres vaines et
» vagues, comme domaniers et à titre précaire, comme
» du surplus de la tenue dont elles étaient un annexe ;
» qu'il est donc vrai de dire que la propriété de ces
» terrains ayant reposé sur la tête des anciens sei-
» gneurs de fief jusqu'aux lois abolitives de la féoda-
» lité, cette propriété appartient aujourd'hui, en vertu
» de ces mêmes lois, à la commune de Saint-Guen,
» à défaut de représentation, de la part des appelants,
» d'un titre valable d'inféodation du droit de com-

« muner ; considérant, au surplus, que les appelants
» invoquent inutilement la loi du 27 août 1792, qui
» avait rendu momentanément les domaniers proprié-
» taires de leurs tenues, à charge de rentes foncières,
» pour en conclure que n'étant plus colons, mais bien
» propriétaires, à l'époque de la loi du 28 août 1792,
» l'art. 10 de cette dernière loi leur est applicable,
» puisqu'il les a saisis à une époque où leur posses-
» sion précaire de colons avait cessé, que la réponse
» décisive à cette objection est dans la loi du 9 bru-
» maire an VI ; qu'en effet, cette loi ayant abrogé
» celle du 27 août 1792, et réintégré les propriétaires
» fonciers dans le fonds de leurs tenues, il en résulte
» que la dévolution désastreuse prononcée par cette
» dernière loi doit être réputée non avenue, et les
» colons considérés comme n'ayant jamais été pro-
» priétaires ; considérant sur le moyen de déchéance
» proposé subsidiairement contre la commune et tiré
» de ce qu'elle n'aurait pas réclamé dans le délai de
» cinq ans, aux termes de l'art. 9 de la loi du 28 août
» 1772, que les appelants étant, comme on vient de
» le dire, dépourvus de titre valable d'inféodation du
» droit de communer sur le terrain en litige, et ne
» pouvant invoquer le bénéfice de l'art. 10 de cette
» loi, n'ont pas qualité pour opposer à la commune
» cette déchéance ; que, fussent-ils même recevables
» à l'opposer, toute prétention serait mal fondée,
» attendu qu'il est de jurisprudence constante que
» cette déchéance ne peut être opposée aux communes
» qui, dans l'intervalle de cinq ans, se sont trouvées
» ou se sont mises en possession des terres vaines et
» vagues, par la jouissance commune de la généralité

» de leurs habitants, possession qui, dans l'espèce,
» n'a pas été contestée, les appelants s'étant bornés
» à alléguer que la commune de Saint-Guen n'avait
» possédé qu'à titre précaire, etc. »

Ainsi donc, les titres convenanciers ne peuvent être opposés aux communes, en matière de terrains vagues, lorsqu'il s'agit de tenues appartenant au seigneur du fief; mais il en est autrement lorsque le foncier n'était pas seigneur. La Cour a, en effet, jugé, le 18 juin 1834, qu'une commune ne peut, en vertu d'une longue possession par elle alléguée, revendiquer la propriété d'un terrain vain et vague contre un particulier dont la possession n'est pas contestée, et qui s'appuie sur une déclaration convenancière mentionnant ce terrain et fournie à ses auteurs qui n'étaient pas seigneurs féodaux.

L'arrêtiste ne fait pas connaître si le terrain vague était compris au nombre des objets qui constituaient la tenue, ou si le colon n'avait que le droit d'y communer.

Un autre arrêt du 6 mars 1841 a été rendu dans une espèce où les déclarations apprenaient que les auteurs des possesseurs avaient reconnu tenir à domaine congéable, sous la seigneurie de Moréac, divers immeubles y décribés, *et avoir en outre leur part et portion de la Noë et lande de la Ferrière, ainsi et comme les autres habitants de la Ferrière et autres circonvoisins et tous autres frostages et franchises dudit village.* Ce n'était là qu'un simple droit de communer, mais le possesseur plaidait contre un particulier et non contre la commune.

ADDITIONS

Voici quelques décisions de la Cour du ressort qui ne nous étaient pas connues lorsque nous avons terminé notre travail.

Arrêt du 31 Janvier 1845.

« Considérant, au fond, qu'il résulte du principe de l'indivisibilité de la tenue respectivement au propriétaire foncier, que les détenteurs d'une tenue, en quelque nombre qu'ils soient, doivent être considérés à son égard comme des obligés solidaires, qu'ils ne forment relativement à lui qu'une seule personne ; qu'ainsi, soit qu'il s'agisse du paiement de la redevance convenancière, soit en cas de l'exercice du congément, le propriétaire du convenant a le droit de ne s'adresser qu'à l'un des colons, sauf à celui-ci à dénoncer l'action à ses consorts ; qu'il suit encore du même principe une autre conséquence qui reçoit également son application dans la cause : c'est que l'acquiescement du colon cité par le propriétaire à la demande en congément formée contre lui, est obligatoire pour les autres colons de la même tenue ; que, d'un autre côté, il ne peut dépendre de la volonté des colons d'astreindre le propriétaire foncier à procéder contre tous les cotenanciers de sa tenue ; — Confirme. »

Malgré la généralité de ses expressions, cette décision, qui se rapporte à nos nombres 187 à 192, ne juge guères qu'une question de forme et l'on n'en doit pas induire que l'acquiescement du colon cité puisse lier des tiers qui soutiendraient ne pas être domaniers.

Arrêt du 25 Avril 1845.

« Considérant en fait qu'il résulte des exploits de citation des 9 et 12 janvier 1844, et du procès-verbal de comparution en justice de paix, en date du 16 du même mois, que François Monnot et six de ses consorts, en leur qualité de domaniers de la tenue de la Boissière, demandaient le congément de la totalité de ladite tenue contre les propriétaires fonciers ; que, d'un autre côté, il est à remarquer qu'en tête de l'exploit d'ajournement du 15 février suivant, ils ont notifié copie du procès-verbal de comparution sus-daté, et qu'ils se réfèrent dans cet exploit à la demande par eux antérieurement formée devant le juge de paix ; qu'on ne saurait donc induire de quelques expressions équivoques contenues audit acte, que les intimés aient entendu restreindre leur demande devant les premiers juges ;— Considérant qu'il est démontré, par la production du bail du 27 avril 1836, que Monnot et sa sœur exploitent eux-mêmes et seuls le convenant de la Boissière ; — Considérant en droit que, suivant les anciens principes, les propriétaires fonciers des tenues à domaine congéable avaient seuls le droit d'exercer le congément et de le provoquer vers un seul des colons, en quelque nombre qu'ils fussent, en sorte que ceux-ci, obligés de souffrir le remboursement de leurs droits convenanciers, ne pouvaient de leur côté le demander ; mais que l'art. 11 de la loi du 6 août 1791, pour faire cesser cette inégalité, a accordé aux colons ou domaniers la faculté de se retirer et d'exiger le remboursement de leurs édifices et superfices, à la seule condition qu'ils exploitent eux-mêmes leurs tenues ; que, par l'effet de cette concession, le principe d'indivisibilité de la tenue a cessé d'être exclusif en faveur des propriétaires fonciers, et qu'il en est résulté une complète réciprocité entre ceux-ci et les colons exploitants pour l'exercice des actions en congément ou en remboursement ; que, par suite du principe d'indivisibilité, un seul des propriétaires fonciers étant autorisé à poursuivre le congément de la totalité de la tenue contre un seul des colons, il suit du principe de réciprocité consacré par la loi qu'un seul des domaniers, pourvu qu'il exploite lui-même, a aussi le droit d'intenter et de poursuivre contre un seul des propriétaires fonciers l'action en remboursement de la totalité des droits superficiaires de ladite tenue ; que dès qu'il est admis en principe qu'un seul colon qui exploite par mains peut exiger le remboursement de la totalité des droits réparatoires, on doit en conclure que la demande de Monnot était régulière, et que quelques-uns de ses consorts ne pouvaient y mettre obstacle, soit par leur morosité, soit par leur résistance ; que, d'une autre part, le défaut d'autorisation du mineur Creach ne peut exercer aucune influence dans la cause, puisque son concours était inutile pour la validité de l'action ; — Considérant que, le principe de l'indivisibilité de la tenue s'appliquant tout aussi bien aux propriétaires fonciers qu'aux colons, il s'ensuit que l'acquiescement du sieur Lebars était obligatoire pour l'appelant, en ce sens que son refus de concourir au congément ne pouvait arrêter les effets de la demande des intimés, laquelle eût même pu être formée contre un seul des cofonciers, sauf à celui-ci à s'entendre avec ses consorts ; — Considérant que c'est par suite des mauvaises contestations de l'appelant que les opérations du congément n'ont pu être effectuées avant la St-Michel 1844, et que, par conséquent, il doit être ordonné pour le 29 septembre 1845 ; — Considérant que, les intimés n'alléguant pas d'autre cause de préjudice que le retard du remboursement de leurs droits superficiaires, il n'y a pas lieu de leur accorder des dommages-intérêts, puisque d'ailleurs ils profiteront des améliorations qu'ils auront pu faire dans la tenue pendant la prolongation de leur jouissance. — Confirme. »

A rapporter aux nombres 192, 289, 405 et 406.

Arrêt du 2 Juillet 1845.

Décision sur l'effet des remboursements de rentes dans le sens de notre opinion, N° 559. Il a tout récemment été rendu un arrêt semblable dans une affaire *Bernard ;* mais, sur le renvoi prononcé par l'arrêt de cassation du 18 novembre 1846, la Cour d'Angers a jugé comme la

Cour suprême, malgré les conclusions contraires du ministère public.

Arrêt du 2 Décembre 1845.

« Monot, colon de la Bouexière, en Plouider, l'exploite par mains. Le remboursement des droits réparatoires a été ordonné par jugement et arrêt du 25 avril 1845. Monot et huit de ses consorts ont assigné Morvan pour nommer un expert à l'effet d'établir le devis des réparations et reconstructions à faire. Morvan a produit un acte authentique du 4 juillet 1845, portant qu'il a acheté de Boudant tous les droits réparatoires, même ceux de Monot, et que par suite celui-ci et ses consorts étaient sans qualité pour exiger des réparations. Le 23 juillet, le tribunal a déclaré cet acte non opposable à Monot et consorts, et ordonné les réparations. — Appel. »

« La cour, — En ce qui touche la recevabilité de l'opposition, — considérant que l'opposition à l'arrêt par défaut a été régulièrement formalisée en temps utile ; — en ce qui touche l'appel du jugement du 23 juillet 1845 ; — considérant que dès le 9 janvier 1844, Monot, domanier solidaire du convenant la Bouexière, a intenté contre Morvan, propriétaire foncier, une demande en remboursement des édifices et superfices ; que cette demande a été accueillie par jugement du tribunal civil de Brest du 15 mai 1844, confirmé par la Cour, par arrêt du 25 avril 1845 ; — Que cet arrêt décide que Monot, exploitant lui-même, a droit, à raison de l'indivisibilité de la tenue, et de la réciprocité des droits entre le foncier et le colon, d'agir par l'action solidaire, et de provoquer seul le remboursement de la totalité des droits réparatoires, d'en recevoir le prix, encore bien que le bénéfice de ce remboursement soit partageable et divisible entre lui et les autres codomaniers ; — qu'il résulte de cette décision que Monot est virtuellement déclaré créancier solidaire du prix de remboursement ; qu'aux termes de l'art. 1189 du Code civil, Morvan, débiteur, ayant été prévenu par les poursuites de Monot, avait perdu la faculté de payer à son choix à tout autre des créanciers solidaires ; qu'il ne pouvait plus valablement se libérer qu'entre les mains de Monot ; — qu'il s'ensuit que Morvan, en traitant à forfait, et sans estimation préalable, avec Boudant et Christophe Beyer, hors la présence de Monot, sur le prix du remboursement, n'a pas régulièrement opéré la consolidation ; que ceux-ci n'ont pu lui céder et lui transmettre que les droits qui leur appartenaient personnellement ; — considérant que Morvan ne saurait non plus être réputé avoir spontanément usé de son droit d'exercer le congément ; que d'abord le traité n'a été précédé d'aucune demande en justice ; que, d'un autre côté, il serait impossible d'admettre qu'après que le remboursement des droits superficiaires a été ordonné, par un arrêt passé en force de chose jugée, sur la demande d'un des codomaniers, le propriétaire foncier puisse à son tour venir exercer le congément contre un autre des colons ; qu'en tous cas, la quittance du 4 juillet dernier, au rapport de Rolland, notaire à Lannilis, ne présente que les caractères d'une vente volontaire de droits réparatoires ; que si, à cause de l'indivisibilité de la tenue à domaine congéable, et de l'impossibilité de connaître tous les colons, le foncier peut valablement agir contre un seul et le congédier, si, dans ce cas, celui-ci, qui est censé couvrir toute la tenue, est réputé créancier solidaire, et autorisé à recevoir à ce titre la totalité du prisage, il n'est pas permis d'en conclure qu'un seul des colons a également le droit de vendre, de gré à gré, même au foncier, l'intégralité des édifices et superfices : qu'il faut distinguer entre une aliénation purement volontaire, et le congément qu'il y a nécessité de subir, lequel est d'ailleurs opéré avec des formalités offrant des garanties pour les autres intéressés ; — en ce qui touche l'appel du jugement du 24 juillet 1845 : — Considérant que, si, pour donner plus de valeur aux édifices, il est permis de les reconstruire et de les réparer, jusqu'au moment du prisage, ce n'est qu'une simple faculté dont les colons n'eusent que dans la mesure de leur intérêt ; que lorsque les édifices sont indivis entre plusieurs domaniers, un seul ne peut pas imposer sa volonté aux autres et les contraindre à contribuer à des réfections dispendieuses dont l'utilité n'est pas démontrée ; que les tribunaux, appelés à décider, doivent surtout considérer l'avantage général des communistes ; qu'il est certain que, abstraction faite des droits que peuvent lui conférer les actes des 4 juillet et 15 octobre derniers, Morvan est fondé pour plus des trois cinquièmes dans les droits réparatoires du domaine de la Bouexière ; que rien n'autorise à espérer qu'il puisse résulter des travaux projetés une plus-value excédant la dépense nécessitée par leur exécution ; que tout porte au contraire à croire que les frais d'expertise, de devis, d'adjudication, et le bénéfice de l'entrepreneur venant s'ajouter aux prix des matériaux et de la main-d'œuvre, rendraient la mesure préjudiciable à toutes les parties. — Confirme. »

Voir le nombre 300, en observant que l'arrêt accorde le droit *de reconstruire jusqu'au prisage.*

Arrêt du 11 Décembre 1845.

Jugé que celui qui possède en vertu d'un titre antérieur au Code civil, ne peut aujourd'hui alléguer sa bonne foi pour invoquer la prescription de dix ans, lorsque son titre le charge de servir *toutes les rentes qui pourraient se trouver dues,* et bien qu'il ajoute *sans approbation d'aucune.*
Voyez Nº 467.

Arrêt du 30 Mai 1846.

Jugé que le colon qui, sous l'empire de la loi de 1792, a acquis de la nation sa rente alors foncière, est redevenu domanier par l'effet de la loi du 9 brumaire an VI.
Voir Nº 432 et 559.

Arrêt du 19 Juin 1846.

Jugé que le droit accordé aux colons de disposer, vendre ou partager leurs superfices, ne peut porter atteinte aux droits du foncier, lesquels reposent sur la solidarité des colons, l'indivisibilité et l'imprescriptibilité de la tenue.

Arrêt du 19 Février 1847.

Jugé que le foncier qui revendique, sans produire de titres contradictoires avec le colon ou ses auteurs, ne peut justifier sa demande par des aveux, et que les actes non contradictoires ne forment qu'un commencement de preuve par écrit.

Voir N° 451 et suivants.

Arrêt du 11 Mars 1847.

Jugé que la présomption de tenure à domaine congéable, sous l'usement de Cornouailles, ne saurait être invoquée pour une tenue mélangée de terres à convenant, à héritage ou à féage.

Argument *à contrario* dans le sens de notre nombre 551.

Arrêt du 25 Mars 1847.

Jugé que les aveux et déclarations faits par l'un des colons sont obligatoires pour les autres, bien que tous ceux-ci soient contraires dans leurs maintiens et dans la même instance, surtout lorsque de nombreux documents viennent confirmer ces aveux et dissiper toute idée d'une collusion avec le foncier.

FIN.

TABLE ALPHABÉTIQUE DES MATIÈRES.

Nota. — *Les chiffres indiquent les nombres et non les pages.*

A

B

C

D

F

O

S

T

U

V

FIN DE LA TABLE DES MATIÈRES.